Mongolei

Richtig Reisen

Peter Woeste

Inhalt

Kühles Grasland Mongolei

Prolog – Ein Land öffnet sich	8
Landeskunde im Schnelldurchgang	12
Das Land und seine Bewohner	15
Bevölkerung	15
Thema Kalmücken – Europas vergessene Mongolen	19
Naturraum Mongolei	21
Mit dem Finger über die Landkarte – Die geographische Struktur	21
Vegetationszonen und Tierwelt	23
Thema Die Pest – Seuche des Mittelalters?	26
Klirrende Kälte und flirrende Hitze – Das Klima	28
Geschichte	30
Entlang historischer Stätten durch die Geschichte	30
Die Zeit der mongolischen Weltherrschaft	31
Thema Dschinghis Khan – Der Mythos, verfemt und glorifiziert	32
Zwischen chinesischem Drachen und russischem Bären	38
Thema Der Baron von Ungern-Sternberg	40
Zeittafel – Historischer Überblick	41
Politik	44
Von der Diktatur zur Demokratie – Innenpolitik	44
Zwischen Kreml und Verbotener Stadt – Außenpolitik	45
Thema Deutschland und die Mongolei	46
Von Marx zum Markt – Wirtschaft in der Mongolei	49
Mongolische Wirtschaftsgeschichte	49
Landwirtschaft und Industrie	52
Thema Fünf Nutztiere und der Yak	54
Handel und Tourismus	57
Thema Mongolische Bürokratie	58

Volksreligion Lamaismus	60
Geschichte des Lamaismus in der Mongolei	60
Thema Der Buddhismus	64
Owoo – Verehrung von Schutzgottheiten	67
Wahrsagerei	68
Thema Schamanentum	69

Kultur und Traditionen	70
Von der Jurte zum Plattenbau	70
Kunst und Kunsthandwerk	74
Musik	78
Feste	79
Essen und Trinken	88

Die großen Reiseerzähler	93

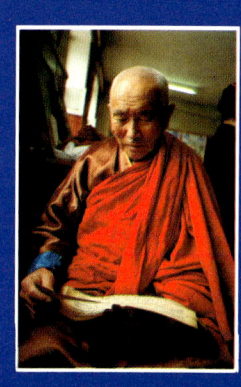

Reisen in der Mongolei

Jurten, Klöster und Plattenbauten

Ulan Bator	100
Geschichte	102
Stadtrundgang	105
Thema Natsagdordsh	110
Thema Straßenszenen – Facetten aus dem Alltag in Ulan Bator	114
Das Umland	117

Chentij – Die Heimat Dschinghis Khans

Das Chentij-Gebirge	122
Nach Tereldsh und in den Nationalpark Chentij	122

Dschinghis Khan-Tour	126
Thema Die Suche nach dem Grab des Eroberers	129

Changai – Die Wiege der mongolischen Nation

Das Changai-Gebirge	134
Char Chorin (Karakorum) und das Orchon-Tal	135
Thema Mit dem Jeep durch die Steppe	142
Der nördliche Changai	147
Der westliche Changai	153
Der südliche Changai	155

Zwischen Bergen und sibirischer Taiga

Das Selenge-Orchon-Bergland und Chöwsgöl	158
Touren in das Selenge-Orchon-Bergland	158
Zum Chöwsgöl-See	164
Thema Die Rentierzüchter	170

Abenteuer Altai – Zwischen Gletscher und Wüste

Der Altai	174
Kasachenland – Der Bajan-Ölgij-Aimag	175
Der Uws-Aimag	179
Von Ölgij im Norden via Chowd nach Altai	180

Unwirtliche Gobi – Von Dinosauriern und Wildpferden

Die Wüste Gobi	188
Thema Das Projekt ›Prżewalskij-Pferd‹	190
Süd-Gobi	191

Thema	Dinosaurier – Faszination Urzeit	194
Das Tal der Gobi-Seen		**198**
Thema	Naturschutzgebiet Gobi	194
Mit Jeep und Guide von Ulan Bator in die Gobi		**200**

Der ›wilde Osten‹   203

Schwierige Anfahrt ins Grasland		204
Von Öndörchaan in den Suchbaatar-Aimag		206
Von Öndörchaan in den äußersten Osten		209
Thema	Die Kropfantilope oder die Mongolische Gazelle	210
Thema	Die Schlacht am Chalchyn Gol	217

Serviceteil   223

Adressen und Tips von Ort zu Ort	226
Reiseinformationen von A bis Z	231
Literatur- und Filmtips	243
Abbildungsverzeichnis	244
Namen der Orte und Provinzen in Kyrillisch/Mongolisch	246
Register	247

Verzeichnis der Karten und Pläne

Stadtplan Ulan Bator	106/107
Das Umland von Ulan Bator	117
Nach Tereldsh	123
Dschinghis Khan-Tour	127
Char Chorin (Karakorum) und das Orchon-Tal	136
Nord-Changai	148/149
Süd-Changai	154/155
Das Selenge-Orchon-Bergland	160/161
Der Chöwsgöl-See	165
Bajan-Ölgij und der Uws-Aimag	176/177
Von Ölgij Richtung Altai	181
Die Wüste Gobi	192/193
Mit Jeep und Guide von Ulan Bator in die Gobi	200
Von Öndörchaan in den Suchbaatar-Aimag	206

Kühles Grasland Mongolei

Prolog – Ein Land öffnet sich

Der erste Blick wird ein Blick aus dem Flugzeug, vielleicht auch aus der Transmongolischen Eisenbahn sein. Endloses Grasland, weite, weiche Täler soweit das Auge reicht. Eine grüne Dünenlandschaft. Die kleinen struppigen Pferde, nicht viel größer als Ponys, sind die typischsten Kennzeichen dafür, bei den Nachkommen Dschinghis Khans zu sein. Keine Zäune begrenzen die weidenden Viehherden, die Flüsse mäandern ungehindert durch die weichen Hügel. Vereinzelt sind kleinere Ansammlungen von weißen Rundzelten zu sehen, *ger*, die mongolischen Jurten, die wie Champignons auf den Weiden stehen, aber in Ulan Bator noch Heim für über ein Drittel der Bevölkerung sind. Im Gegensatz dazu stehen die Plattenbausiedlungen und die stark qualmenden Fernheizwerke der Stadt.

Faszinierend auch der Anflug im Winter. Wie Puderzucker hat sich eine dünne weiße Schicht über die Berggipfel gelegt. Die vereiste Tuul glänzt in der untergehenden Sonne. Der Schnee deckt erbarmungsvoll die Folgen der Umweltzerstörung im Stadtgebiet zu.

Im August 1991 kam ich das erste Mal in die Mongolei, im November zogen wir mit Sack und Pack um. Die Vorbereitung war schwierig. Die aktuellsten deutschsprachigen Reiseberichte stammten aus den 30er Jahren, sieht man von einigen Werken aus Federn sozialistischer Verfasser ab. Doch vieles, was die Reisenden aus der ersten Hälfte des Jahrhunderts beobachteten, hat weiterhin Gültigkeit. Auf dem Lande scheint sich das Leben in den vergangenen Jahrzehnten wenig verändert zu haben. Wichtige Transportmittel sind weiterhin Pferd und Kamel, das genutzte Nahrungsangebot beschränkt sich neben Mehlspeisen fast ausschließlich auf Fleisch- und Milchprodukte und die Menschen sind sommers wie winters in traditionelle *deel*, die mongolischen Mäntel, gehüllt. Erst auf den zweiten Blick fallen der Zeitung lesende Hirte, das Radio in der *ger* und der quietschende Lkw, der auch die letzte Siedlung zumindest leidlich versorgt, auf. Im Kontrast dazu stehen die wenigen Städte, an erster Stelle Ulan Bator, wo ein Viertel der Bevölkerung lebt. Doch

Überlandfahrt in der Mongolei

selbst zwischen den Plattenbauten weiden Kühe und Pferde und am Ende eines harten Winters ist das Heulen der Wölfe von den Bergrücken schon in Stadtnähe zu hören.

Meine Frau und ich hatten das Glück, zu den ersten Ausländern in der Mongolei zu gehören, die ungehindert dieses riesige Land von Nord nach Süd und von Ost nach West durchstreifen durften. Wir haben im russischen Baikalsee gebadet und neben chinesischen Grenzmarkierungen für ein Foto posiert. Wir waren mit dem Geländewagen, per Hubschrauber, Flugzeug, Eisenbahn und auch mit unseren Pferden unterwegs.

Folgt man der Statistik, so besuchten noch 1989 nur wenige Dutzend Touristen aus marktwirtschaftlichen Ländern die Mongolei. Jetzt sind es mehrere Tausend, überwiegend aus Japan. Doch immer noch bietet das Land viel Raum für Individualreisende und eigene Entdeckungen. Auf internationalen Tourismusbörsen werden die mongolischen Stände von Reiseveranstaltern gestürmt. Ein unbekanntes Urlaubsziel, noch unerschlossen. Doch es gibt Probleme für größere Gästescharen. Eine ausreichende Infrastruktur ist nicht vorhanden. Fehlende Straßen, unzulängliche Flug- und nur wenige Eisenbahnverbindungen erschweren es, ein Land von über 2400 km Ost-West- und 1200 km Nord-Süd-Ausdehnung kennenzulernen. Auf Europa übertragen entspräche das Distanzen zwischen Bordeaux und Bukarest, Berlin und Neapel. Die Besucher müssen sich außerhalb von Ulan Bator auf Unterkünfte im Jugendherbergsniveau einstellen, wo auf dem Nachttisch eine Kerze an häufige Stromausfälle erinnert und unter Umständen zum Frühstück jeden Tag eine fettige Hammelsuppe statt Brot und Marmelade serviert wird. Die Durchque-

Deel *und Anzug*

rung reißender Ströme in altersschwachen russischen Jeeps kann lebensgefährlich sein. Um Tage verspätete Inlandsflüge sind nicht ungewöhnlich. Eine Mongolei-Reise, bei der sich der Tourist weiter als eine Tagesreise von der Hauptstadt entfernt, ohne viele Reservetage einzuplanen, wäre realitätsfremd. Die Mongolei ist ein Land der Kontraste. Faszinierende, endlose Weiten und karge Lebensbedingungen, vom ersten Augenblick an spürt man die beiden Elemente, die den Reisenden auf Schritt und Tritt begleiten.

Auch sind die Unterschiede zwischen dem städtischen Ulan Bator und dem Rest des Landes selbst für ein Entwicklungsland kraß. Der Alltag der Städter unterscheidet sich grundlegend von demjenigen der übrigen Bewohner. Einerseits lebt jeder vierte Mongole bereits in Ulan Bator, andererseits dort

aber noch jeder dritte in einer *ger*. Der eine schätzt sich glücklich, wenn er in eine Wohnung der Plattenbauweise einziehen kann, bei dem anderen schart sich die Familie um den Kanonenofen in der Mitte des Rundzeltes. Viele Städter haben den *deel* gegen einen schlecht sitzenden Anzug aus billiger Produktion und eine Baseballmütze ausgetauscht. Auf dem Land wird aber weiterhin das bunte Gürteltuch um den weiten Mantel geschlungen, und die meisten Mongolen greifen für eine Fahrt zur Verwandtschaft oder zu Freunden auf dem Lande oder an Festtagen gerne zur traditionellen Kleidung.

Auch kulturell ist das Land zerrissen. Ist die Mongolei asiatisch oder osteuro-

Im Altai

zu wirken und zu handeln. Im Opernhaus wird Verdi gegeben, keine chinesische Oper. Die Verwandtschaft zu den zentralasiatischen Staaten muß erst wachsen, auch trennt hier die Religion. Die Mongolei war (und ist) buddhistisch und die tiefgehende Prägung durch diese Tradition ein nicht zu unterschätzender Faktor: Die Suche nach einem Interessenausgleich, in der selbst eine mit absoluter Mehrheit ausgestattete Regierungspartei auf die Opposition Rücksicht nimmt, der Verzicht auf ewige Rache und Vergeltung gegen noch lebende Mittäter der Massaker der 30er Jahre, der Gleichmut, mit dem das aus unserer Sicht ärmliche und kärgliche Leben ertragen wird, sind vielleicht hierauf zurückzuführen.

Im Norden des Landes finden sich noch vereinzelt schamanistische Traditionen und zeigen eine Verbindung nach Sibirien auf. Die Russen sind den meisten Mongolen weiterhin die lieberen Nachbarn. Es wäre falsch davon auszugehen, der ehemalige ›Kolonialherr‹ werde gehaßt. Seine Leistungen werden vielmehr anerkannt, um so mehr, je weiter man ins Land reist. Das bis zum Umbruch funktionierende Gesundheitssystem, die Alphabetisierungsrate von über 90 Prozent, die Tatsache, daß Strom und Telefon zumindest zeitweise in jedes Dorf gelangen, sind gewaltigen Anstrengungen der Sowjets zu verdanken. Doch seitdem der russische Bär mit seiner eigenen Wirtschaftskrise kämpft, suchen die Mongolen nach neuen Partnern. Neben der Weltbank, der Asiatischen Entwicklungsbank und dem Internationalen Währungsfonds richtet sich der Blick dabei vor allem auf die USA, Japan und auf Deutschland.

päisch, ist sie buddhistisch oder atheistisch? Natürlich gehört das Land geographisch zu Zentralasien. Seit den 60er Jahren waren alle Kontakte zu China abgerissen, doch in der traditionellen Kunst, sei es Architektur oder Malerei, finden sich deutliche Spuren des südlichen Nachbarn. Die junge Intelligenz der Stadt ist bestrebt, möglichst europäisch

Landeskunde im Schnelldurchgang

Fläche: 1 566 500 km^2
Einwohner: 2,3 Millionen
Hauptstadt: Ulan Bator (Ulaanbaatar)
Amtssprache: Chalcha-Mongolisch
Währung: Tugrik
Zeit: MEZ + 7 Std.

Geographie und Klima
Die Mongolei ist ein Hochland (die tiefste Stelle liegt bei 554 m), das von Steppe, Wüste und zwei großen Gebirgen geprägt ist. Die größten Flüsse sind der Selenge, der Orchon und der Cherlen.

Geschichte
Traditionell war die Mongolei immer von Viehzucht treibenden Nomaden bewohnt, die in losen Stammesverbänden zusammengeschlossen waren. Während der Zeit der chinesischen Tang-Dynastie (618–906) taucht der Name Mongolen erstmals in schriftlichen Quellen auf, doch erst Dschinghis Khan gelang es 1206, die Stämme in einer Nation zusammenzuführen. Er und seine Nachfolger konnten ihre Macht zeitweise bis nach Osteuropa ausdehnen. Als ein Höhepunkt der mongolischen Geschichte darf die Gründung der Yuan-Dynastie (1260–1368) durch Khublai Khan gelten: ein Mongole saß nun auf dem Drachenthron und eroberte das chinesische Reich. Bis 1634 bestand die Mongolei noch als eigenständiges Land, dann wurde sie Teil des mandschurischen Qing-Reiches. Mit dem Sturz der Qing in China (1911) erfolgte auch die Gründung eines neuen mongolischen Staates, 1921 wurde eine Provisorische Revolutionäre Regierung ausgerufen und 1924 die Mongolische Volksrepublik als Staat nach sowjetischem sozialistischen Vorbild gegründet. Seit 1990 finden ein langsamer Wandel zur Marktwirtschaft und eine Öffnung zum Westen hin statt. Der Staat nennt sich nun Mongolei, Mongol Uls.

Staat und Politik
Die Mongolei ist heute eine Republik mit Mehrparteiensystem: Neben der ehemaligen kommunistischen Einheitspartei, Mongolische Revolutionäre Volkspartei (MRVP), sind z. B. die Nationale Demokratische Partei (Zusammenschluß der liberalen Opposition) und die Sozialdemokratische Partei zu nennen. Das Parlament und der Staatspräsident werden für jeweils vier Jahre gewählt. Seit September 1990 bekleidet Otschirbat, der 1993 in der ersten Direktwahl im Amt bestätigt wurde, das Amt des Staatspräsidenten.

Wirtschaft und Tourismus
Vorherrschend ist immer noch nomadische Viehwirtschaft, die geographischen und klimatischen Verhältnisse erlauben nur wenig Ackerbau. Bodenschätze gibt es, allerdings ist ein rationeller Abbau wegen der geringen Infrastruktur und des extremen Klimas kaum möglich. Tourismus ist noch kein bedeutender Wirtschaftszweig.

Wahltag in der Steppe

Bevölkerung und Sprache

Die größte Gruppe stellen die Chalcha-Mongolen, deren Dialekt die Amtssprache des Landes ist. Kleinere Gruppen sind z. B. die Burjaten, Kalmücken und Tuwiner. Die bedeutendste nicht-buddhistische Ethnie des Landes bilden die vorwiegend im äußersten Westen lebenden Kasachen.

Religion

Die Hauptreligion in der Mongolei ist seit dem 14. Jh. der Buddhismus und zwar in seiner tibetischen Ausprägung, dem Lamaismus oder tantrischen Buddhismus. Die ursprünglichen schamanistischen Traditionen sind aber keineswegs verschwunden, sondern haben sich mit dem Buddhismus zu einer Volksreligion verbunden.

Reisezeit und Klima

Die Mongolei weist ein extremes Kontinentalklima auf: Trockene, kalte Winter und kurze niederschlagsreiche warme bis heiße Sommer. Im größten Teil des Landes liegt die Jahresdurchschnittstemperatur unter dem Gefrierpunkt – bei 220–260 Tagen Sonne pro Jahr.

Von Anfang September bis Anfang Juni muß mit Frost gerechnet werden. Kältester Monat ist der Januar (Durchschnittstemperatur in Ulan Bator –27,9 °C). Juli und August sind die regenreichsten Monate. Da Straßen und Wege leicht im Schlamm versinken, sind das Frühjahr (Mai/Juni) für Touren im Norden und für eine Ost-West-Durchquerung, der Herbst (Ende August/Anfang September) für die Gobi und für Flugreisen in den Westen am ehesten zu empfehlen. In der Regenzeit ist vor allem im Norden mit Mücken zu rechnen. Zu jeder Zeit kann es tagsüber sehr warm werden, in der Nacht aber empfindlich abkühlen.

Flora und Fauna

Es gibt über 2500 Pflanzenarten in der Mongolei, davon sehr viele Heilkräuter. Die Vegetation ist nur im äußersten Westen durch den Einfluß des Pazifik ostasiatisch, ansonsten zentralasiatisch geprägt. Viele Tiere der Mongolei gehören zu den gefährdeten Arten, z. B. der Gobi-Bär und der Schneeleopard. Wieder angesiedelte Wildpferde sowie Wildesel, Wildkamel, Marco-Polo-Schaf, Antilopen und Steinböcke sind weitere Attraktionen.

Staatssymbol

Das Piktogramm des Soyombo, schon von Marco Polo im 13. Jh. beschrieben, ist das nationale Emblem der Mongolei. Die dreizüngige Flamme an der Spitze symbolisiert traditionell Vergangenheit, Gegenwart und Zukunft der Familie. Im Soyombo tritt an die Stelle der Familie das Volk. Darunter befinden sich die Sonne und eine Mondsichel, die die Herkunft der Mongolen – wie sie in vielen Sagen dargestellt wird – symbolisieren sollen.

Die beiden Dreiecke sind als Teile von Pfeil und Bogen zu verstehen, kennzeichnen damit die Wehrhaftigkeit. Die Rechtecke stehen für Geradlinigkeit, Rechtschaffenheit und Ehre. In der Mitte befinden sich zwei ineinander verschlungene Fische. Aus dem Chinesischen sind sie als Yin und Yang bekannt, die Einheit von weiblichen und männlichen Elementen. Da Fische nie die Augen schließen, stehen sie auch für Wachsamkeit. Rechts und links begrenzen mächtige Blöcke gleich Wällen oder Grenzmauern das Soyombo. Im Staatswappen ergibt sich daraus die Aufforderung nach einem starken Zusammenhalt des Volkes. Bis zum Ende des Sozialismus krönte ein roter Stern das Soyombo.

Das Staatswappen

Das Staatswappen bildet ein geflügeltes Pferd, in das in der Mitte das Soyombo eingearbeitet ist; bevorzugt wird zumeist das Soyombo.

Das Land und seine Bewohner

Faszination und Problematik gehen Hand in Hand. Einer unendlichen Landfläche steht eine minimale Bevölkerung gegenüber, fruchtbares, grünes Grasland wird in klirrend kalten Wintern erstickt. Eine junge Demokratiebewegung, die nach marktwirtschaftlichen Grundsätzen das Land neu gestalten möchte, bleibt isoliert mitten in Zentralasien ohne Know How, ohne Absatzmärkte, aber mit zwei Großmächten als einzigen Nachbarn. Das Land hat keinen Zugang zur See, im Inland bricht das Telefonnetz regelmäßig zusammen, es gibt fast keine asphaltierten Straßen und nur zwei Eisenbahnverbindungen. Hermetisch abgeschlossen von Einflüssen der westeuropäischen und nordamerikanischen Industriestaaten hat es aber auch Eigenarten bewahren können, die viele Reisende an die Zeit eines Sven Hedin denken lassen.

Dabei war die Mongolei nicht auf das Territorium des heute diesen Namen tragenden Staates begrenzt. Seit der Herrschaft der Mandschuren, also der Qing-Dynastie (1644–1911/12), in China unterschied man zwischen *Nei Menggu* (›Innere Mongolei‹), und *Wai Menggu* (›Äußere Mongolei‹). *Nei Menggu* bezeichnet das Gebiet, welches sich innerhalb der chinesischen Grenzen befindet – beginnend jenseits der Mauer zur Gobi –, und *Wai Menggu* das Territorium außerhalb des chinesischen Staatsgebietes. Letzteres ist heute weitgehend mit dem unabhängigen Staat Mongolei identisch. Dieser Staat, halb so groß wie Indien, doppelt so groß wie die Türkei oder viermal so groß wie Deutschland, bedeckt – eingekeilt zwischen Rußland im Norden und der Volksrepublik China

im Süden, Westen und Osten – ein Gebiet von 1 566 500 km² und umfaßt den Hauptraum, in dem Mongolen das Grundelement der Bevölkerung bilden und in dem sie eine eigene staatliche Organisation gefunden haben.

Bevölkerung

Nur 2,3 Millionen Einwohner bevölkern die weiten Flächen der Mongolei. Allerdings steigt ihre Zahl mit einer Rate von 2,6 Prozent pro Jahr, so daß im Jahr 2000 etwa 2,7 Millionen Menschen in der Mongolei leben werden (Verdoppelungszeitraum: 35 Jahre). Eine relativ gute Gesundheitsvorsorge hat die Lebenserwartung auf 65 Jahre ansteigen lassen, doch die Mongolei ist ein Land der Jugend. 70 Prozent der Bevölkerung sind jünger als 30 Jahre, 40 Prozent sogar unter 14 Jahre alt – eine demographische Struktur, die nicht ohne Folgen bleibt: Wenige Einkommensverdiener müssen die Ausbildung der vielen Jugendlichen und Kinder finanzieren. Das sozialistische System hatte mit einem

flächendeckenden Schulwesen eine beeindruckende Alphabetisierungsrate von 90 Prozent erzielt, und es gibt leider keine Aussichten, unter kapitalistischen Bedingungen dieses Niveau zu halten. Auch ist in dem kargen Land zwischen Taiga und Gobi keine ausreichende Zahl an Arbeitsplätzen in Sicht, vielmehr wurde nach dem Zusammenbruch des alten Systems überall die verdeckte Arbeitslosigkeit deutlich.

Auf jeden Quadratkilometer des Landes kommen statistisch etwa 1,3 Menschen. Rund ein Viertel der Gesamtbevölkerung jedoch lebt in Ulan Bator, dessen Einwohnerzahl auf rund 600 000 geschätzt wird. Erst mit weitem Abstand folgen andere städtische Siedlungen wie Darchan (75 000), Erdenet (45 000), Tschojbalsan (37 000), Chowd (25 000),

Baganuur (25 000), Uliastai (20 000), Ulaangom (20 000) und andere. Die Landflucht ist ausgeprägt. Andererseits ist ein Drittel aller Mongolen noch als Nomaden einzuordnen, die in Kleinstverbänden von zwei oder drei Jurten nach einem festen Rhythmus über ihre Weidegründe ziehen.

Die Mongolei ist ein weitgehend homogener Staat, in dem Mongolen 90 Prozent der Bevölkerung stellen.

Mongolen

Die Mongolen, zu denen die Mehrheit der Bevölkerung des Landes zählt, gliedern sich in verschiedene Stämme. Die Stammeszugehörigkeit ist wichtig – sie wird sogar in den Personalausweis eingetragen. Die meisten Mongolen rechnen sich den Chalcha zu, deren Dialekt Amtssprache ist.

Bedeutend sind daneben die Burjat-Mongolen, die trotz eines Anteils von nur zwei Prozent der Bevölkerung überproportional viele Führungskräfte stellen. Andere Gruppen sind Westmongolen (7 %) und Dariganga (2 %).

Etwa sechs Millionen Mongolen leben in aller Welt, davon nur ein Drittel in der Mongolei. In China finden wir Mongolen in dem Autonomen Gebiet Xinjiang entlang der Grenze zu Kasachstan und der Mongolei (100 000 Mongolen) und in dem Autonomen Gebiet Innere Mongolei.

Doch selbst hier bilden die fast 3,3 Millionen Menschen eine Minderheit unter etwa acht Millionen Chinesen. Seit nahezu 100 Jahren sind sie einer starken Sinisierung ausgesetzt. Chinesische Akkerbauern verdrängen die Mongolen von ihren Weiden. Mit einer wirtschaftlichen Vorzugsbehandlung und gleichzeitig strenger politischer Überwachung versucht die chinesische Regierung, jeden Drang zu den mongolischen Landsleuten jenseits der Grenze zu unterdrücken.

Auch in der Russischen Föderation siedeln mongolische Minderheiten, zum Teil besitzen sie Selbstverwaltungsrechte. Die bedeutendste Gruppe sind die Burjaten (260 000), deren Siedlungsgebiet über den Nordostzipfel der Äußeren Mongolei auch in die chinesische Innere Mongolei reicht. Doch sogar in der Autonomen Republik Burjatien (und in den Autonomen Bezirken Ust-Ordinsk und Aginskoje) mit ihrer Hauptstadt Ulan Ude (›Rotes Tor‹) stellen sie heute nur noch eine Minderheit unter der überwiegend russischen Bevölkerung dar. Selbst für den Laien ist die ethnische Grenze zwischen den burjatischen und den anderen mongolischen Stämmen erkennbar. In den burjatischen Sum der Mongolei, überwiegend im Norden des Chentij, und jenseits der Grenze zu Rußland ersetzen Blockhäuser die Jurten, werden Gärten und Äcker angelegt, weicht die Steppe weiten Wäldern. Die Burjaten sind seßhaft.

Weit entfernt von den traditionellen Siedlungsgebieten leben an der Wolga noch die Kalmücken (s. S. 19).

An der Nordgrenze der Mongolei liegt schließlich das kleine Tuwa, heute eine autonome Republik innerhalb der Russischen Föderation. Hier leben 190 000 russifizierte Tuwiner, die eine Turksprache sprechen, aber große Affinitäten zur mongolischen Kultur und Religion haben. Als kleine Minderheit sind sie in der Grenzregion, überwiegend im Uws-Aimag, auch in der Mongolei vertreten.

Faszinierend sind die mongolischen Randgruppen, oft Überbleibsel des Weltreiches unter Dschinghis Khan im 13. Jh. In Nordwest-Afghanistan sind ei-

Chalcha-Mongole

Kalmücken
Europas vergessene Mongolen

Die Kalmücken, Europas einzige Buddhisten, begannen seit 1630 auf der Suche nach neuem Weideland das Gebiet westlich der Wolga zu besiedeln. Mit 175 000 Angehörigen haben sie heute ihre eigene Autonome Kalmückische Republik (75 000 km²) mit der Hauptstadt Elista, 160 km südlich Wolgograd (Stalingrad). Die Kalmücken stellen allerdings nur 40 Prozent der Republikbevölkerung (320 000). Wie ihre Vorfahren ziehen sie mit der mongolischen Jurte auch heute noch durch die Steppen der Region.

Die Kalmücken gehören zu den westmongolischen Stämmen der Torghuten, Dörbert und Chotschut, deren traditionelles Siedlungsgebiet südlich des Altai bis China reichte. Etwa 100 Jahre lang lebten sie mit den Russen in einem wechselhaften Verhältnis, bekundeten je nach Opportunität ihre Untertänigkeit oder bändelten mit China an, leisteten Tribut oder überfielen russische Händler und Siedler. Mitte des 18. Jh. versuchte die russische Regierung sie strenger zu kontrollieren, so daß die Torghuten im Januar 1771 in einer verlustreichen Winterwanderung die Rückkehr in die Nordwestecke Chinas beschlossen. Kosakeneinheiten richteten ein grausames Gemetzel unter den Fliehenden an. Nur ein Stamm, der das rechte Wolga-Ufer bewohnte, konnte nicht folgen, da der Fluß nicht zugefroren war. Das mongolische Wort *chalmagh*, von dem sich der Begriff Kalmücken ableitet, bedeutet die ›Zurückgebliebenen‹. Unter der kommunistischen Herrschaft im Kreml erlebten die Kalmücken ein ähnliches Wechselbad wie andere Minderheiten in der UdSSR. 1943 begann die gewaltsame Deportation nach Sibirien. Zahlreiche Kalmücken schlossen sich der deutschen Wehrmacht an. Nach dem Krieg wurden viele von den Westalliierten an Stalin in den sicheren Tod ausgeliefert, anderen gelang es, eine neue Heimat im Westen zu finden, in erster Linie in den USA und Westdeutschland. Erst 1957 wurde den Kalmücken die Rückkehr gestattet und die Autonome Region an der Wolga wieder neu gegründet.

nige Tausend Menschen als sunnitische Muslime einer mongolischen Minderheit zuzurechnen und auch die schiitischen Hazara in Zentral-Afghanistan sind mongolischen Ursprungs. Ebenso in China: Bis in den äußersten Südwesten, in die Provinz Yunnan, finden sich autonome, geschlossene mongolische Siedlungsgebiete. Gelegentlich handelt es sich nur um kleine Städte oder Dörfer, die aber eindeutig den Mongolen zuzurechnen sind.

Kasachen – Muslime in der Mongolei

Größte ethnische Minorität sind die Kasachen, die überwiegend in den westlichen Landesteilen siedeln und ebenso wie die kleinen Gruppen der Tuwiner und Chotonen zu den Turkvölkern gehören. Mit ihren oft blauen Augen wirken die Kasachen westlicher als die Mongolen.

Um 1840 kamen die ersten Kasachen in die Region um Bajan-Ölgij im Westen der Mongolei. Bis zur Wende 1990 wuchs ihre Zahl auf 95 000, so daß sie fast allein die nur 100 000 Köpfe zählende Bevölkerung der entlegenen Westprovinz stellten. Ihre Sprache ist hier als Verwaltungssprache anerkannt. In den ersten Jahren nach Entstehen eines unabhängigen Kasachstan jenseits der Grenze, strömten sie zu Tausenden heim in das Land ihrer Väter. Jetzt setzt sich die Erkenntnis durch, daß auch dort der junge Staat krisengeschüttelt ist, und die ersten kehren wieder zurück.

Zunächst waren die Kasachen nur während des Sommers auf die mongolischen Weiden gezogen, ihre Heimat blieben Kasachstan oder das chinesische Autonome Gebiet Xinjiang. Auch nach der Revolution von 1921 und der erfolgten Grenzziehung zwischen China, der Sowjetunion und der Mongolei behielten die Kasachen ihre nomadischen Traditionen bei. Erst in den 30er Jahren wurden die Wanderzüge unterbunden, gleichzeitig erfolgte eine Aufspaltung des alten West-Aimag (Chandmani) in drei kleinere Regierungsbezirke (Uws, Chowd, Bajan-Ölgij), so daß den Kasachen mit Bajan-Ölgij ein eigener Aimag zugewiesen werden konnte.

Für die Wirtschaft des Landes sind die Kasachen in einigen Bereichen, insbesondere im Bergbau, fast unersetzlich. Ihr Kunsthandwerk unterscheidet sich deutlich von mongolischen Traditionen, insbesondere beherrschen sie die Teppichknüpfkunst. Die fast ausschließlich islamischen Kasachen errichteten 1992 wieder ihre erste Moschee, kein einziges Gotteshaus hatte Tschojbalsans Verfolgungen und Zerstörungen überstanden.

Naturraum Mongolei

Mit dem Finger über die Landkarte – die geographische Struktur

Einen Überblick über die landschaftliche Gliederung der Mongolei verschafft eine Reise über die Landkarte. Ulan Bator ist der Ausgangspunkt jeder Reise durch die Mongolei.

Das Chentij-Gebirge direkt nördlich von Ulan Bator hat nur eine durchschnittliche Höhe von 2200–2400 m und ist damit der niedrigste der mongolischen Gebirgszüge. Die Täler ziehen sich, weich und weit, bis zum Horizont, oft gezeichnet von Dutzenden von Autopisten. Das Herzstück des Gebirges ist schwer zugänglich, und auf die mit Tundra bewachsenen Hochplateaus verirrt sich selten ein Mensch. Nur an den Gebirgsflanken, insbesondere auf der Westseite entlang der Eisenbahnlinie nach Norden betreiben die Mongolen auf größeren Farmen Landwirtschaft. Nach Osten bis in den Dornod-Aimag erstrecken sich Ausläufer des Gebirges mit dem auch historisch bedeutenden Fluß Onon.

Von Ulan Bator direkt nach Norden führt die Hauptverkehrsader des Landes und läßt das Chentij östlich liegen, während sich westlich das Selenge-Orchon-Bergland erstreckt. Die breiten Täler werden in Zweifelderwirtschaft zum Akkerbau genutzt. Neben diesen Flächen gibt es sattes, grünes Weideland, das umfangreiche Herden durchstreifen. Der Selenge, ein Strom von 992 km Länge, fließt nach Rußland in den Baikalsee.

Bleiben wir an der russischen Grenze und wenden uns in westlicher Richtung der nördlichsten Ausbuchtung der Mongolei zu. Prägend ist der Chöwsgöl-See, zum Teil umgeben von steil aufragenden, schneebedeckten Gipfeln. Die Sommer beginnen hier noch später als im übrigen Land, und im Winter sind die Berge tief verschneit. Die Gegend ist stark bewaldet und zu dem kleinen Teil der Gebirgstaiga zu rechnen. Hier ist Sibirien.

Zentral in der Mitte des Landes, im Westen und Süden von tiefen, abflußlosen Senken umgeben, erstreckt sich über 600 km das Changai-Gebirge, das in seiner Struktur sehr an das Chentij nördlich von Ulan Bator erinnert. Mit 3905 m ist der Otgon Tenger der höchste Gipfel. Wald findet sich meist auf den flach geneigten Nordhängen, während die südliche Gebirgsflanke waldfrei ist und von der Steppe beherrscht wird. Die Täler sind oft versumpft oder durch Torfmoore bedeckt. Zahlreiche Vulkankegel verleihen dem Changai-Gebirge an vielen Stellen besondere morphologische Züge. Mächtige Basaltdecken füllen viele Täler aus. Ein typisches Beispiel ist das obere Orchon-Tal, wo der schwarzbraune Basalt auf über 100 km das gesamte Tal bedeckt. Der Fluß hat sich an einigen Stellen bis zu 35 m schluchtartig eingegraben und einer seiner Nebenflüsse, der Ulaan Gol, formt in der Nähe der alten Hauptstadt Karakorum *(Char Chorin)* den größten Wasserfall der Mongolei. Das fruchtbare Orchon-Tal gehört zu den ältesten Siedlungsgebieten der Mongolei und weist zahlreiche archäologische Funde auf. Es ist eines der touristischen Hauptreiseziele.

Weiter geht es nach Nordwesten: Die Flanken des Changai-Gebirges begrenzen hier das Becken der Großen Seen. In dieser 106 000 km² großen Senke gibt es keinen Abfluß, so daß in dem wüstennahen, im Sommer oft heißen Klima die Mineralien bei der Verdunstung des Wassers zurückbleiben und sich große Salzwasserseen gebildet haben. Lediglich der vom wasserreichen Chowd gespeiste Char Us Nuur und der mit ihm verbundene Char Nuur enthalten Süßwasser. Im nördlichen Teil des Gebietes bildet die Uws-Senke ein hydrologisch in sich geschlossenes Gebiet. Hier, 795 m über dem Meeresspiegel, liegt der mit 3350 km² größte Salzwassersee der Mongolei, der Uws Nuur.

Südlich des Changai-Gebirges liegt das Tal der Gobi-Seen. Die zahlreichen kleinen Gewässer sind abflußlos und verändern oft ihre Lage. Alle sind flach und gehen an vielen Stellen in ausgedehnte Salzsümpfe über. Manche Seen verschwinden völlig bei längerer Trokkenheit und lediglich der rissige, weißlich-salzige Boden verrät ihre ehemalige Lage.

Über 1700 km erstreckt sich im Westen und Süden das Gebirgssystem des Mongolischen und Gobi-Altai. Hier liegen die höchsten Berge der Mongolei. Sie sind unbewaldet und stark zerklüftet. Besonders im südlichen Gobi-Altai prägen Wüsten und Halbwüsten das Bild. Verwitterung hat die einst geschlossene Gebirgskette in einzelne Horste aufgelöst. Ihre Sockel werden von ausgedehnten Schuttflächen umgeben. Stellenweise liegt das Geröll so hoch, daß es bis zum Horizont reicht und nur noch kleine Gipfel aus ihm herausragen.

Südlich dieser Gebirgsketten liegen die menschenleeren Landschaften der Zentral-Gobi. Es wäre ein Fehler in der Gobi ausgedehnte Sanddünen zu erwarten. Sie treten nur in den ausgetrockneten, ehemaligen Flußtälern und am Ufer

Eine weite Steppenlandschaft erstreckt sich vor dem Changai-Gebirge zwischen Tariat und Tosontsengel

Die Wüste Gobi bei Nemegt

ehemaliger Seen als Sicheldünen, halbmondförmige Wanderdünen, auf. Typisch sind dagegen ebene Kies-, Fels- und Steinwüsten. Internationale Berühmtheit erreichte die Süd-Gobi durch sensationelle Fossilienfunde kreidezeitlicher Tiere, insbesondere durch die Entdeckung mehrerer vollständig erhaltener Dinosaurierskelette und -nester.

Eintönig ist die Landschaft südlich und östlich von Ulan Bator, in der sogenannten Chalch-Ebene. Keine Bäume, nur noch dürre Steppe, die nach Osten immer flacher wird. Hier, wo die Chalch-Ebene in die Barga übergeht, gibt es noch weitgehend unberührte Steppengebiete. Außer dem Cherlen, der über den Dalai Nuur in den Pazifik entwässert, gibt es keine Gewässer, und Mulden sind oft von Salzsümpfen bedeckt. Faszinierend ist der Bestand an Wildtieren in der Ost-Mongolei: Riesige Herden von Antilopen beleben die flache Steppe, die Masse ihrer Körper wirkt wie ein großes, bis zum Horizont wogendes Meer.

Vegetationszonen und Tierwelt

Die Mongolei ist eines der wenigen Länder der Erde mit großen intakten Steppen-Ökosystemen und beherbergt gemeinsam mit Tibet und Teilen Sibiriens die letzten ungenutzten Naturräume auf dem asiatischen Kontinent. Im Norden, wo die Mongolei tief in die sibirische Taiga hineinreicht, berührt sie das größte zusammenhängende Waldgebiet der Erde. Wenige hundert Kilometer südlich geht die Nadelwaldregion des kühl-gemäßigten Eurasien in die Steppen- und Wüstenregion Zentralasiens über. Wüsten und Hochgebirge, Taiga und Mittelgebirge wechseln sich ab. In allen Zonen sind bis heute großflächige Naturlandschaften und durch traditionelle extensive Nutzung geprägte Kulturlandschaften erhalten geblieben. Mitten durch dieses Land zieht sich die kontinentale Wasserscheide. Sie verläuft über den Mongolischen Altai und südlich des Changai-Gebirges quer durch die Mongolei. Zwei Drittel des Gebietes gehören zu den abflußlosen, trockenen zentralasiatischen Gebieten. Die Mongolei ist ein Hochland, 85 Prozent der Landesfläche liegen über 1000 m, und im Mongolischen Altai, dem markantesten Gebirgszug des Landes, erhebt sich der höchste Gipfel der Mongolei auf 4374 m. Der tiefste Punkt liegt mit 554 m beim Salzsee Chöch Nuur im äußersten Nordosten.

Trotz der geringen Bevölkerungsdichte gibt es bereits nennenswerte Bedrohungen für Natur und Wildtiere. So sind alle in der Mongolei noch vorkommenden Großtierarten inzwischen in irgendeiner Form bestandsgefährdet. Die Ursachen sind unterschiedlich, aber Jagd, Wilderei und Lebensraumzerstörung spielen die herausragende Rolle. Andererseits bestehen für mehr und mehr Arten nur noch innerhalb der Mongolei Chancen, weil deren Restbestände im benachbarten China oder in Rußland durch nicht beherrschbaren Jagddruck und durch Landnutzung keine Aussicht haben, dauerhaft zu überleben. Hierzu gehören neben Wildkamel, Mongolischer Saiga, Gobi-Braunbär und Argali-Wildschaf auch die letzten Herden der Kropfantilope (s. S. 210 ff.). Birkhuhn, Haselhuhn, Daurisches Rebhuhn und Sandflughuhn werden ebenso durch die systematische Jagd und Wilderei bedroht wie die Großtrappe, die von den Einheimischen seit Jahrzehnten verfolgt wird und als begehrtes Wildbret gilt.

Vier verschiedene Vegetationszonen ziehen sich von Nord nach Süd durch

Junge Falken

die Mongolei: Gebirgstaiga, Gebirgswaldsteppe, Halbwüste/Steppe und Wüste.

Vier Prozent der Mongolei bedeckt Gebirgstaiga: Mächtige Bäume und geschlossene Wälder, überwiegend mit sibirischer Lärche, erinnern im Norden an ein deutsches Mittelgebirge. Es folgen Zeder, Fichte, Kiefer und Tanne. In den Tälern, die aufgrund des Dauerfrostbodens oft versumpft sind, stehen 2–3 m hohe Birken. Neben zahlreichen wirtschaftlich bedeutenden Pelztieren, wie Marder, Zobel, Luchs und Hermelin, sind hier auch Braunbär, Elch, Maralhirsch, Rehwild, Ren, Wolf und Wildschwein heimisch.

Die Gebirgswaldsteppe, die in ihren verschiedenen Formen die Hälfte der Mongolei bedeckt, schließt sich nach Süden an: Der Baumbestand ist lichter. Je weiter man nach Süden kommt, desto mehr geht die Landschaft in die Kurzgrassteppe über. Steppe und Wald wechseln sich ab. Die Wälder wachsen vorzugsweise auf der sonnengeschützten Nordseite der Hänge. Diese Gesetzmäßigkeit wird je weiter man nach Süden kommt so ausgeprägt, daß die Wälder am Bergkamm oft wie abrasiert wirken. Es dominieren Lärchenwälder, in den Flußtälern Zitterpappeln und Birken. Aufgrund der Höhenlage wachsen in dieser Region neben den verschiedensten Gräsern auch zahlreiche alpine Pflanzen. Edelweiß bedeckt stellenweise ganze Hänge und scheint in der Mongolei so häufig vorzukommen wie das Gänseblümchen in Deutschland. Pharmakologen zählten über 400 Heilpflanzen.

Diese Landschaftszone bietet die üppigsten Weidegebiete mit hoher Viehdichte. In vielen Gebieten sind ökologische Schäden durch Überweidung zu erkennen. Darüber hinaus wird stellenweise auch Ackerbau in Form heute teilweise privatisierter Kolchos-Unternehmen betrieben. Die Flüsse sind in dieser Gegend fischreich. Bei einer Tour mit dem Jeep über die endlose Graslandschaft der Täler muß man immer ein Auge auf die Murmeltierlöcher haben. Schon viele hundert Meter vor dem herannahenden Wagen stürzen sich die bis zu 50 cm großen Tiere, den Schwanz steil nach oben gerichtet, kopfüber in ihre Behausungen. Nicht umsonst sind die possierlichen Tierchen so vorsichtig; Murmeltierfleisch gilt den Mongolen als Delikatesse, ihr Fett ist als Öl für den Export begehrt, und aus den Fellen werden warme Mäntel. In der Jagdsaison ab August werden sie zu Zehntausenden geschossen. Wie in den Wäldern sind auch hier die meisten der oben genannten Tiere – bis auf Ren und Elch – heimisch.

Weiter nach Süden folgt die Steppenzone, die ein Viertel des Landes bedeckt: Typisch ist das Federgras. Die Tierwelt unterscheidet sich hier von der der nördlichen Regionen. Geier und Steppenadler kreisen über den endlosen Weiten, und die Zahl der Murmeltiere nimmt weiter zu. Wölfe durchstreifen auch diese Region. Viehzüchter und Verwaltung treten für deren hemmungslose Verfolgung ein. Das Verhältnis der Mongolen zum Wolf ist mit vielen Emo-

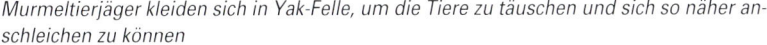

Murmeltierjäger kleiden sich in Yak-Felle, um die Tiere zu täuschen und sich so näher anschleichen zu können

Die Pest
Seuche des Mittelalters?

Es gibt sie noch, jene Krankheit, die im 14. Jh. ein Drittel der europäischen Bevölkerung forderte. Unser Kontinent brauchte 200 Jahre, um sich von der Epidemie zu erholen. Eine Reihe von Wissenschaftlern lokalisiert die Heimat der Pest heute in den Steppen Zentralasiens, von wo sie ihren Siegeszug mit den Armeen Dschinghis Khans nach Europa antrat. Weiter verbreitet wurde sie dann durch italienische Seefahrer, die sie rasch von Hafen zu Hafen transportierten. Die Pest ist eine Seuche, die durch Flöhe von Nager zu Nager und dann auf den Menschen übertragen wird. Heute gibt es die einst weltweit verbreitete Krankheit noch in den großen Bergwald- und Steppengebieten Nord- und Südamerikas (Rocky Mountains, Brasilien, Venezuela), Südafrikas sowie Zentral- und Südostasiens und damit auch in der Mongolei.

Die mongolischen Murmeltierjäger sind von einem Befall mit dem Pestbazillus besonders bedroht. Die Millionen von Murmeltieren sind als Wirtstiere bei den Pestflöhen besonders beliebt, und wenn ihnen das Fell über die Ohren gezogen wird, suchen sich die Flöhe einen neuen Wirt (entgegen der Ansicht vieler Hirten, ist der Verzehr des Fleisches nicht gefährlich). Jedes Jahr treten Fälle von Lungen- und Beulenpest auf, und ein bis zwei Dutzend Menschen sterben an der Krankheit.

Die Behörden reagieren schnell. Die betroffenen Kreise werden unter Quarantäne gestellt, alle Straßen genauestens kontrolliert. Verhindert werden durch die konsequenten Maßnahmen Epidemien, wie sie aus der chinesisch-mongolischen Region für die Jahre 1910 und 1911 – im Norden Chinas starben 60 000 Menschen – und 1947 – in der Inneren Mongolei starben 23 000 Menschen – berichtet werden. Ausgangspunkt war jeweils die Mongolei. Besiegen läßt sich die Krankheit nicht, man müßte schon die Murmeltiere ausrotten. Gefährdet ist, wer mit dem Fell in Berührung kommt. Die Inkubationszeit beträgt zwei bis zehn Tage, gefolgt von Fieber und einem raschen Tod, bei der Lungenpest kann der Tod nach ein- bis zweitägiger Inkubationszeit sogar schon am zweiten Krankheitstag eintreten. Insbesondere die Lungenpest ist nur zu besiegen, wenn bereits beim leisesten Verdacht gehandelt wird. Aber häufig meiden betroffene Familien den Gang zum Arzt. Die Murmeltierjagd ist erst ab dem Spätsommer erlaubt: Bricht die Seuche früher aus, so läßt das ziemlich sicher auf Wilderei schließen.

Touristen sollten jedoch – solange sie nicht auf Murmeltierjagd gehen – keine Sorge haben: Gefahr, daß sie mit dem Krankheitserreger in Berührung kommen, besteht nicht.

tionen befrachtet. Zu gegebener Zeit schlägt die Furcht vor diesem Tier in einen wahren Jagdrausch um. Deshalb ist es schwierig, Verständnis für die Notwendigkeit seines Überlebens zu wecken. Als einziges Raubtier genießt er keinerlei Schutz – es werden sogar Prämien auf jeden Abschuß gezahlt, nach Untersuchungen des WWF sind die Bestände drastisch gesunken, und eine Versachlichung der Diskussion ist dringend angezeigt.

Das letzte Viertel des Landes bedeckt Wüste bzw. Wüstensteppe, denn auch diese Region ist nur zum kleinen Teil vegetationslos: Verschiedene Gräser sind neben Salzkräutern typische Pflanzen. Die Saiga-Antilope und die Seren-Gazelle sind hier heimisch. Es gibt zahlreiche Tiere, die auf der Liste der gefährdeten Arten stehen; an erster Stelle der seltene Gobi-Bär, der Schneeleopard und das Wildkamel. Aber auch über die Populationen der Wildschafe (Argali) und Wildziegen (Ibex), die weltweit Jäger magisch anziehen und ein wichtiger Devisenbringer des Landes sind, besitzen die Mongolen nur ungenaue Angaben. Eine Besonderheit sind die kleinen Herden von Pržewalskij-Pferden (s. S. 190), die u. a. in die Wüstegebiete südlich des Altai wieder ausgewildert werden.

Pržewalskij-Pferde und Wildhüter

Zusätzlich existieren im Gebirge durch die Höhenlage zwei weitere Zonen: weit entfernt vom eigentlichen Verbreitungsgebiet ein Gürtel der Gebirgstaiga und darüber eine alpine Zone mit Tundra.

Klirrende Kälte und flirrende Hitze – Das Klima

Zusätzlich zur Weite des Landes und seiner geringen Bevölkerungsdichte erschwert noch das Klima das Leben in der Mongolei. Es kennt ungewöhnlich große Schwankungen, nicht nur mit dem Wechsel der Jahreszeiten, sondern auch innerhalb eines Tages, an dem die Quecksilbersäule binnen weniger Stunden um 30 °C fallen kann. Weit entfernt vom mäßigenden Einfluß der Weltmeere herrscht in der Mongolei ein Kontinentalklima mit trockenen, kalten Wintern und relativ niederschlagsreichen, warmen, im Süden des Landes heißen Sommern. Die durchschnittliche Jahrestemperatur liegt in den meisten Landesteilen unterhalb des Gefrierpunktes. Dabei scheint zwischen 220 und 260 Tagen pro Jahr die Sonne von einem tiefblauen, meist wolkenlosen Himmel.

Am kältesten ist der Januar mit mittleren Temperaturen von –15 °C im Süden und –35 °C im Norden. Ulan Bator hat eine Januar-Durchschnittstemperatur von –27 °C, wobei auch ein so extremer Wert wie –47,9 °C gemessen wurde. Die geringe Luftfeuchtigkeit, die im März oft nur 15 Prozent beträgt, macht die Kälte erträglich. Die meisten Landesteile sind allenfalls von einer hauchdünnen, verharschten Schneedecke bedeckt, und die braune Landschaft wirkt monoton. Nur in den Gebirgen liegt mehr Schnee.

Ein radikaler Umbruch setzt im Frühling ein. In der Gobi beginnt er bereits im März, in Ulan Bator muß man manchmal bis Ende Mai warten. Frühjahrsstürme tragen den Sand aus der Gobi bis nach Ulan Bator und drücken den Staub durch die kleinste Fensterritze.

Wenige Wochen später beginnt der Sommer, der von Anfang Juni bis Mitte August währt. In dieser Zeit fallen bis zu 75 Prozent der Jahresniederschläge. Wenn es auch insgesamt nur 200–250 mm sind, so sind zumindest in den nördlichen Landesteilen Gummistiefel im Juli und August ein nützliches Reiseutensil. Die Wettervorhersage ist

Auch Kamele arrangieren sich mit dem Schnee

Kuhdung wird verbrannt, um die Mücken zu verscheuchen

schwierig, und heftige Gewitterstürme können zu schweren Überflutungen führen. Gleichzeitig versucht die Natur in einer Vegetationsperiode von nur 90 Tagen die lange Winterstarre auszugleichen. In Ulan Bator, wo man im Januar noch unter –40 °C messen kann, kann es über 30 °C warm werden, und in der Gobi klettert die Quecksilbersäule an heißen Tagen auf über 45 °C. Doch auch die warmen Sommermonate vermögen den im Winter bis zu 4 m tief gefrorenen Boden nur stellenweise anzutauen. Selbst in der Gobi sind noch Gebiete mit Dauerfrostboden zu finden.

»Nach Naadam (dem Nationalfeiertag im Juli) beginnt der Herbst«, sagen die Mongolen. Zumindest ab Mitte August kühlt es wieder deutlich ab. Im September steht man in Ulan Bator unter Umständen bereits mitten im Schneetreiben, und ab Oktober sind nur noch wenige Tage frostfrei. Durch die stark abfallende Luftfeuchtigkeit vertrocknen Gräser und Kräuter am Halm. Damit bleiben alle Nährstoffe erhalten, so daß das Vieh ausreichend Futter, das es unter der dünnen Schneedecke freischarren kann, für die kommenden Wintermonate hat. Katastrophal allerdings können sich starke Schneefälle auswirken, denn nur begrenzt und allenfalls für kurze Notzeiten reichen die kleinen Lager an Winterfutter, die die Viehzüchter im Herbst anlegen.

Die empfehlenswerte Reisezeit ist entsprechend kurz. Will man Regen und – im Norden – Mücken ausweichen, so sind Mai und Anfang Juni zu bevorzugen, auch wenn die Vegetation dann gerade erst beginnt. Wer kalte Nächte nicht scheut, kann auch im September wieder schöne Tage in der Mongolei verbringen.

Geschichte

Entlang historischer Stätten durch die Geschichte

Höhlenzeichnungen mit Darstellungen heute ausgestorbener Elefantenarten, einem Strauß und anderen Tieren künden davon, daß die Mongolei schon früh besiedelt war. Die Künstler müssen im Jungpaläolithikum gelebt haben, andere Funde belegen sogar einen Aufenthalt von Menschen in der Altsteinzeit. Zu Beginn der Bronzezeit, im dritten Jahrtausend v. Chr., sind sowohl europide als auch frühmongolide Gruppen nachweisbar. Viele Felszeichnungen zeigen einachsige Streitwagen mit Kampf- und Jagdszenen. Fragen werfen die sogenannten Hirschsteine in der West-Mongolei auf, 3–4 m hohe Obelisken, deren Seiten überwiegend mit Hirschdarstellungen verziert sind. Neuere Forschungen datieren sie auf die Wende des zweiten Jahrtausends v. Chr. und ordnen sie den europiden Bewohnern der Mongolei zu, während man sie vorher der frühen Eisenzeit (7.–8. Jh. v. Chr.) zurechnete. Über die Kultur des fünften bis dritten vorchristlichen Jahrhunderts gibt das Gräberfeld in der Nähe der Stadt Ulaangom (Uws-Aimag; s. S. 180) Auskunft.

Bis zu 300 Anlagen, Städte und Siedlungen haben Archäologen in der Mongolei nachgewiesen und damit widerlegt, daß es in einem Nomadenland keine befestigten Plätze gegeben habe. Vielmehr versuchten sich alle Völker, die das Gebiet der Mongolei bewohnten, vor kriegerischen Angriffen ihrer Nachbarn nach besten Kräften zu schützen. Die wenigsten Bauten sind noch so gut erhalten, daß auch der Laie Gewinn von einem Besuch haben würde, und nur einige Fundstätten wurden auch wissenschaftlich erforscht. Manche Siedlung wird auch noch unentdeckt unter der Graslandschaft vermutet.

Im Jahr 744 n. Chr. eroberten die Uiguren, unterstützt von der chinesischen Tang-Dynastie, die Mongolei. Ihre Siedlungen sind noch am Ufer des Orchon – die Ruine Char Balgas (s. S. 146) – und am Selenge – die Ruine Baibulag (s. S. 159) – zu erkennen. 840 wurden sie von den Kirgisen vernichtend geschlagen, ohne daß diese tatsächlich die Vorherrschaft an sich reißen konnten. Erst mit der Eroberung durch die Kitan im 10. Jh. entstanden wieder klare Machtverhältnisse. Die Kitan, eine Ethnie aus dem Nordosten des heutigen China, herrschten über die größten Teile der Mandschurei, der Ost-Mongolei und über wesentliche Teile Chinas nördlich des Gelben Flusses. Am Cherlen bei Tschojbalsan existiert noch ein Turm der Ruinen von Bar Chot (s. S. 209). An der Straße von Bulgan nach Ulan Bator liegt Char Buchijn Balgas (s. S. 147). 1122 wurde das Kitan-Reich schließlich von chinesischen Kräften, unterstützt von den Dschurdschen, den Vorgängern der Mandschuren, besiegt. Von der nächsten, größten Epoche der Mongolei künden die Ruinen von Karakorum. Die Mongolei wurde Zentrum einer Weltmacht. Weitere Spuren aus der Zeit Dschinghis Khans wurden bei Delgerchaan entdeckt. Die nächste wichtige Epoche, von der Bauwerke zeugen, begann erst einige Jahrhunderte später. Insbesondere Klöster, die wie Erdene Zuu (bei Karakorum; s. S. 140), im 16. und 17. Jh. errichtet wurden, repräsentieren diese Ära. Einen Eindruck mongolischer Feudalherrschaft geben die Ruinen des Tsogt Tajdsh (s.

S. 147) und das Tsagaan Bajschin (s. S. 158), beide im Bulgan-Aimag. Von der chinesisch-mandschurischen Oberherrschaft künden die Reste der Forts bei Uliastai und Chowd aus dem 18. Jh.

Die Zeit der mongolischen Weltherrschaft

Sie tauchten plötzlich in der Weltgeschichte auf, versetzten ein Jahrhundert lang die Völker zwischen Pazifik und Ostsee in Angst und Schrecken und verschwanden ebenso plötzlich wieder im Nichts. Den Europäern war Vergleichbares schon mit den Hunnen widerfahren, als diese 375 n. Chr. das Ostgotenreich zerstörten und nur Attilas vorzeitiger Tod 453 n. Chr. ihn hinderte, das Werk der Vorfahren fortzusetzen. Auch die Hunnen waren als Reitervolk aus den Steppen Asiens gekommen. Die Europäer waren überzeugt, die Mongolen kämen aus der Hölle, *ex tartaro*. Es fügte sich, daß diese Bezeichnung eine doppelte Bedeutung hatte, waren doch die Tataren einer der Stämme, die Dschinghis Khan am Anfang seiner Herrschaft unterworfen hatte und deren berüchtigten Namen er anschließend nutzte. Die Mongolen unter Dschinghis Khan waren ein singuläres Ereignis der Weltgeschichte. Schon bei seinem Enkel Khublai Khan, dem ersten Herrscher der Yuan-Dynastie in Peking, ist den meisten Europäern nicht bewußt, daß auf dem chinesischen Thron kein Chinese, sondern ein Mongole saß. Aufgrund der Erzählungen Marco Polos wurde er bereits dem späten Mittelalter zudem mehr als Figur aus der Fabelwelt, denn als Herrscher eines wohlgeordneten Weltreichs bekannt. Warum hinterließen die Mongolen keine dauerhaften Spuren in der Weltgeschichte, wie Ägypter, Perser, Griechen und Römer? Es ist nicht so sehr die Kürze der Periode, in der sie die Weltgeschichte beeinflußten – immerhin bestand ihr Reich ebenso lange wie heute seit der amerikanischen Unabhängigkeitserklärung vergangen ist – sondern vor allem die Tatsache, daß sie keine Nachfolgereiche hinterließen, die auf der früheren Weltmacht beruhen. Erst Anfang dieses Jahrhunderts tauchen die Mongolen als Bewohner eines kleinen Steppenstaates wieder auf, und ihre Position zwischen zwei Weltmächten sichert ihnen mehr Aufmerksamkeit als dies anderen kleinen Völkern widerfährt.

Was wir heute über die Krieger des Dschinghis Khan wissen, stammt meist aus der Feder der Besiegten, und die wußten nur wenig Schmeichelhaftes über die Fremden aus der Tiefe Asiens zu berichten.

Aus der Sicht der Europäer kamen die Mongolen tatsächlich aus dem Nichts.

Dschinghis Khan

Dschinghis Khan – Der Mythos
Verfemt und glorifiziert

Bei der Geburt – je nach Quelle zwischen 1155 und 1167 – soll er einen Klumpen geronnenen Bluts in der Faust gehalten und der Schamane prophezeit haben, er werde ein gewaltiger Krieger. Entsprechend von Mythen umrankt ist die gesamte Geschichte Dschinghis Khans. Zahlenangaben sind daher mit Vorsicht zu genießen. Symbolik spielt oft eine größere Rolle als Fakten. Quelle ist die »Geheime Geschichte«, die 13 Jahre nach seinem Tod von einem oder mehreren anonymen Autoren verfaßt wurde. Geschrieben für den mongolischen Adel, ist sie mehr eine historische Novelle als eine ernste Geschichtsschreibung.

Der junge Temudschijn, ältester Sohn eines kleinen Adelsgeschlechts, wird mit neun Jahren Halbwaise, die Familie verliert ihre Gefolgschaft. Er ermordet einen seiner Brüder und unternimmt waghalsige Streifzüge mit einigen Raufkumpanen, gerät in Gefangenschaft. Die »Geheime Geschichte« schildert in epischer Breite die angeblich ärmliche Situation der Familie.

Waghalsig und mutig erlangt er Anerkennung bei anderen abenteuerlustigen Gestalten. Einige aus dieser Jugendzeit bleiben ihm ihr Leben lang als Freunde verbunden, und er setzt sie später in Schlüsselstellungen ein.

Auch sein Tod bietet Stoff für die Dichtung: Wie es sich für einen kriegerischen Helden gehört, seien die Folgen eines auf der Jagd erlittenen Reitunfalls ursächlich für den Tod im Jahr 1227 gewesen, behauptet die mongolische Sage. Doch nach einer anderen Version soll Dschinghis Khan nach dem Sieg über die Tanguten die Frau des Tangutenkönigs für sich als Nebenfrau begehrt haben. Seinem Wunsch verlieh er dadurch Ausdruck, daß er ihren Gemahl einen Kopf kürzer machen ließ. Man benötigt nicht viel Phantasie, um sich die Begeisterung der Umworbenen vorzustellen, und so soll – wie einige Chroniken vorsichtig bemerken – Dschinghis Khan, als sie miteinander schliefen, ein Leid geschehen sein. Deutlicher schildert es eine andere Chronik, die Walther Heissig genüßlich zitiert: »Die fürstliche Gemahlin Körbeldschin-goo-a preßte ein Zänglein in ihr Geschlechtsteil, und nachdem sie das Geschlechtsteil ihres Herrschers verletzt hatte, ergriff sie die Flucht, stürzte sich in den Hoangho und starb.«

Der Eroberer der russischen Steppen, Zerstörer von Moskau und Kiew, war aus sowjetischer Sicht mit Hitler gleichzusetzen. Sein Name wurde aus allen Geschichtsbüchern getilgt. Noch 1985 fehlt in einer mongolischen Enzyklopädie jeder Hinweis auf Dschinghis Khan.

Anders jetzt. Das Bild des Mannes mit dem weißen Bart prangt auf Flaschenetiketten, die für mongolischen Wodka werben. Dschinghis Khan soll ein künftiges Luxushotel heißen; er verdrängte Lenin beim Namen der Hauptstraße, und sein Konterfei blickt in vielen Wohnstuben von der Wand, genau von der Stelle, von der bislang Revolutionsheld Suchbaatar grüßte. Monumentalfilme heroisieren den großen Feldherrn, im Zirkus und Theater garantiert eine Darstellung Dschinghis Khans Erfolg und Applaus. Die örtliche Teppichfabrik hat gute Umsätze mit dem Konterfei des Khan auf ihrer Ware.

Auf der Suche nach der Identität kristallisiert sich das neu erwachte Nationalbewußtsein um die Figur Dschinghis Khans. Für eine wissenschaftliche Betrachtung bleibt noch kein Raum. Es ist wenig bekannt über den wahren Charakter des Mongolenherrschers. Selbst das ›offizielle‹ Porträt Dschinghis Khans, das einen sehr chinesischen Herrscher zeigt, dürfte der Phantasie entsprungen sein, wurde es doch mehr als ein Jahrzehnt nach seinem Tod von einem chinesischen Maler erstellt. Das Original hängt in Taipehs Palastmuseum und diente mongolischen Künstlern schon oft als Vorbild.

Doch im Stammland Dschinghis Khans, zwischen den Flüssen Onon und Cherlen, hatten sich seit dem 11. Jh. bereits Clans zu festeren Strukturen zusammengefunden, denen die chinesischen Herrscher schon erhöhte Beachtung schenkten.

Wirtschafts- und Sozialstruktur der Mongolen bildeten eine ideale Grundlage für ein Kriegervolk. Extensive Viehhaltung ohne Heubevorratung, ohne Zucht, ohne Winterstallhaltung und die ständige Wanderschaft der Clans nach festgelegtem Rhythmus erhielten die Mobilität. Naturkatastrophen forderten zwar Opfer, doch das Hirtennomadentum war in der Lage, sich mit wenigen Stück Vieh zu retten und die Herden neu aufzubauen. Wichtigstes Unterscheidungsmerkmal war die Zugehörigkeit zu einer bestimmten Familie oder Sippe, also die Abstammung, während sprachliche oder territoriale Kriterien unbedeutend waren.

Doch warum durchbrach plötzlich der Clan des Dschinghis Khan das Gleichgewicht der Kräfte, das bis dahin unter den verschiedenen Familien bestanden hatte? Was veranlaßte ihn, verschiedene Stämme unter dem Kunstbegriff ›Mongolen‹ zu vereinen und mit ihnen Osten und Westen zu erobern? Sicherlich war sein Vorgehen nicht die Reaktion auf eine Klimakatastrophe, mit dem Ziel, einem geschwächten Volk neuen Zusammenhalt zu geben. Ein geschwächtes Volk wäre zu solchen Eroberungszügen kaum fähig gewesen. Auch hätte es die Hauptstadt des Weltreiches nicht mitten im alten Stammland, in Karakorum, angesiedelt. Die Antwort muß daher im Persönlichen zu finden sein. Zeitumstände und Strukturen waren nur ein günstiger Rahmen für einen charismatischen Mann aus mittlerem Adel, dessen Familie ihr Territorium verloren hatte. Der jugendliche Temudschijn wuchs außerhalb der herkömmlichen gesellschaftlichen Normen auf. Seine Mutter soll ihm gleichwohl seinen Anspruch auf eine führende Stellung eingeimpft haben. Vermutlich bildeten sein Glaube an die Führungsmission und militärische Genialität die Basis für seinen Erfolg. Seine Außenseiterposition, die Herkunfts- und hierarchische Regeln unberücksichtigt ließ, machte Temudschijn für den einfachen Adel und dessen Gefolgschaft zu einem akzeptablen Anführer. Fürsorge und Loyalität wurden zu den Hauptprinzipien der Verbindung. Es zeichneten sich die Konturen einer neuen Gesellschaftsordnung ab.

Dschinghis Khan baute die Sozialordnung um, brach ererbte Strukturen auf. Die Clan-Zugehörigkeit wurde durch eine neue politisch-militärische Organisation, die Zehntausendschaft, überlagert. Mit der Führung wurden Familienangehörige und treue Gefolgsleute betraut, deren Loyalität wichtiger war als ihre Herkunft. Einzig sein eigener Familienclan, die Dschinghisiden, blieb nach herkunftshierarchischen Gesichtspunkten gegliedert. Gleichzeitig war er ein rücksichtsloser Anführer. Seine Richtlinien für den Kampf und das Beutemachen sahen keine Gefangenen vor, entweder man war bereit für ihn zu kämpfen oder wurde getötet. An der Beute wurden alle Krieger beteiligt, auch für den einfachen Soldaten wurde die Eroberung lukrativ. Gleichzeitig erzwang dieses Prinzip aber immer weitere Eroberungszüge, wollte es seine Attraktivität behalten. In das Heer wurden mehr und mehr ethnische Gruppen eingegliedert, und es wandelte sich zu einer Art Söldnertruppe. »Diese Gesellschaftsstruktur war geradezu auf die Aufnahme fremder Ethnien hin angelegt und mußte mit ihren Aufstiegsmöglichkeiten für jedermann auf alle,

Die Jurte eines mongolischen Großen

die ihres Glückes Schmied sein wollten, eine ungeheure Anziehungskraft ausüben«, schreibt Michael Weiers in der einzigen überzeugenden Darstellung über das Warum und Wie des Aufstiegs Dschinghis Khans.

Dschinghis Khan trat seine Herrschaft zunächst nicht mit einem Welteroberungskonzept an. Seine Motivation war oft sehr persönlich; der Nachbarclan der Tataren hatte den Vater vergiftet, es folgte ein Rachefeldzug. Die Merkiten, ein Stamm aus der Gegend des Baikalsees, der seine Frau Börtö entführt hatte, wurde in einem Rache- und Beutefeldzug, der mit der vollständigen Niederlage der Gegner endete, ausgelöscht. »Sie rotteten sie aus bis auf Kind und Kindeskind, ... die übrigen Frauen und Kinder nahmen sie zum Beischlaf, soweit sie dazu paßten.« Islamische Kaufleute, die Dschinghis Khan mit der Bitte um diplomatische Beziehungen auf die Heimreise geschickt hatte, wurden vom Herrscher ihres Heimatlandes, dem Chwarism-Schah, als Antwort er-

mordet. Es begann der Westfeldzug, der die Verfolger des fliehenden Schahs bis ans Kaspische Meer führte. Unvermittelt sahen sie sich mitten in den weiten russischen Steppen und Waldgebieten, stellten fest, daß sich kein merklicher Widerstand gegen sie stellte und stießen bis zum Dnjepr vor. Zufälle, Gelegenheiten und Rachefeldzüge ergänzten sich und ermöglichten einem außergewöhnlichen Herrscher und vorzüglichen Feldherrn Eroberungen, die in seinen kühnsten Plänen nicht gedacht waren. Neben seiner Kriegsbegeisterung muß er aber auch viel diplomatisches Geschick besessen haben, denn viele Stämme schlossen sich ihm allein aufgrund von Verhandlungen an.

Dschinghis Khan wurde ein großer, aber auch ein gerissener Feldherr. Es war nicht nur die leichte und bewegliche Reiterei, die den Gegnern überlegen war, sondern auch der Einfallsreichtum und die Verschlagenheit ihres Führers. Mal schickte er Trupps Gefangener in mongolischer Kleidung voraus, um ein größeres Heer vorzutäuschen, mal ließ er einen ganzen Fluß umleiten, um eine Stadt von der Wasserversorgung abzuschneiden, mal schickte er eine Gruppe ausgemergelter und abgerissener Krieger voraus, um eigene Schwäche vorzutäuschen, und er schreckte auch nicht davor zurück, eine Kapitulationserklärung zu übermitteln, um dann den Gegner aus dem Hinterhalt bei seinem Siegesfest abzuschlachten.

Die mongolischen Feldzüge blieben Raubfeldzüge, und auch wenn die mittelalterliche Welt nicht unbedingt zimperlich in der Wahl ihrer Mittel war, so erreichte die Brutalität durch die planmäßige Auslöschung ganzer Völker doch eine neue Stufe. Viele Kulturen, die im Wege standen, wurden vernichtet oder für Jahrhunderte in ihrer Entwicklung zurückgeworfen. So erging es Persien, so wurde Kiew zerstört, so verschwanden ganze Städte für immer von der Landkarte. Diese Faktoren führten auch zum Untergang des mongolischen Weltreiches. Ohne Verwaltungssystem und mit nur einer kleinen mongolischen Bevölkerung konnten die Eroberer die gewonnenen Gebiete nicht sichern, mußten sie die Besiegten wieder in die Verwaltung einsetzen, das Reich hörte auf ›spezifisch mongolisch‹ zu sein. Schließlich brachen auch alte Familientraditionen und -zwiste wieder hervor. Der Einzelne war seinem Heerführer gegenüber loyal, eine Staatsideologie fehlte. Das Reich diente nur dem Zweck, den Dschinghisiden die Macht zu erhalten. »Der Weg zum Staatsvolk war für die Mongolen nicht geplant und nicht vorausgesehen«, schreibt Walther Heissig, der bedeutendste deutsche Mongolist.

Dschinghis Khans Aufstieg verlief nicht geradlinig, sondern war auch von Rückschlägen gekennzeichnet. Nach ersten militärischen Erfolgen fielen ihm einstige Verbündete in den Rücken, der 30jährige verschwand von der Bildfläche und zog sich vermutlich ins Ausland zurück. Erst zehn Jahre später unternahm er einen erneuten Anlauf und schaltete die alten Rivalen aus. Die Tataren wurden niedergemetzelt, die Kereit besiegt. 1205 hatte er alle Stämme der Region bezwungen und wurde ein Jahr später – er war jetzt 50 Jahre alt – bei einer Fürstenversammlung an der Onon-Quelle zum Großkhan proklamiert. Die weiteren Eroberungen des Dschinghis Khan sollen hier nur im Telegrammstil verfolgt werden, zu rasant war der nahezu zeitgleiche mongolische Siegeszug auf Fronten in Ost, West und Süd: Drei Jahre später erkannten die Uiguren die Mongolenherrschaft an, 1211 ging es gegen Nord-China und 1215 fiel Peking. 1217 begann der Feldzug gegen den Westen, und 1226 wurde Tiflis erobert. Dschinghis Khan, erst 1225 in sein Stammland zurückgekehrt, starb 1227.

Sein Sohn Ögedei folgte auf dem Thron. Binnen zehn Jahren wurden die chinesischen Herrscher besiegt, Georgien verwüstet, Armenien angegriffen. 1238 fiel Moskau, 1240 Kiew, 1241 Ungarn und ein deutsch-polnisches Heer, der letzte Versuch einen Einfall nach Westeuropa zu verhindern, wurde 1241 in der Schlacht bei Liegnitz vernichtend geschlagen.

Doch Ögedei stirbt, und die Befehlshaber wurden zur Wahl eines neuen Khan nach Karakorum zurückgerufen. Das Reich begann sich zu teilen und wurde als Lehen unter der Familie aufgeteilt. Der neue Großkhan, Ögedeis Sohn Kuyuk, blieb nur ein Interimsherrscher, ihm folgte sein Neffe Möngke. Im Jahr 1251 – erst 24 Jahre waren seit dem Tod des großen Ahnherrn vergangen – begann die Herkunftshierarchie, die auf

Khublai Khan kommandiert von seiner ›Elefantenburg‹ aus eine Schlacht gegen Verwandte, deutscher Kupferstich von der Wende zum 19. Jh.

allen Ebenen bis auf der des Herrscherhauses abgeschafft worden war, ihr zerstörerisches Werk. Möngke konnte einer ersten Verschwörung unterlegener Familienzweige nur durch große ›Säuberungen‹ begegnen. Er beherrschte die Welt von Syrien bis zum chinesischen Meer, vom Fuß des Himalaya bis zur arktischen Tundra. Internationaler Handel wurde möglich, Karawanen zogen unbehelligt durch ganz Asien, europäische Gesandtschaften erschienen am Hof der Khane. Als Möngke starb, ließ sich sein Bruder Khublai, ohne die von Dschinghis Khan festgelegte Generalversammlung aller Heerführer und Gouverneure abzuwarten, zum neuen Khan und kurz darauf zum Kaiser von China und Sohn des Himmels proklamieren. Er ergriff damit die Nachfolge der Dynastien aus drei Jahrtausenden. Mit dieser Usurpation war der Niedergang der Macht der Khane eingeleitet, und der Familienzwist bereitete dem Weltreich schließlich ein Ende, weitgehend unabhängige Teilreiche entstanden. Khublai verlegte seinen Regierungssitz nach Peking, und Karakorum wurde das bedeutungslose Zentrum eines Randstaates. Sein Interesse richtete sich nach Süden, und er scheiterte erst vor Java. Gleichzeitig wurde die Verwaltung verfeinert, der Handel verbessert. Farbig sind die Schilderungen vom Luxus, den der absolute Herrscher sich gönnte. Postreiter brachten ihm Südfrüchte in Eilritten, er stellte mit Elefanten und Jagdleoparden dem Wild nach, und zweimal jährlich ermittelten Schönheitswettbewerbe je 30 junge Frauen, um dem Khan in kleinen Gruppen zur Verfügung zu stehen. Doch Khublais Herrschaftsgebiet war nur ein Teil der von den Mongolen beherrschten Regionen: Die Goldene Horde herrschte in Rußland, bis 1480 Zar Iwan III. sich von der Tributpflicht befreite. Das Khanat Tschagatai besaß die abgelegenen Steppen Zentralasiens und ging im 14. Jh. bereits unter bzw. in türkischen Herrscherfamilien auf. Die Ilkhane in Persien gingen ab dem späten 13. Jh. in der Politik des Nahen Ostens auf und hörten spätestens Anfang des 14. Jh. auf, spezifisch mongolisch zu sein. Lediglich die Pekinger Yuan-Dynastie und ihre Gefolgschaft, deren Garnisonstruppen abgeschottet von der chinesischen Bevölkerung als Besatzer im Reich der Mitte gelebt hatten und die 1368 aus Peking vertrieben wurde, konnte sich in die nördlichen Stammlande zurückziehen.

Zwischen chinesischem Drachen und russischem Bären

Die mongolische Nation hatte im Norden noch bis 1634 Bestand. Doch es fehlte eine starke zentrale Führung. Nur wenigen Nachfolgern der Dynastie gelang es, die Herrschaft auch auszuüben und sich gegen die Provinzfürsten durchzusetzen. Im Durchschnitt hielten sich die Nachfolger Dschinghis Khans nur elf Jahre an der Macht, 13 von ihnen starben durch Mord. Es herrschten Anarchie und Unsicherheit.

Die Folgen dieser Uneinigkeit zeigten sich im 17. Jh., als die östlichen Nachbarn, die Mandschuren, wie die Mongolen ein Reitervolk, expandierten und schließlich den Drachenthron eroberten. Die ebenfalls mongolischen Stämme in der Inneren Mongolei wurden bereits 1636 unterworfen, die weiter nördlich siedelnden der Äußeren Mongolei folgten 1691 mehr oder weniger freiwillig, konnten aber eine gewisse Autonomie aushandeln. Die nächsten zweieinhalb Jahrhunderte verwaltete Peking die Mongolei, ohne das Gebiet direkt dem chinesischen anzugliedern.

Gleichzeitig mit dem Erstarken des östlichen Nachbarn entstand auch im Norden und Westen ein neues Reich, das zaristische Rußland. Die Russen eroberten Sibirien, erreichten 1618 den Jenissei, zehn Jahre später die Lena, standen 1644 am Amur und gründeten bereits 1651 Irkutsk am Baikalsee. Die Burjaten, der nördlichste mongolische Stamm, wurden entsprechend einer Vereinbarung zwischen Rußland und Peking Untertanen des Zaren. Und auch wirtschaftlich expandierten die russischen Geschäftsleute nach Süden, bald waren sie aus dem Stadtbild von Urga, Ulan Bator, nicht mehr wegzudenken.

Erst 1911, als Sun Yat-sen der Sturz der Qing-Dynastie gelang, schüttelten die Mongolen die Pekinger Oberherrschaft ab. Am 16. Dezember 1911 proklamierte der achte Bogd Khan einen selbständigen neuen Staat, dessen Grenzen keineswegs auf die Äußere Mongolei beschränkt sein sollten. Zum gleichen Zeitpunkt mußten sich die Mongolen aber nach einem Bundesgenossen umsehen, der ihre Unabhängigkeit gegen China auch verteidigen konnte. So unterbreiteten ihre Unterhändler der zaristischen Regierung in St. Petersburg das Angebot, die Mongolei als Protektorat anzunehmen. Doch die gewaltigen Aufgaben, die ein so unerschlossenes Gebiet mit sich bringen würde, ließen den Zarenhof Zurückhaltung üben. Außenminister Sasonov war gegen Annexionen, »umsomehr, als Rußland schon mit seinem jetzigen sibirischen Gebiet nicht fertig werden kann. All dies würde einen abenteuerlichen Charakter haben, uns mit China entzweien, enorme Ausgaben nach sich ziehen und endlich unsere Stellung in Europa schwächen«. Die Lösung der mongolischen Frage wurde hinausgeschoben, gleichzeitig sicherte sich Rußland aber ein Mitspracherecht: Die Mongolei sollte rechtlich ein Bestandteil Chinas bleiben, chinesische Kolonisation aber verboten und eine militärische Präsenz untersagt werden. Eine Anerkennung der mongolischen Souveränität war nicht vorgesehen. Panmongolische Bestrebungen wurden zurückgewiesen. 1915 wurde der dreiseitige Vertrag von Kjachta geschlossen, in dem China und Rußland sich darauf einigten, daß die Mongolen keine eigenständige Außenpolitik ohne Genehmigung aus Peking machen dürften, China aber zunächst mit dem Zaren eine Abstimmung sucht. Die Perspektive aber war bereits an der Sprache der russischen Diplomatie zu erkennen: »Die Mongolei wird keinen einzigen Schritt vornehmen, ohne ihre Augen auf ihren großen Nachbarn zu richten, den sie als ihren einzigen Freund, Bruder und Beschützer ansieht.«

Die kurze Phase der mongolischen Autonomie von 1911 bis 1921 ist im Inneren nur eine Fortsetzung des bisherigen mongolischen Kurses. Das 19. Jh. reichte in der Mongolei bis in die 20er Jahre des 20. Jh.: eine strikt geordnete Feudalgesellschaft mit Lehnsherren, einem Kirchenadel, Bauern, Hörigen und Sklaven. Ende des Ersten Weltkrieges wurde Urga wieder von chinesischen Truppen besetzt, die die Autonomie des Landes beseitigten. Es folgte 1921 ein weißrussischer General und zwielichtiger Abenteurer, der baltische Baron Roman von Ungern-Sternberg (s. S. 40), der nach kurzer Gewaltherrschaft von der Roten Armee, unterstützt von Revolutionären unter Suchbaatar, vertrieben wurde. Damit band sich die Mongolei an den neuen Schutzherrn im Norden, wenn sie auch formal weiterhin zu China gehörte. Noch 1924 erkannten die neuen Herrscher im Kreml in einem chinesisch-sowjetischen Vertrag ausdrücklich die chinesische Souveränität über die Mongolei an, bestimmten aber allein deren Innenpolitik. Mongolische Politik war fortan identisch mit sowjetischer, jeder Schwenk wurde gehorsamst nachvollzogen, oft war der Musterschüler sogar übereifrig. Bis zum Zweiten Weltkrieg blieb die Mongolei isoliert. Erst infolge der Jalta-Konferenz erlangte sie die internationale Anerkennung. 1946 gab Peking offiziell seinen Anspruch auf Oberhoheit auf (Taiwan hat die Unabhängigkeit bis heute nicht anerkannt), 1961 erfolgte – nach vier gescheiterten Anträgen – die Aufnahme in die Vereinten Nationen.

Der Baron von Ungern-Sternberg

Roman Feodorovich von Ungern-Sternberg war Balte und entstammte einer Soldatenfamilie. Zu seinen Ahnen, die schon bei den Kreuzzügen dabei waren, zählen farbige Gestalten, denen die Zeitgenossen markige Spitznamen wie ›Die Axt‹ und ›Bruder des Satan‹ gaben. Roman Feodorovich muß ein wagemutiges militärisches Genie gewesen sein. Betrat er ein Caféhaus, so berichten Zeitgenossen, suchte man besser das Weite, denn der erst 33jährige Generalmajor griff leicht zur Waffe, insbesondere nach exzessiven Trinkgelagen. Von Ungern-Sternberg wird Buddhist und schließt sich im Zuge der russischen Revolution den weißrussischen Einheiten an. 1920 verfügt er über etwa 300 ihm treu ergebene Soldaten. Während seine Horde über die mongolische Grenze galoppiert, ist der Baron davon überzeugt, eine Reinkarnation Dschinghis Khans zu sein; ein panasiatischer Staat von Tibet bis in die Mandschurei schwebt ihm vor. Von dort aus soll Rußland zurückerobert werden. Im Frühjahr 1921, bei eisigen Minusgraden, wird Urga erobert, Wahrsager hatten den günstigsten Angriffstermin bestimmt. Es folgt ein grauenvolles Schlachten. Einer seiner Offiziere berichtet von einem dreitägigen Blutbad, in dem die russisch-jüdische Kolonie und weite Teile der christlichen Kaufleute dahingemetzelt werden, von Massenvergewaltigungen und in den Selbstmord getriebenen Frauen. Anschließend geht von Ungern-Sternberg an den Neuaufbau der Verwaltung, eröffnet Schulen, fördert die kommunale Infrastruktur. Als Befreier von den Chinesen wird der Balte kurzfristig gefeiert, doch es bleibt eine Gewaltherrschaft, in der jeder unverhofft ein Opfer des Tyrannen werden kann, der unterdessen gegenüber Gesprächspartnern behauptet, seinen Opfern durch die Ermordung nur zu einer schnelleren Wiedergeburt zu verhelfen. Die Befreiung von diesen Soldaten durch die Rote Armee noch im selben Jahr wird mit Erleichterung aufgenommen. Am 15. September wird von Ungern-Sternberg in Nowosibirsk, von einem Kriegsgericht verurteilt, exekutiert. In Urga hält der Bogd Khan eine Gedenkfeier für das Heil dieser Wiedergeburt Dschinghis Khans.

Die mongolische Politik wurde von nun an aus Moskau ferngesteuert. Viele der innenpolitischen Wirren gingen auf direkte Direktiven des Ostbüros der Komintern zurück. Die Außenpolitik reflektierte die sowjetischen Interessen. Stalinistische ›Säuberungen‹ wurden unter dem Diktator General Tschojbalsan ebenso nachvollzogen wie die systematische Übernahme des Sowjetsystems unter seinem Nachfolger Tsedenbal.

Zeittafel – Historischer Überblick

ab 2. Jh. v. Chr.	Reich der Xiongnu (Hunnen); die chinesischen Dynastien der Qin und Han beginnen mit dem Bau der Großen Mauer
um 550	Alttürken zerschlagen das Ruanruan-Reich
745	Uiguren erobern das Alttürkische Reich
840	Kirgisen zerstören das Reich der Uiguren
um 900	Kitan (10.–12. Jh.) errichten feste Städte
um 1160	Geburt Temudschijns
1196–1206	Temudschijn einigt die mongolischen Völker; ab 1206 Titel Dschinghis Khan
1207–1227	Umfangreiche Feldzüge: Eroberung Nord-Chinas, Ost-Turkestans, Mittelasiens; Zerstörung von Samarkand und Buchara (1223) sowie Sieg über russische Fürsten
1215	Eroberung Pekings
1227	Dschinghis Khan stirbt
1229	Ögedei zum Großkhan gewählt
1234	Eroberung des Qin-Reichs
1236–1240	Eroberung Rußlands durch Batu
1240–1480	Suzeränität der Mongolen (Goldene Horde) über Rußland
1241	Vernichtung des deutsch-polnischen Ritterheeres bei Liegnitz; Tod Ögedeis
1241–1242	Polen, Ungarn und Balkanländer werden erobert
1252–1258	Eroberung Persiens und Bagdads
1259	Khublai Khan gründet in Peking die Yuan-Dynastie
1259–1368	Das restliche China wird erobert; Burma wird Vasall; Teile Indiens unter mongolischer Herrschaft
1356–1418	Tsongkhapa, Begründer der Gelben Schule des Lamaismus
ab Mitte 14. Jh.	Zerfall der mongolischen Einzelreiche im Iran, in China und in Rußland; Periode der feudalen Zersplitterung in der Mongolei beginnt
1368–1644	Die Ming-Dynastie löst die Yuan-Dynastie ab
1388	Chinesische Truppen zerstören Karakorum
1480	Zar Iwan III. befreit sich von der Tributherrschaft der Tataren
1578	Altan Khan verleiht dem tibetischen Führer der Gelben Schule den Titel Dalai Lama; Beginn der buddhistischen Mission in der Mongolei
1634	Unterwerfung der mongolischen Fürstentümer der Inneren Mongolei durch die Mandschuren
1644–1911/12	Die mandschurische Qing-Dynastie herrscht über China
1691	Mongolen der Äußeren Mongolei werden gegenüber der Qing-Dynastie tributpflichtig
1911	Einseitige Loslösung von China unter der Herrschaft des geistlichen Oberhauptes des mongolischen Lamaismus, dem Bogd Khan; später wieder chinesische Besetzung; Ruß-

	land und China treffen Vereinbarungen über die Mongolei, ohne den formellen Status der Mongolei als Bestandteil Chinas zu berühren
Juli 1921	Einmarsch bolschewistischer Truppen unter Beteiligung mongolischer Partisanen unter Suchbaatar (gest. 1923); Gründung einer Provisorischen Revolutionären Regierung; der Bogd Khan bleibt im Amt (gest. 1924)
26. 11. 1924	Gründung der Mongolischen Volksrepublik (MVR); die Mongolei wird nach der Sowjetunion der zweite sozialistische Staat mit der Mongolischen Revolutionären Volkspartei (MRVP) als Einheitspartei; chinesisch-sowjetischer Vertrag erkennt Hoheit Chinas über die Mongolei an
1932	Aufstände gegen die Kollektivierung in der Landwirtschaft; Intervention sowjetischer Truppen; blutige Unterdrückung
1936–1938	Stalinistische ›Säuberungen‹ unter Diktator Tschojbalsan: Liquidierung der alten – meist nationalistischen, aber nicht kommunistischen – Revolutionäre als Parteifeinde und Agenten der Japaner; Zerstörung fast aller Klöster; Ermordung von ca. 70 Prozent der lamaistischen Geistlichkeit und damit der Intelligenz
1939	Schlacht am Chalchyn Gol: Sowjetische Streitkräfte, unterstützt von Mongolen, besiegen unter Marschall Schukow die von der Mandschurei (Mandschukuo/Manzhuguo) aus eingedrungenen Japaner
August 1945	Die Mongolei erklärt Japan den Krieg (keine Kriegserklärung gegenüber dem Deutschen Reich)
1946	Die Volksrepublik China erkennt die Unabhängigkeit der MVR an (Taiwan bis heute nicht); Freundschaftsvertrag mit der Sowjetunion
1950	Diplomatische Beziehungen mit der DDR: Botschaft der DDR in Ulan Bator
1952	Tsedenbal wird nach Tschojbalsans Tod neuer Premierminister: Systematische Übernahme des Sowjetsystems
1961	Mongolei wird Mitglied der Vereinten Nationen
1962	Mitglied im Comecon/RGW; Ende der Zusammenarbeit mit China
1969–1973	Bewaffnete Zwischenfälle an der Grenze mit China
1974	Diplomatische Beziehungen mit der Bundesrepublik Deutschland: Doppelakkreditierung zunächst aus Tokyo, später Moskau; keine Botschaft in Ulan Bator
1987	Erste wirtschaftliche und politische Liberalisierungen; Aufnahme diplomatischer Beziehungen mit den USA; mongolisch-chinesisches Protokoll legt Grenze fest
1989	Truppenabzug der Sowjetunion, abgeschlossen 1992
1990	Jahr des friedlichen Wandels: Erste freie Wahlen und Aufhebung der Einparteienherrschaft der MRVP; Demokratisie-

	rung; Wende zur Marktwirtschaft; Öffnung zu den nicht-sozialistischen Staaten; Eröffnung der Deutschen Botschaft im Gebäude der ehemaligen DDR-Vertretung nach der deutschen Vereinigung
1992	Neue, demokratische Verfassung; Wahlen bestätigen die MRVP als Regierungspartei; neuer Landesname: Mongolei *(Mongol Uls)*
1993	Erste Direktwahlen für das Amt des Staatspräsidenten; Wahlsieger Otschirbat

Regierungsgebäude und Mausoleum am Suchbaatar-Platz in Ulan Bator

Politik

Von der Diktatur zur Demokratie – Innenpolitik

Die vom sowjetischen Regierungschef Gorbatschow ausgelöste Reformwelle schwappte im Herbst 1989 auch in die Mongolei über. Bis dahin hatte das Land zu den treuesten Vasallen Moskaus ge-

Staatspräsident Otschirbat

Premierminister Bjambasuren

hört. Tausende von sowjetischen Experten saßen als Counterparts in mongolischen Büros, organisierten die Wirtschaft und kontrollierten die Regierung. Der Start in die neue demokratische Ordnung war euphorisch. Die weitere Entwicklung ist jedoch schwierig: im Unterschied zu den Staaten Mittel- und Osteuropas haben die Mongolen nie eine demokratische Tradition besessen.

Die regierende ehemalige Einheitspartei, die Mongolische Revolutionäre Volkspartei (MRVP), war sich bereits Ende der 80er Jahre der Notwendigkeit einer Änderung bewußt. Der Staat stand kurz vor dem Bankrott. Es bedurfte nur weniger Massendemonstrationen und eines Hungerstreiks, um das System unter dem Regierungschef Batmönch, der kurze Zeit sogar einen Schießbefehl erwogen haben soll, 1990 friedlich zu kippen. Neue Parteien wurden erlaubt. Bjambasuren, einer der Kritiker der jetzigen Regierung, leitete eine große Koalition und setzte bedeutende Reformen durch. Doch die alten Strukturen blieben erhalten, insbesondere in den Behörden und auf dem Land. 1992 wurde der charismatische Bjambasuren durch Dshasrai, einen alten Planungsfachmann, als Premierminister ersetzt. Eine Alternative zur MRVP ist nicht in Sicht, zumal in dem kleinen Land kaum eine zweite Elite neben der alten Partei existiert. Bei allen Parlamentswahlen gelang der Opposition bislang nur ein Achtungserfolg von maximal einem Drittel der Stimmen. Immerhin wurde eine neue demokratische Verfassung verabschiedet, über deren Einhaltung unabhängige Richter wachen. Neben dem Staatspräsidenten, dessen Rechte zwischen denen eines deutschen Bundespräsidenten und eines französischen Präsidenten anzusiedeln sind, steht ein Premierminister mit seinem Kabinett, dessen Mitglieder jeweils einzeln vom Parlament ernannt werden müssen. Die 21 Aimag besitzen nur ein

Oppositionspolitiker Gandol

begrenztes Selbstverwaltungsrecht und sind am ehesten mit französischen Departements vergleichbar.

Trotz einer Übermacht der auch weiterhin praktisch allein regierenden ehemaligen Einheitspartei hat sich eine sehr mongolische, auf Konsens ausgerichtete, Rollenverteilung unter den Entscheidungsträgern eingespielt. Die Regierung ist eingeschränkt reformwillig und läßt sich durch ständigen Kontakt mit wichtigen Geberländern und den internationalen Organisationen (Weltbank, Internationaler Währungsfonds), wenn auch stockend, für allmähliche Liberalisierungen gewinnen. Die zerstrittene Opposition, die im Parlament aufgrund des bisherigen Mehrheitswahlsystems kaum vorhanden ist, hat in Präsident Otschirbat einen Hüter der demokratischen Verfassung und ein konstruktives Sprachrohr ihrer Anliegen gefunden. Das Parlament, das von kommunistischen Denkstrukturen geprägt ist, steht schließlich loyal zur Regierung.

Zwischen Kreml und Verbotener Stadt – Außenpolitik

Eingekeilt zwischen China und Rußland bestimmt das Verhältnis zu diesen Weltmächten die mongolische Außenpolitik. Beide Nachbarn könnten die Steppenrepublik jederzeit vom Zugang zur restlichen Welt abschneiden, beide sind ihr wirtschaftlich und militärisch weit überlegen.

Das Verhältnis zu den Herrschern auf dem Drachenthron war für die Völker der zentralasiatischen Steppen meist gespannt. Nicht umsonst errichteten die Chinesen ab 200 v. Chr. die Große Mauer, um die Barbaren aus dem Norden von Äckern und Städten fernzuhalten. Auch ist über Jahrhunderte nachweisbar, daß chinesische Herrscher versuchten, durch Subventionen, etwa die Lieferung von Getreide, die Nomaden ruhig zu halten.

Das Zarenreich wurde erst im 17. Jh. mit der Kolonisation Sibiriens Nachbar der Mongolei. Die zaristische Politik gegenüber der Mongolei beschrieb 1911 das russische Außenministerium mit kühlen Worten: »... die Mongolei bildet so etwas in der Art eines Puffers, der

Deutschland und die Mongolei

Kaum ein anderer Flecken auf der Weltkarte war Westdeutschen unbekannter, während der Osten Deutschlands bereits seit den 50er Jahren enge Kontakte unterhielt. Doch die deutsch-mongolischen Beziehungen haben eine längere Geschichte. Die Mongolei übt seit fast 200 Jahren auf Deutsche einen unwiderstehlichen Reiz aus. Aufgrund persönlichen Sammeleifers zahlreicher deutscher Ärzte und Ingenieure kamen schon im 18. Jh. die ersten Berichte und mongolischen Fundstücke an deutsche Hochschulen. Die Freizeitforscher arbeiteten im sibirischen Kolonisationsgebiet, das einen Schwerpunkt an der russischen Grenze zur Mongolei hatte, und blickten voll Neugierde auf die hier heimische mongolische Bevölkerung. Deutsche Universitäten wurden Zentren der Mongoleiforschung. Nach Häusern in Rußland und vor der Königlichen Bibliothek in Kopenhagen beherbergen sie noch heute die größte Sammlung mongolischer Schriften außerhalb der Mongolei.

Später begleiteten zahlreiche deutsche Forscher Sven Hedin. In den 20er Jahren, als die Annäherung zwischen dem Deutschen Reich und der jungen Sowjetunion der Mongolei Spielraum für vergleichbare Kontakte gab, errichtete die Revolutionsregierung eine Handelsmission in Berlin und sandte eine Gruppe von 40 mongolischen Schülern zur Ausbildung nach Deutschland. Als Ausbildungszentrum fiel die Wahl auf die Freie Schulgemeinde Wickersdorf, ein ungewöhnliches Haus, in dem kritisches Denken im Vordergrund stand. Die kleine Schülergruppe repräsentierte damals immerhin einen Anteil von 2,5 Prozent aller Schüler weiterführender Schulen. 1929 wurde sie kurzfristig zurückbeordert. Viele fielen Verfolgungen zum Opfer, anderen gelang es, bedeutende Positionen in der Wissenschaft zu erreichen. Zu ihnen gehörte auch der Schriftsteller Natsagdordsh (s. S. 100).

Kontakte zu Deutschland wurden erst wieder nach dem Zweiten Weltkrieg aufgenommen, dieses Mal zu dem sozialistischen deutschen Staat. Für die uns von einem unserer möglichen Gegner hier, China, trennt. Darin besteht auch die hauptsächliche strategische Bedeutung der Mongolei für uns, eine Bedeutung, welche unzweifelhaft für alle Zeit bestehen bleibt ...« – eine Aussage, die auch aus neuester Zeit stammen könnte. Mongolische Politik war und ist immer ein Balanceakt zwischen den Interessen der beiden Nachbarn.

Ab Anfang der 30er Jahre wurde die mongolische Politik aus Moskau gesteuert; der Geheimdienst NKWD gab direkte Weisungen und reagierte nicht zimperlich, wenn in Ungnade gefallene Personen ausgetauscht werden sollten.

Mongolische Schülergruppe

DDR war die Mongolei ein Schwerpunkt ihrer entwicklungspolitischen Zusammenarbeit. Zahlreiche Entwicklungshelfer, große Stäbe in der Botschaft und in mongolischen Behörden waren zum Teil über viele Jahre in der Mongolei. Das Interesse beruhte durchaus auf Gegenseitigkeit. Die Mongolei gehörte für DDR-Bürger zu den exotischsten unter den erreichbaren Zielen. 1990 war Deutsch nach Russisch zweite Fremdsprache in der Mongolei; es wird von etwa 20 000 Menschen beherrscht, und erst jetzt zunehmend von Englisch überrundet. Dank der friedlichen Revolution in der Mongolei fielen 1990 alle Reisebeschränkungen für Ausländer, das vereinigte Deutschland eröffnete eine Botschaft in Ulan Bator und unterstützt seitdem die Mongolei großzügig bei entwicklungspolitischen Vorhaben. Für die Mongolen ist Deutschland eines ihrer Traumziele. Händler bringen Bier aus Flensburg und München ebenso wie Gebrauchtwagen aus Berlin und Bonn in die Steppe. Die mongolische Politik bezeichnet Deutschland als ihren wichtigsten Partner in Europa.

Mongolische Regierungschefs, die Ministerpräsidenten Amar und Genden, kehrten von Reisen nach Moskau im Sarg zurück. Nachkriegspremierminister Tsedenbal, verheiratet mit einer Russin, die erheblichen Einfluß auf seine Entscheidungen gehabt haben soll, regierte das Land wie die 16. Republik der UdSSR. Die eigene Geschichte wurde verleugnet, mußte verleugnet werden. Moskaus Faust regierte in die Tagespolitik hinein. Als 1962 zum 800. Geburtstag von Dschinghis Khan ein Satz von Sonderbriefmarken verlegt wurde, mußten alle Marken wieder aus dem Verkehr gezogen werden. Der Eroberer der russi-

Moskau – Ulan Bator

schen Steppen durfte nicht geehrt werden.

In diesem Jahrhundert war die Mongolei nur für eine kurze Zeit mehr eine Brücke als ein Puffer zwischen den beiden übermächtigen Nachbarn, zunächst während des Übergangs zwischen 1911 und dem Ende der 20er Jahre. Chinesische Kaufleute und russische Händler begegneten sich in Ulan Bator. Beide Staaten respektierten den jeweiligen Einfluß des anderen, ohne die Alleinherrschaft anzustreben. Die Ausrichtung auf eine streng stalinistische Diktatur beendete diese Periode. Eine erneute Öffnung nach beiden Seiten erfolgte kurz nach dem Zweiten Weltkrieg, dauerte aber nur so lange, wie die Sowjetunion und China ein Einvernehmen hatten. In dieser Periode erlangte die Mongolei auch die Anerkennung ihrer Unabhängigkeit durch China, die im russisch-chinesischen Vertrag von 1946, der noch mit der nationalchinesischen Regierung vereinbart worden war, festgeschrieben wurde. Wegen der Bürgerkriegswirren wurde der Vertrag nicht mehr ratifiziert, und Mao fand sich erst anläßlich seines Kreml-Besuchs 1949/50 zur Anerkennung des Vertrags bereit, während Taiwan ihn bis heute nicht ratifizierte.

Die neu errichtete Eisenbahnlinie entwickelte sich in den 50er Jahren zu einer Haupteinnahmequelle und verlor diese Bedeutung erst durch den sowjetisch-chinesischen Konflikt unter der Herrschaft Chruschtschows. Ende des Jahrzehnts wurden die Chinesen wieder aus dem Land getrieben.

Zur Zeit suchen die Mongolen wieder die Balance zwischen ihren Nachbarn. Von Rußland, das selbst mit großen politischen und wirtschaftlichen Veränderungen kämpft, können sie kaum materielle Unterstützung bei der eigenen Krisenbewältigung erwarten. Doch chinesischen Angeboten stehen sie weiterhin skeptisch gegenüber. Die meisten Mongolen begegnen allem Chinesischen mit einer tiefen Aversion. Doch diese Antipathie hat einen realen Hintergrund, das lehrt die Mongolen das Schicksal ihrer Vettern in der Inneren Mongolei, die zu einer Minderheit im eigenen Land wurden. »Die Russen haben uns immer geholfen, die Chinesen wollen uns vertreiben«, behaupteten einfache Hirten nahe der chinesischen Grenze, denen wir regelmäßig Fragen nach der Situation stellten. Tatsächlich haben Russen nie versucht, in dem unwirtlichen Land zu siedeln, waren immer nur kurzzeitig aus militärpolitischen Überlegungen in der Mongolei. So fürchten viele Mongolen eine wirtschaftliche Invasion aus dem Süden. Trotz eines 1994 geschlossenen Freundschaftsvertrages, mit dem das jahrzehntelang eingeschlafene Verhältnis zwischen den beiden Staaten wieder belebt wurde, bleibt die Mongolei vorsichtig. Jede politische und wirtschaftliche Beachtung, die das Land von dritter Seite bekommt, wird dankbar aufgenommen. Dabei richtet sich die Hoffnung auch auf den fernen ›dritten Nachbarn‹ – von dem Ex-US-Außenminister Baker während seiner beiden Mongoleibesuche Anfang der 90er Jahre sprach.

Von Marx zum Markt – Wirtschaft in der Mongolei

Mongolische Wirtschaftsgeschichte

Schon zur Zeit der Jahrhundertwende war die Mongolei kein blühendes Paradies. Die Wirtschaft basierte nahezu ausschließlich auf Viehhaltung, Außenhandelserträge gab es kaum. Dennoch konsumierte der Adel zu viel, oder, modern ausgedrückt, die Staatsausgaben wuchsen überproportional, standen in keinem Verhältnis zu den erwirtschafteten Einnahmen. Chinesen hielten die Schlüsselstellungen im Handel mit den mongolischen Hirtenfamilien. Viele waren bei den Händlern verschuldet und befanden sich in einer dauerhaften Abhängigkeit, fast einer Form der Leibeigenschaft. Die Mandschuren hatten gegenüber der Äußeren Mongolei eine Isolationspolitik verfolgt, die das Land weder in China integrierte, noch einen engeren wirtschaftlichen Anschluß an das nördliche Rußland erlaubte. Chinesen durften keine festen Bauten errichten, durften keine Mongolinnen heiraten und durften, zumindest in der Theorie, nur für eine begrenzte Zeit mit einer speziellen Lizenz in der Mongolei Handel treiben. Einerseits trug diese Politik dem mongolischen Wunsch nach einem Schutz vor Sinisierung Rechnung, andererseits waren chinesische Geschäftsleute damit nur auf schnellen Profit aus, beuteten das Land aus, ohne zu investieren.

Der wirtschaftliche Niedergang drückte sich in einer ersten Landflucht aus. Ziel waren die Klöster, kleinen Siedlungen und militärischen Forts. Erbarmungswürdig seien die Zustände in die-

Attraktionen der Großstadt

sen Militärlagern, schreibt ein russischer Besucher im Jahr 1893. Die Frauen seien überwiegend Prostituierte, die Männer Tagelöhner, nur selten kleinere Handwerker. Beim Gang durch Urga, wie Ulan Bator früher hieß, müsse man immer mit einer Stange mit Eisenspitze bewaffnet sein, um sich ausgehungerter Hunde und Menschen zu erwehren. Bei der Geldwirtschaft, so ein Beobachter aus dem Jahr 1919, »regierte das wahre Chaos«. Es gab keine nationale Währung und als Maßeinheiten für den Handel fungierten Schafe und Teeziegel sowie russisches und chinesisches Geld. Die Revolution löste das Schuldenproblem für Staat und Private auf bewährte Weise, indem die Gläubiger leer ausgingen.

Mit der Revolution wurde die Wirtschaftspolitik zunächst liberaler als jemals zuvor. Ende der 20er Jahre wurden über 1700 Geschäfte in der Mongolei gezählt, von denen 1450 Chinesen gehörten. Russen, Engländer, Amerikaner und Deutsche betrieben weitere 80 Unternehmen. Deutsche bauten die erste Schreibmaschine für die altmongolische Vertikalschrift, Militärabzeichen wurden in Deutschland gestanzt, und den ersten Atlas in westlicher Sprache über die Mongolei verlegte ein Deutscher. Die Struktur der Partei spiegelte diese wirtschaftliche Freiheit wider: Über 600 Angehörige des Adels und etwa 100 Lamas besaßen ein Parteibuch.

Es gab Chancen für eine liberale Demokratie. 1929 kam die radikale Wende, bereits mitverantwortet vom späteren Diktator Tschojbalsan. Der Adel wurde enteignet, als ›Junker‹ galt jeder, der mehr als 150 Stück Vieh, die Durchschnittsgröße einer Herde, besaß, so daß viele Hirten ihre Bestände kurzfristig schlachteten, um unter diese Grenze zu fallen und Enteignungen zu entgehen. Binnen drei Jahren verlor die Mongolei ein Drittel ihres Viehbestandes. Jeder private Handel wurde verboten. Die Mongolen trieben ihr eigenes Land in den Ruin, und die verzweifelte Bevölkerung begann im Westen einen Bürgerkrieg, der nur mit Hilfe der Roten Armee niedergeschlagen werden konnte. Auf Druck der Sowjetunion wurde privater Besitz aber wieder zugelassen.

Ab 1936 wurden die Daumenschrauben erneut angezogen. Lamas und Klöster wurden enteignet, so daß nach dem Adel auch die zweite wirtschaftliche Säule des Landes zusammenbrach. Schließlich trat die mongolische Armee auf den Plan und vernichtete in einer beispiellosen Aktion, die an Pol Poth in Kambodscha erinnert, die Kirche mit Gewalt. Über 700 Klöster wurden dem Erdboden gleichgemacht, unschätzbare Kulturgüter vernichtet. Zurück blieben Ruinen und – soweit sie nicht ermordet wurden – Tausende arbeitsloser Lamas. Auf einen Schlag wuchs das Heer der Arbeitssuchenden um ein Viertel. Das Land war seiner Intelligenz beraubt. Bis heute konnte die Vernichtung der Elite nicht ausgeglichen werden.

Neue Strukturen waren nicht erkennbar. Die Kriegsjahre verzögerten den Neuaufbau. Die Wirtschaft stagnierte. Die Modernisierung der Mongolei begann erst nach dem Krieg. Ausländisches Geld, zunächst aus China, danach aus der Sowjetunion und den anderen osteuropäischen Ländern, machte die spätere Entwicklung möglich. Japanische Kriegsgefangene und ›freiwillige‹ chinesische Bauarbeiter errichteten die ersten modernen Gebäude in Ulan Bator.

Die in den 30er Jahren abgewehrte Kollektivierung wurden in einer zweiten Phase der Zwangskollektivierung in den

Denkmal für die sowjetischen Soldaten, Aussichtsplattform im Süden von Ulan Bator

50er Jahren fast vollständig durchgesetzt. Ein Meilenstein war die Vollendung der Eisenbahnlinie nach China. Die Sowjetunion errichtete verschiedene Unternehmen (Großkraftwerke und Industriekombinate), die zum Teil direkt sowjetischen Ministerien unterstanden. Seit 1960 wurden 50 Prozent aller Investitionen vom Ausland getragen. Jedes Jahr betrug das Haushaltsdefizit etwa 25 Prozent, und ebenso regelmäßig stopfte die UdSSR dieses Loch. Moskau leistete gewaltige Infrastrukturhilfen, hob das Schul-, Universitäts- und Gesundheitssystem auf ein Niveau, auf dem es sich im marktwirtschaftlichen Umfeld ohne ausländische Subventionen nicht halten läßt, und ließ sich dafür mit Rohstoffen und Militärstützpunkten bezahlen. Es wird sich kein Geber finden, der in einem vergleichbaren Umfang die Mongolei stützen kann.

Seit der Wende zur Marktwirtschaft begann man das bisherige Staatsvermögen in private Hände zu geben. Jeder Mongole erhielt einen Couponblock, den er zum Beispiel zur Beteiligung an einem der Betriebe nutzen konnte. Neues Kapital floß allerdings nicht in die maroden Unternehmen. Manche Firmen und die Staatsfarmen wurden in kleinere Einheiten zerlegt, doch will der Staat von den unrentablen Großbetrieben nur ungern lassen. Auch behielt er bei vielen Firmen eine Mehrheitsbeteiligung. Darüber hinaus ist die Frage des Grundeigentums nicht zufriedenstellend gelöst, so daß ausländische Investoren kaum in die Mongolei zu locken sind.

Die Entwicklung ist noch nicht abgeschlossen. 70 Jahre Sozialismus lassen sich nicht von einem Tag auf den anderen aus den Köpfen streichen, insbesondere nicht bei den kleinen Verwaltungsangestellten, die ungern auf Privilegien verzichten wollen. Auch fordert die Mehrheit der Bevölkerung, daß der Staat weiterhin für sie sorgt und ihr die Entscheidungen abnimmt – die zentralisierte Wirtschaft hatte ihre eigenen, und nicht unbedingt positiven, Auswirkungen auf die Arbeitsmoral in Staat, Handel und Produktion.

Nach einem ersten Schock Anfang der 90er Jahre, in dem das Land nahe an einer Hungerkatastrophe war, begann zwar der Kleinhandel zu funktionieren, doch auch jetzt steht die Mongolei nur auf einem Produktionsniveau von Anfang der 80er Jahre. Pro Kopf werden weniger als 100 US-Dollar im Jahr erwirtschaftet – mit sich abschwächender Tendenz. Der Handel mit den COMECON-Staaten, der einst 90 Prozent ausmachte, brach fast völlig zusammen, dafür wuchs der chinesische Anteil von nahezu null auf über ein Drittel. Mit westlichen Staaten findet aber außer den durch die Ent-

wicklungshilfe finanzierten Kontakten bislang nur ein geringer Warenaustausch statt. In Suunbajan bei Sajnschand liegen Erdölfelder, wo in ferner Zukunft die Förderung wieder anlaufen soll. Zwei Drittel der Exporterlöse werden allein durch die Kupfermine in Erdenet erwirtschaftet. Die Hoffnung auf weitere Rohstoffunde hat sich nicht erfüllt – und selbst wenn interessante Vorkommen entdeckt werden, verhindern die klimatischen und infrastrukturellen Bedingungen einen wirtschaftlich rentablen Abbau. Transferzahlungen aus den großen Geberländern Japan, den USA und auch Deutschland werden auf absehbare Zeit notwendig bleiben.

Landwirtschaft und Industrie

Trotz aller Industrialisierungsversuche hat die Landwirtschaft auch heute noch ihre herausragende Stellung. Wie seit Jahrhunderten beruht sie auf extensiver nomadisierender Viehwirtschaft und Tauschhandel. Jeder dritte Mongole lebt heute noch als nomadisierender Viehzüchter. Die Verfassung des Landes trägt dem Rechnung, in dem sie die Viehwirtschaft unter den Schutz des Staates stellt und Privateigentum an den Weideflächen verbietet. Damit werden auch in der Zukunft keine Zäune die Viehherden behindern. Die Herden wur-

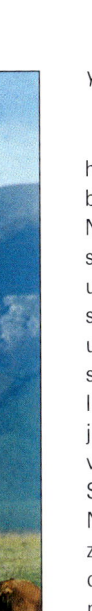

Yak-Herde im Altai

hirte aus der Gobi nach Ulan Ude aufbrechen. Wichtiges Kriterium des Nomadentums ist, daß die mongolischen Hirten mit ihrem gesamten Hab und Gut umziehen und sich damit entscheidend von einem Schweizer Bauern unterscheiden, der nur vorübergehend seine Bleibe auf einer Alm aufschlägt. Im Norden des Landes verlegt heute jeder Hirte seine Jurte im Sommer etwa viermal und zieht mit seiner Familie im Schnitt jedesmal bis zu 20 km weiter. Nur in den Gobi-Regionen wurden bis zu 40 Ortswechsel im Jahr gezählt, und die Menschen legten in dieser Zeit oft mehrere hundert Kilometer zurück.

Die meisten Hirten sind Selbstversorger, ihre Produktion reicht für die eigene Familie – und zum Glück meist auch für die Verwandten in der Stadt.

Klassisch für die Mongolei sind ferner die Pelztierjagd und -zucht, die sich in die traditionelle Lebensweise der Bevölkerung gut einfügen.

Ackerbau wurde zwar auch früher in kleinem Umfang in der Nähe der Siedlungen betrieben, doch die heute dominierende großflächige Produktion erfolgte durch den Aufbau von 38 agrarwirtschaftlichen Großkombinaten sowjetischen Stils. Überwiegend wird dort Getreide angebaut. Der Staat hat die Unternehmen immer noch nicht in die Privatwirtschaft entlassen und subventioniert sie, sei es offen oder verdeckt. Felder ziehen sich kilometerweit ohne Rücksicht auf die Landschaftsform über Hügel und durch Täler. Diese Form des Ackerbaus ist wegen ihrer ökologischen Folgen mit erheblichen Fragezeichen zu versehen. Der schützenden Grasnarbe beraubt, ist der Boden neun Monate des Jahres extremer Kälte, Trockenheit, star-

den privatisiert, und nach kurzer Unterbrechung funktioniert die Fleischversorgung nun besser, allerdings auf für Mongolen extrem hohen Preisniveau. Auch müssen noch Mechanismen entwickelt werden, die verhindern, daß einzelne Hirtenfamilien zu große Herden halten und damit einer Überweidung Vorschub leisten. Laien erwarten von Nomaden oft Wanderungen, die einer Völkerwanderung gleichkämen. Doch zu so waghalsigen Zügen ins Ungewisse brachen die Völker Zentralasiens nur in Krisenzeiten auf, in der Regel blieben sie ihren Gebieten treu. Kein Viehzüchter aus dem Altai wird jemals an Ulan Bators Stadttoren rütteln und kein Kamel-

Fünf Nutztiere und der Yak

Das mongolische Staatswappen zeigt deutlich, was im Mittelpunkt des Lebens der Mongolen steht: das Pferd. Über 2,5 Millionen Pferde ziehen in großen Herden über die freie Steppe, mehr als eines für jeden Mongolen. Ihr Stockmaß reicht selten über 1,40 m: Sie ähneln eher einem Pony. Die Tiere sind winterhart und scharren unter der dünnen Schneeschicht die Grasnarbe frei. Im Sommer sieht man sie oft mit Hobbeln, die sie an zu weiten Ausflügen hindern. Werden nur die beiden Vorderläufe aneinander gefesselt, so heißt diese Methode *tuscha*, wird noch ein Hinterlauf hinzugebunden, spricht man von *tschödör*. Pferde dienen als Reittiere, und die Stutenmilch gilt vor allem in den Aimag rund um Ulan Bator als besondere Delikatesse. Doch gleich allen Nomadenvölkern steht der Besitz auch bei den Mongolen im Vordergrund, und die Größe der Herden hat eher traditionelle symbolische als wirtschaftliche Bedeutung.

Die Pferde stellen aber nur einen kleinen Teil der 25 Millionen Stück Vieh dar. 15 Millionen Schafe, deren schwarze Ohren und Flecken auf dem

Umzug in der Steppe

Kopf im ansonsten weißen Fell auffallen, und fünf Millionen Ziegen sichern die Ernährung der Bevölkerung. Hammelfleisch steht im Zentrum der mongolischen Küche. Und ein guter mongolischer *deel,* ›Mantel‹, ist auf der Innenseite mit mehreren Schaffellen ausgefüttert. Schließlich ergänzen drei Millionen Rinder und 500 000 Kamele den Viehbestand. Die Mongolei ist nach Indien und Pakistan das Land mit den meisten zweihöckrigen Kamelen, die im Gegensatz zum einhöckrigen Dromedar Wolle produzieren. Die Tiere verlieren ihr Kamelhaar Ende Juni, und es schlabbert ihnen dann in großen Fetzen am Körper. Man möchte ihnen aus ihrem zotteligen Winterfell heraushelfen. Für den Rest des Sommers sind sie, abgesehen von einem dünnen Flaum, nahezu nackt.

Das urtümlichste Nutzvieh der Mongolei aber ist zweifellos das asiatische Hochgebirgsrind, auch Grunzochse genannt. Sein dichtes, langes Haarkleid bedeckt den ganzen Körper, berührt auf der Bauchseite fast den Boden. Damit überlebt der Yak Temperaturen von bis zu −50 °C. Die Widerristhöhe beträgt 1,50–2 m, sein Gewicht liegt bei 500–600 kg. Der Schwanz ist lang und behaart. Auf dem Widerrist findet sich ein auffallender Höcker. In der Mongolei weiden etwa 500 000 Yaks. Sie sind auch in China (mehrere Millionen), Rußland (140 000), Indien (30 000), Bhutan (50 000) und Nepal (10 000) zu finden. Die heutigen Haustieryaks scheinen von den wilden Yaks abzustammen, von denen noch Restbestände (15 000) auf den Himalaya-Hängen in Tibet leben. Durch den Yak lassen sich hochliegende Gebirgsweiden nutzen, die andernfalls nicht verwendet werden könnten. In der Mongolei ist er daher besonders an den Hängen des Altai-, des Changai- und des Chentij-Gebirges anzutreffen. Yaks zeichnen sich durch gute Adaptationsfähigkeit an große Höhen aus. Ihre Luftröhre ist auffallend dick und voluminös, so daß sie sich einer beschleunigten Atemfrequenz anpassen können. Die Schweißdrüsen sind schlecht ausgebildet, so daß Transpiration und damit Wärmeverlust weitgehend vermieden wird. In Tibet ziehen sie sogar auf über 5000 m hoch gelegene Sommerweiden. Schon eine kurze Grasdecke von nur 5 cm Länge kann abgeweidet werden, allerdings müssen die Tiere fast den ganzen Sommer hindurch ununterbrochen fressen. Im Winter wird die Grasnarbe unter dem Schnee freigescharrt. Steigungen bis zu 75 Prozent bewältigt der Yak ohne Schwierigkeiten. Seine Hufe sind an den Außenseiten besonders hart, in der Mitte mit einer weichen Haut besetzt. Damit läßt sich ebenso gut klettern wie auch beim Abstieg die Wucht des Körpers abfangen. Diese Eigenschaft macht den Yak als Lasttier gut nutzbar. Zusätzlich produzieren weibliche Yaks etwa 500 l besonders fetthaltiger Milch pro Jahr. Schließlich ist der Yak als Fleischproduzent und Haarlieferant begehrt. Yakkühe behalten ihre Gebärfähigkeit bis zum relativ hohen Alter von 20 Jahren. Gute Erfolge wurden übrigens mit einer Kreuzung zwischen Rind und Yakbullen erzielt, in der Mongolei Sonnen-Hainag genannt. Auch der umgekehrte Fall, der unfruchtbare Mond-Hainag ist möglich. Die Kreuzung übertrifft den Yak an Größe, Gewicht und Milchproduktion.

ken Stürmen und heftigen Niederschlägen während der Regenzeit ausgesetzt. Der Löß wird durch die starken Frühjahrsstürme verweht. Hinzu kommt, daß die Hälfte des mühsam geernteten Getreides vom Staat zu Wodka gebrannt wird, aus dessen Verkauf etwa sieben Prozent der Staatseinnahmen gewonnen werden. Eine Zukunft hätte dagegen der intensive Gartenbau in Kleinbetrieben in Stadtnähe, denn trotz des kurzen Sommers gedeiht Gemüse angesichts der intensiven Sonneneinstrahlung rasch.

Neben der Landwirtschaft hat sich im Norden des Landes in den vergangenen 30 Jahren eine kleine Forstwirtschaft entwickelt. Überwiegend wächst hier die sibirische Lärche. Ausländische Investoren, insbesondere aus Japan, China und Rußland würden gerne ihren Holzbedarf für die Papierindustrie decken. Raubbau wäre absehbar, benötigt die Lärche doch zum Beispiel bis zu 250 Jahre, um erntereif zu werden – und damit bis zum vierfachen der in Deutschland notwendigen Zeit.

Die gewaltsame Industrialisierung des Landes brach mit gewachsenen Lebensformen, und der Markt mit seinen 2,3 Millionen Einwohnern ist in den meisten Bereichen zu klein für eine eigenständige Produktion. Anfang der 70er Jahre entstand das Kupferkombinat Erdenet, auch heute noch die wichtigste Devisenquelle des Landes. An zweiter Stelle steht Kaschmir, der in einer mit japanischen Mitteln gebauten Fabrik verarbeitet wird. Die Mongolei trat dem COMECON bei. Die ausländische Hilfe nahm von Jahr zu Jahr zu. Die Staatsunternehmen, zum Beispiel das Gobi-Kaschmirkombinat sind zu schwerfällig, um sich dem schnell wechselnden westlichen Modemarkt anzupassen, haben zu viel Personal und sind unterkapitalisiert. Die Reformhoffnungen setzen daher auf neue, junge Firmen unter der Leitung dynamischer Kleinunternehmer. Doch erste private Investoren aus dem Ausland, aber auch Mongolen, haben Schwierigkeiten mit der Bürokratie, die bis zu den Preisen am liebsten noch alles kontrollieren möchte. Das Schürfen nach Gold, die Suche nach Mineralien, Kohle und Erdöl, der Export von Kupfer wurden seit dem Zweiten Weltkrieg intensiviert. Neue Investoren wurden bislang noch kaum gefunden. Die Kosten sind zu hoch, fehlende Infrastruktur und harsches Klima machen Bergbau in der Mongolei zu einem extrem teuren Vorhaben.

Ulan Bator gilt als kälteste Hauptstadt der Welt. Die Energieversorgung spielt somit eine besondere Rolle, und jeden Winter fürchten die Mongolen, daß ein Zusammenbruch des Fernwärmesystems die Stadt zu einem gigantischen Eispalast erstarren läßt. Der Zentral-Stromverbund, der an das russische Netz angeschlossen ist, produziert mit fünf Strom- und Heizwerken 700 Megawatt, doch durch den uneffektiven Transport der Fernwärme, durch lecke Rohrleitungen und fehlende Regulatoren in den Wohnungen reicht die Kapazität nicht aus. Im Winter verursachen die Kraftwerke gemeinsam mit dem Hausbrand der Jurtensiedlungen dichten Smog und Schwefelschwaden, die in Ulan Bator oft ganze Straßenzüge einhüllen.

Handel und Tourismus

Viele Mongolen wurden Anfang der 90er Jahre zu Händlern und sicherten damit das Überleben ihrer Familien. Die transsibirische Eisenbahn verwandelte sich ab der chinesischen Grenze in einen fahrenden Basar, auf dem auf jedem

Mongolische Bürokratie

Der winzige Schalter befindet sich gerade in Bauchnabelhöhe, den Beamten auf der Gegenseite kann man nicht erkennen. Davor drängen sich Dutzende von Antragstellern, die nach einem undurchsichtigen Muster Papiere und Geldscheine hinüber- und herüberschieben. Der Bürger wird zum Bittsteller in Kotau-Position, zumal in der Mongolei für nahezu jede Handlung eine Genehmigung mit offiziellem Stempel, ein *bitschig,* erforderlich ist. Nur Besitzer solcher Papiere erhalten zum Beispiel Benzingutscheine, die wiederum zum Erwerb von Treibstoff berechtigen. Der Beispiele sinnlosen Verwaltungshandelns gäbe es noch viele. Ausländern werden gelegentlich gesonderte Genehmigungen für Fotografieren, Video- und Tonbandaufnahmen etc. abverlangt. Was früher der Kontrolle der Bürger diente, wird jetzt als Devisenquelle für die unzähligen Ämter und Behörden genutzt, die kaum genug Geld zur Bezahlung der vielen Personen haben, die auf ihren Gehaltslisten stehen. Was aber für den Touristen nur ein Ärgernis ist, bedeutet für mongolische Bürger oft die Frage von Sein oder Nichtsein. Wessen Antrag wird stattgegeben, wessen Gesuch verworfen? Gute Beziehungen schaden sicherlich nicht. Häufig hört man zunächst ein Nein, doch es hat meist nicht den Charakter preußischer Unerbittlichkeit, und das Herz des Gegenübers, läßt sich oft erweichen, insbesondere wenn man diesen Prozeß geschickt fördert. Leider gerät auch ein Ja manchmal schnell in Vergessenheit. Aus alter Zeit rührt noch die Macht der überall wachenden Verkehrspolizisten, die mit energischen Trillerpfiffen und bedeutsamen Stockzeichen ihre Landsleute wegen angeblicher Verstöße kräftig abkassieren. Unberechenbar auch die Zöllner am Flughafen, die vielen Touristen materiell wertlose Urlaubssouvenirs mit dem Hinweis auf angebliche Antiquitäten oder wertvolle Mineralien ersatz- und quittungslos wieder abnehmen.

Bahnhof bis Moskau chinesische Textilien feilgeboten wurden. Die meist jungen Mongolen sind gewitzt und wissen jedes neue bürokratische Hindernis zu umgehen, entdecken neue Märkte und Vertriebswege. So sind Mongolen jetzt nicht nur in Berlin, Peking und Moskau, sondern auch in Seoul und Istanbul anzutreffen. Als Transitland zwischen zwei Weltmächten könnte die Mongolei auch zukünftig in diesem Bereich wesentliche Einnahmen erzielen. Im Inland hat der Kleinhandel, der private Verkauf von Fleisch, Milch und Gemüse den Zusammenbruch der staatlichen Handelsorganisationen aufgefangen.

Ein Wachstumsmarkt könnte auch der Tourismus sein, besuchen bisher doch

Hoteljurte bei Dalanzadgad

weniger als 10 000 Gäste jeden Sommer die Mongolei. Leider sind viele interessante Einrichtungen in den Sommermonaten geschlossen, insbesondere Theater, Oper und Zirkus. Während die ehemals staatliche Tourismusorganisation Zhuulchin ihr Monopol zu verteidigen versucht, machen ihr private Unternehmer zunehmend Konkurrenz – und bieten meist auch bessere Leistungen. Eine Monopolstruktur existiert weiterhin beim wichtigen Jagdtourismus, den sich Zhuulchin und Mongol An (›Mongolei Jagd‹) teilen. Leider sind weder die Naturschutzbehörden noch die lokale Bevölkerung angemessen an den hohen Abschußgebühren, die für Wildschaf, Ibex, Hirsch und Bär kassiert werden, beteiligt.

Soweit Dienstleistungsbetriebe noch in öffentlicher Hand sind, gehört Service meist nicht zu ihren herausragenden Merkmalen. Touristen merken dies besonders schmerzhaft. Die große Zahl an Kellnerinnen steht meist nicht in einem angemessenen Verhältnis zu ihrer Arbeitswut, und die Hotelküchen würden in anderen Ländern kaum einer Wurstbude Konkurrenz machen. Gelegentlich hilft ein energischer Gang in die Küche und das eigenhändige Öffnen des Kühlschranks, um ein mehrstündiges Warten abzukürzen!

Volksreligion Lamaismus

Leiernde Gebetsmühlen, schallende Gongs, quäkende Blasinstrumente, Mönche in orangeroten Gewändern und monotoner Gesang, junge Mütter, die ihre Neugeborenen dem Lama zum Segnen entgegenhalten und Gläubige, die niederknien und anschließend sich mit ihrem ganzen Körper in Verehrung auf den Boden werfen. »Om-mani-padme-hum«, die Lamas murmeln diese Anrufungsformel an den Bodhisattva des Grenzlosen Mitleids. Der monotone Gesang, unterbrochen nur von Gongschlägen und tiefdröhnenden Hörnern, die Schweizer Alphörnern ähneln und den Tempel erzittern lassen, füllt den farbenprächtigen Raum. Der Besuch im Gandan-Kloster (s. S. 109) in Ulan Bator sollte für jeden Besucher zum Pflichtprogramm gehören.

Als ›arbeitendes Kloster‹, wie es alte Reiseprospekte anpreisen, war das Gandan-Kloster bis zur politischen Wende in der Mongolei die einzige Stätte im Land, in dem der lamaistische Buddhismus noch offiziell praktiziert werden durfte. Über 700 Klöster wurden während der 30er Jahre zerstört, Tausende von Mönchen ermordet, fast jede Familie verlor einen Angehörigen. Kulturschätze unmeßbaren Wertes wurden vernichtet oder verschwanden ohne Wiederkehr in der Sowjetunion.

Geschichte des Lamaismus in der Mongolei

Der lamaistische Buddhismus etabliert sich erst im 16. Jh. endgültig in der Mongolei. Frühere Missionierungsver-

suche im 13. und 14. Jh. hatten keine Spuren hinterlassen. Namensgebend war der *lama,* ›Lehrer‹, dem die Verehrung gilt und der in einem noch stärkeren Maße als der indische *guru* spiritueller Meister und Helfer ist.

Die lamaistische Ausprägung des Buddhismus bedeutet vor allem eine intensivere Hinwendung zum Ritual und zu geheimen – esoterischen – Praktiken. Die Vorstellung von bewußter Wiedergeburt wurde sehr detailliert zu einem ganzen System weiterentwickelt.

Heute gibt es vier große Schulen des tibetischen Buddhismus, wobei die im 14. Jh. von Tsongkhapa begründete Schule der Gelbmützen (sogenannt wegen ihrer im Unterschied zu den anderen Schulen nicht roten sondern gelben Hüte) oder *gelugpa* (›Tugendhaften‹) im 16. Jh. die Institution des Dalai Lama hervorbrachte. Der Dalai Lama gilt als Reinkarnation des Bodhisattva Avalokiteshvara und wird von allen Schulen als höchste Autorität anerkannt.

Die Einführung des Lamaismus in der Mongolei ab dem 16. Jh. war das Ergebnis der Politik einiger weniger Fürstenfamilien. Die dadurch eröffneten politischen Möglichkeiten, erkannte als erster Fürst Altan Khan (geb. 1506), der Herrscher des Tümed-Stammes in der Süd-Mongolei, selbst ein Nachfolger von Dschinghis Khan. Er lud das Oberhaupt der Gelbmützen-Schule in die Mongolei ein, und verlieh ihm den Ehrentitel Dalai Lama. Dieser mongolische Ausdruck bedeutet ›Priester, dessen Mitleid so umfassend ist wie das Meer‹, ein Titel, der noch heute vom religiösen und weltlichen Oberhaupt Tibets geführt wird (der jetzt in Indien im Exil lebende Dalai Lama ist der 14. Träger dieses Titels). Rückwirkend wurden auch seine beiden Vorgänger mit dem Titel bedacht. Als er starb, achtete man darauf, daß die Wiedergeburt, der vierte Dalai Lama, innerhalb der Fürstenfamilie gefunden wurde. Als »politisches Meisterstück«, bezeichnet W. Heissig, der deutsche Mongolist, diesen Schachzug.

Auch die Nord-Mongolei suchte den Anschluß an die neue Religion. Fürst Abatai Khan, ein Herrscher im Gebiet der Chalcha, begann ab 1586 das Kloster Erdene Zuu aufzubauen, dessen Mauern er bewußt in die Nähe der Ruinen der alten Hauptstadt Karakorum setzte. 1650 erfolgte der nächste Schritt: Sein Sohn Gombodordsh erklärte seinen erst 15 Jahre alten Sohn und damit den Enkel Abatais zum geistigen Oberhaupt der Mongolei, ein Schritt, den der Dalai Lama bestätigte. Damit wurde er der erste ›heilige ehrwürdige Herr‹ (tibet.: *Dshebdsundumba Khutukhtu;* auch *Bogd Khan, Bogd Gegeen* oder *Öndör Gegeen*). Der erste Bogd Khan (1635–1723) war wie seine bislang letzte, siebte, Wiedergeburt, verheiratet. Er genoß eine hervorragende Ausbildung und verbrachte Lehrjahre in Tibet sowohl beim Dalai Lama als auch beim Pantschen Lama, den beiden bedeutendsten geistlichen Würdenträgern Tibets. Unter dem Namen Zanabazar wird er noch heute bei den Mongolen als Bildhauer und Bronzegießer hoch verehrt. Als Residenz entstand unter seinem Nachfolger die Siedlung Örgöö, von europäischen Besuchern Urga genannt (Mongolen verwirrt diese Bezeichnung, da das Wort Urga für das mongolische Stangenlasso zum Pferdefang steht). Nach dem Dalai Lama und dem Pantschen Lama hielt der ›Lebende Buddha von Urga‹ protokollarisch die dritthöchste Position innerhalb des lamaistischen Buddhismus. Doch die mandschurischen Herrscher in Peking, zu deren Machtbereich seit 1691 auch die Äußere Mongolei gehörte, achteten

Lama in der Gobi

aus Gründen der Staatsraison darauf, daß – nachdem der zweite Bogd Khan verdächtig früh im Alter von 36 Jahren verstorben war – ab der dritten Wiedergeburt alle weiteren nicht in der Mongolei, sondern in Tibet – und damit außerhalb des mongolischen Adels oder gar der Familie Dschinghis Khans – gefunden wurden. Gleichzeitig förderten sie die Verbreitung des Buddhismus durch Klosterbauten und finanzierten umfangreiche Übersetzungsarbeiten. Hierarchisch achteten die Herrscher auf dem Drachenthron aber darauf, daß die Leitung der ›Gelben Kirche‹ nicht direkt aus Tibet erfolgte, sondern vom Patriarchen in Peking. Die Mongolei wurde im 17. Jh. eine Semi-Theokratie. Diese ›zweite Bekehrung‹ führte dazu, daß fast alle Mongolen buddhistisch wurden. Heissig beschreibt diese Phase als plötzliche, alles vereinnahmende Welle: »Die bis dahin nur dem Diesseitigen hingegebenen Nomaden und Krieger wandten sich innerlichen Dingen zu – oder wurden zumindest von den Heilsversprechungen der neuen Religion angezogen. Wie ein Fieber ergriff in diesen Jahren die neue Lehre die Mongolen. Lamaistische Missionare wurden wie Heilige verehrt. Rückhaltlos gab man Altes auf. Die Mongolen versuchten durch Begeisterung wettzumachen, was sie an dem philosophischen Lehrsystem des Buddhismus nicht verstanden.«

Mit dem Sturz des letzten Kaisers von China, Pu Yi, und damit dem Ende der mandschurischen Herrschaft über China und die Mongolei im Jahr 1911 fiel dem ›heiligen ehrwürdigen Herrn‹ in Urga auch die weltliche Macht zu, und die Mongolei blieb bis zu seinem Tod 1924, trotz der sozialistischen Revolution drei Jahre zuvor, eine Monarchie.

Doch bereits zur Jahrhundertwende war der Lamaismus in der Mongolei im Niedergang begriffen. Resignierende Klagelieder von Lamas geißeln den Verfall von Bildung und Moral, verurteilen die Zustände ihrer Kirche. Ende des 19. Jh. sollen bis zu 40 Prozent der männlichen Bevölkerung Lamas gewesen sein. Es war Tradition, daß zumindest ein männlicher Nachkomme jeder Familie in ein Kloster ging. Nach sozialistischer Lehre hat diese Situation zu einer uner-

Der Buddhismus

Mitte des 6. Jh. v. Chr., bzw. nach neuerer Chronologie Mitte des 5. Jh. v. Chr., wurde im Gebiet des heutigen Nord-Indien Siddharta Gautama als Fürstensohn geboren; er sollte zum Begründer einer neuen philosophischen Lehre werden, des Buddhismus. In jungen Jahren verließ der spätere Buddha Shakyamuni Heimat und Familie und zog, sich in Askese übend, durch das Land. Meditation schließlich brachte ihm das, was zum Ziel eines jeden Buddhisten werden sollte: die Erleuchtung und damit das Verlassen des Kreislaufs der Wiedergeburten. Er wurde zum *buddha,* einem ›Erleuchteten‹. Im zu Lebzeiten Siddhartas vorherrschenden Hinduismus bildet der Kreislauf der Wiedergeburten (Sanskrit: *samsara*), den Kern der Lehre: schicksalhaft, den Gesetzen des *karma* unterworfen, kehrt ein jedes Wesen immer wieder auf die Erde zurück – in ein schlechteres oder besseres Dasein als zuvor, abhängig davon, wie es sein letztes Leben geführt hat. Diese Lehre ist eng verknüpft mit dem indischen Kastenwesen. Die Lehre des Shakyamuni nun, des ›Weisen aus dem Hause der Shakya‹, steht allen Menschen unabhängig von ihrem Stand offen. Ausgangspunkt der buddhistischen Lehre ist die Erkenntnis, daß jedes materielle und körperliche Begehren in Leiden endet. Durch die Begierde sind die Menschen emotional und unwissend, sie gelangen nicht zu einem klaren Verständnis der Welt. Illusion (Sanskrit: *maya*) ist einer der Schlüsselbegriffe des Buddhismus: Die Welt ist nicht, wie sie scheint, und nichts ist von Dauer. Unverständnis und Verwirrung müssen durchbrochen werden, um die Befreiung vom Leiden, das Verlassen des Kreislaufs der Wiedergeburten zu erlangen. Ziel ist es, das *nirvana* (›Verwehen‹ oder ›Verlöschen‹) zu erreichen.

Die Urform des Buddhismus ist als *hinayana,* ›Kleines Fahrzeug‹ bekannt. Seine Anhänger halten es für möglich, sich aus eigener Kraft aus dem Kreislauf der Wiedergeburten zu befreien. Später bildete sich das ›Große Fahrzeug‹ (Sanskrit: *mahayana*) heraus, das die Lehre philosophisch erneuerte: Buddhaschaft ist die Erkenntnis der Wirklichkeit, und daraus resultiert ein grenzenloses Mitleid mit allen Lebewesen. Hierin liegt die Wurzel des vielleicht charakteristischsten Elements des

träglichen Belastung für die arbeitende Bevölkerung geführt, die für den Unterhalt der Mönche aufkommen mußte.

Doch die sozialistische Betrachtung des Problems erscheint zu vereinfachend. Man warf den Lamas ihre angebliche Unproduktivität vor. Vermutlich bot die Mongolei aber nur selten ausreichende Erwerbstätigkeiten für ihre Bewohner, heute spricht man von einem

Buddhistisches Symbol zur Erinnerung an die erste Predigt Buddhas im Lumbini-Hain von Benares, Kloster Erdene Zuu bei Char Chorin

Mahayana – die Existenz von ›Erleuchtungswesen‹ (Sanskrit: *bodhisattva*): Diejenigen, die bereits die Erleuchtung erlangt haben, verzichten aus Mitleid auf den Eintritt ins Nirvana, um anderen auf dem Weg dorthin zu helfen. Der Bodhisattva verweilt im Kreislauf der Wiedergeburten. – Der Buddhismus kennt keine individuelle Seele im westlichen Sinne, insofern ist die Vorstellung einer Wiedergeburt nicht so banal, wie es scheinen mag. Vielleicht läßt sie sich am ehesten als ›Energie-Transfer‹ bezeichnen. Es gibt verschiedene philosophische Schulen, die sich seit Jahrtausenden intensiv mit dieser Frage auseinandersetzen.

Unter dem Einfluß des indischen Tantrismus, einer mystisch ausgeprägten esoterischen Erkenntnislehre, entstand aus dem Mahayana eine weitere bedeutende Richtung des Buddhismus, die auch Grundlage des Lamaismus ist: das ›Diamant-Fahrzeug‹ (Sanksrit: *vajrayana*) oder auch Tantrayana. Tätiges Mitleid (Sanskrit: *upaya*) und Einsicht in die Natur der Wirklichkeit und damit Erkenntnis, Weisheit (Sanskrit: *prajnya*), bilden die beiden zentralen Prinzipien dieses Weges, die sich gegenseitig bedingen. Bildlicher Ausdruck dieser Prinzipien und der Überwindung ihrer Dualität sind etwa die *Yab-yum*-Darstellungen in tibetischen bzw. lamaistischen Klöstern: männliche Gottheiten, die sich mit ihrem weiblichen Pendant geschlechtlich vereinigen.

›hohen Sockel an Arbeitslosigkeit‹. Zieht man die Erfahrungen des mittelalterlichen Europa mit seinen Klöstern zum Vergleich heran, so kann die Versorgung der Lamas auch als Form der Sozialfürsorge aufgefaßt werden. Es war nicht zuletzt ein eurozentrisches Weltbild, das die Urteile vieler Kritiker prägte. Verkannt wird, daß Lamaismus sich drastisch von der christlichen, aber auch von anderen buddhistischen Strömungen unterscheidet. Während Buddhismus Eigenverantwortlichkeit in bezug auf Heilserwartungen bedeutet, kann im Lamaismus der Lama die religiösen Pflichten zum Heil der anderen auf seine Schultern nehmen. Der Lama entbindet einen Großteil der Bevölkerung von selbst auszuführenden Pflichten und befreit sie daher für ein weltliches Leben. Daher auch der mongolische Brauch, jeweils einen Sohn ins Kloster zu schicken, der sodann – ebenso wie seine Mitbrüder – als Gegenleistung mit allem Notwendigen gut versorgt wird. Und schließlich hat diese spirituelle Tradition einen nicht zu verkennenden Stellenwert für das Wohlbefinden der Bevölkerung.

Heute beginnen die Klosterneugründungen mit kleinen, einfachen Gebäuden. Einen Eindruck vergangener Pracht kann eine Fahrt zu dem einsam gelegenen Amarbajasgalant (s. S. 161) im Selenge-Aimag bieten, wo sich heute noch nachvollziehen läßt, wie eine plötzlich am Horizont auftauchende Klosterstadt auf den Reisenden, der seit Hunderten von Kilometern nur einsame Steppe gesehen hat, wirken muß. Der amerikanische Forscher Chapman-Andrews ließ sich in den 30er Jahren von einem vergleichbaren Anblick begeistern. »Mein erster Anblick des Klosters hinterließ bei mir den Eindruck von einer der eindrucksvollsten Ansammlungen menschlicher Siedlungen, die ich je gesehen habe. Wenn man plötzlich auf sie stößt, aus dem leeren Nichts der endlosen Weiten kommend, wird die Atmosphäre mittelalterlicher Fremdheit und des Mysteriums verstärkt.«

Ab 1936 begann im Schatten des in Asien bereits begonnenen Zweiten Weltkriegs eine mongolische ›Kulturrevolution‹. Auf die persönliche Weisung

Neues Kloster im Jurtenviertel von Zuunmod

von Ministerpräsident Tschojbalsan wurde das Land mit Massenmorden überzogen. Der Todesschlag kam 1937/38. Wie diese Aktion durchgeführt wurde, ist bis heute nicht genau geklärt. Fest steht, daß die Armee eine entscheidende Rolle spielte. Die Gewalt muß unbeschreiblich gewesen sein. Fotos aus dem Jahr 1936 zeigen die Klosteranlage von Erdene Zuu noch intakt, zwei Jahre später gleicht sie einer Ruinenlandschaft. Aber noch 1991 versuchte mir ein Touristenführer zu erläutern, die Mönche der nahe Ulan Bator gelegenen Anlage von Mandshir, wo kein Stein mehr auf dem anderen steht, hätten selber ihr Kloster zerstört, da sie verstanden hätten, daß sie einem Irrglauben anhingen. Die meisten der großen Zeugnisse mongolischer Architektur, Bildhauerei, Goldschmiedekunst und Malerei wurden unwiederbringlich zerstört. Viele Lamas wurden einer Gehirnwäsche unterzogen. Das Katyn der Mongolei machte ein britisches Fernsehteam 1991 nahe Mörön im Nordwesten des Landes aus. Einschußlöcher in Zehntausenden menschlicher Schädel zeugen von einem noch weitgehend unbemerkten Massenmord in der Geschichte unseres Jahrhunderts, an dessen Aufklärung bislang aber nur bruchstückhaft gearbeitet wird. Überlebende erinnern sich in einem BBC-Film der Nacht, als die Geheimpolizei kam: »Sie erzählten mir, mein Bruder sei verhaftet. Die Soldaten befahlen ihm, mit ihnen zu gehen. Er küßte mich und sagte mir Lebewohl, ich weinte, als er ging – und seitdem habe ich nie wieder etwas von ihm gehört.«

Der Lamaismus hat sich von diesem Schlag noch nicht erholt. Es fehlt an erfahrenen geistigen Vorbildern, die Vorsteher des Gandan-Klosters mußten zudem über Jahrzehnte einen engen Kontakt zum atheistischen Staat suchen, ein Vorgang, der nicht jeden der Lamas unberührt ließ. Entwicklungshilfe leisten Mönche aus Nepal und Indien. Für die jüngere Generation dient der Glaube wieder als nationale Identifikation. Mit am häufigsten wird das Angebot der Wahrsagerei genutzt. Ob es um einen günstigen Reisetermin oder die richtige Namenswahl für ein Kind geht, der Lama ist die maßgebliche Instanz. Die Politikerklasse, die zumeist aus der alten Einheitspartei stammt, hat wieder erkannt, wie nützlich die Kooperation mit den Institutionen des Lamaismus sein kann. Kein Staatsakt ohne die Weihe durch religiöse Würdenträger.

Der Dalai Lama besuchte unterdessen bereits fünfmal die Mongolei, zuletzt im Sommer 1995, als er die größte Buddha-Statue des Landes im Maidari-Tempel neben dem Gandan-Kloster weihte. Jeder seiner Besuche wurde von Protesten der chinesischen Seite begleitet, nicht zuletzt, weil er deutlich Stellung bezieht. So kommentierte er bei seiner Visite 1991 frühere Verfolgungen wie folgt: »Der Buddhismus steckt tief in den Menschen, ist identisch mit der Nation. Die Zerstörung des Buddhismus war die Zerstörung der eigenen Kultur, der eigenen Nation.«

Owoo – Verehrung von Schutzgottheiten

Gerade der Lamaismus kennt ein ganzes Pantheon von Gottheiten. Schon die hinduistischen Götter hatten Eingang in den Buddhismus gefunden und später kamen dann tibetische hinzu. Ein kluger Schachzug, die einheimische Religion nicht zu verdammen, sondern geschickt in die neue Richtung einzubinden – ihre Gottheiten und Dämonen zu ›dienstba-

Pferdekopf-Opferung an einem owoo *auf einem Hügel über Ulan Bator*

ren Geistern‹ des neuen Glaubenskonzepts zu machen.

In der Mongolei steht der ›Ewig Blaue Himmel‹, auch ›Vater Himmel‹ genannt, eine Schöpfer- und Schicksalsgottheit, an erster Stelle. Ihm folgt ein Pantheon aus Schutz-, Kriegs-, Erd- und Berggottheiten. Verehrt werden sie – wie in Tibet – durch Steinsetzungen, die *owoo,* die darüber hinaus als Wohnsitz von Schutzgottheiten gelten. Man errichtet sie bevorzugt an Wegkreuzungen oder auf Pässen. Hier finden dann auch Opferhandlungen statt, bei denen Getränke und Speiseopfer ebenso dargebracht werden wie Pferdeköpfe.

Die mongolischen Gottheiten sind in keiner Weise weltfern – im Gegenteil. Und so werden mit aller Selbstverständlichkeit zerfetzte Reifen, zerbrochene Autofedern, Reste eines Kotflügels oder leere Wodkaflaschen den Steinhaufen hinzugefügt. Die Tradition gebietet es, dreimal im Uhrzeigersinn um den *owoo* herumzuwandern und einen weiteren Stein hinzuzulegen, um damit eine gute Reise zu erbitten – und somit zum jahrzehntelangen Wachstum der *owoo* ein kleines Stück beizutragen.

Wahrsagerei

Ein wichtiger Bestandteil der mongolischen Volksreligion, und auch heute noch tief in der mongolischen Kultur verwurzelt, ist das Wahrsagetum. In erster Linie bedienen sich religiöse Spezialisten des Schafschulterknochenorakels. Gefragt wird meist nach dem Ausgang einer Reise bzw. nach günstigen oder ungünstigen Tagen für allerlei Unternehmungen. Hierfür wird das Schulterblatt eines Schafes im Feuer erhitzt, bis der Knochen Risse bildet. Je nach Richtung und Beschaffenheit der Risse wird auf den guten oder schlechten Ausgang eines Vorhabens geschlossen. – Es ist vielleicht interessant zu erwähnen, daß die Entstehung der chinesischen Schrift, auf eben diese Praxis zurückgeführt wird. Damals benutzte man neben Schulterknochen auch Schildkrötenpanzer; aus der Form der Risse entstanden in China die ersten Piktogramme, Bildzeichen, als Vorläufer der heutigen chinesischen Schrift.

Schamanentum

Schamanentum ist auf die nördlichen Regionen Europas, Asiens und Nordamerikas beschränkt. Eine der Grundannahmen dieses Glaubens ist, daß mehrere Welten gleichzeitig existieren, und Reisen ins Jenseits bilden das zentrale Element des Schamanismus. Es gibt sowohl Frauen als auch Männer, die Schamanen werden und die Fähigkeit haben zu heilen. Meist durchleben sie in der frühen Jugend eine schwere Krankheit, in deren Verlauf sie dann zum religiösen Spezialisten berufen werden. Falls der Betroffene die Berufung ablehnt, endet die Krankheit möglicherweise mit dem Tod, nimmt er sie an, beginnt ein neues Leben als Schamane.

Museumsvorführung: Schamanentanz

Im neuen Leben sind die Spezialisten extremen psychischen und physischen Belastungen ausgesetzt. Durch Tanz und Musik – manchmal mit Hilfe von Drogen – gelingt es ihnen, sich in Trance zu versetzen, in den Zustand, in dem sie die Welten zu wechseln vermögen. Eine besondere Schamanentracht und die Trommel helfen symbolisch wie praktisch ins Jenseits zu gelangen; auch spezielle Hilfsgeister werden manchmal um Unterstützung gebeten. In die andere Welt gelangt, können Schamanen die Situation eines Kranken erkennen und danach Seele und Körper des Patienten heilen.

Oberflächliche Kritik, die sich nichts jenseits ihrer eigenen Erfahrungswelt vorstellen konnte, sah im Schamanismus entweder Scharlatanerie oder eine Krankheit. Untersuchungen erwiesen hingegen, daß Schamanen sensible, hochbegabte Menschen sind. Auch ist die Schamanenwerdung keine freiwillige Wahl, sondern wird als schwere Bürde und qualvoller Vorgang erfahren.

Das Vordringen des Buddhismus im 16. Jh. ging mit einer Verfolgung des Schamanentums, das bis dahin in Blüte stand und mit großen Teilen der animistischen Naturreligion koexistierte, einher. Alle Schamanen, deren man habhaft wurde, brachte man um. Zugleich nahm der Buddhismus geschickt schamanistische Elemente auf. *Owoo* zierten nun neben Pferdeköpfen buddhistische Gebetsfahnen an langen Stangen, und die Lamas übernahmen als eine ihrer Pflichten die Wahrsagerei. Praktiziert wird Schamanismus heute nur noch in entlegenen Landesteilen. Wie früher verehren vor allem Rentierzüchter der äußersten Nord-Mongolei ihre Schamanen als Helfer und Beschützer gegen Krankheit und Unbill, als Heiler und Magier.

Von Barbara Kuhn

Kultur und Traditionen

Von der Jurte zum Plattenbau

Über die Schwelle des kaiserlichen Zeltes zu stolpern, war ein todeswürdiges Vergehen, berichtet Wilhelm von Rubruk in seinen Schilderungen über »Reisen in die östlichen Länder«, die ihn 1253 bis ins Lager von Möngke Khan nach Karakorum führten. Zwar sind die Strafen heute nicht mehr so drakonisch, doch noch immer gilt es als Zeichen von Unglück, auf die Schwelle zu treten oder gar über sie zu stolpern. Wilhelm von Rubruks Berichte belegen, daß die mongolische Jurte ihre traditionelle Form über die Jahrhunderte beibehalten hat. »Die Jurte, in der sie schlafen, errichten sie auf einer kreisförmigen Scheibe aus Rutenflechtwerk. Das Quergestänge besteht ebenfalls aus Ruten, die nach oben in eine ganz kleine Rundscheibe zusammenlaufen, und von dieser erhebt sich schornsteingleich ein halsförmiger Aufsatz. Dieses (Holzgerüst) bekleiden sie mit weißem Filz, den sie öfters auch mit Kalk oder weißer Erde und Knochenmehl tränken, damit er weißer glänzt.«

Der optische Eindruck einer Jurte *(ger)* hat sich bis heute nicht geändert, auch wenn man das 200 bis 300 kg schwere Zelt heute zum Transport bequem zusammenlegen kann. Rubruk berichtete noch, daß »sie ihre Häuser auf Räder stellen. An einem Wagen zählte ich 22 Ochsen, die eine solche Jurte zogen«.

Einen entscheidenden technischen Fortschritt stellte die Entwicklung des Scherengitters dar, das von Ferne an einen deutschen Jägerzaun erinnert. Damit wurde die Jurte schnell zerlegbar. Das Holzgitter bildet auseinandergezogen und zu einem Kreis zusammengefaßt das Wandgerüst. Vier ergeben eine *ger* normaler Größe, großzügiger sind Jurten aus fünf oder sechs Scherengittern. Fächerförmig aneinandergelegte Holzstangen formen die Dachkuppel. Die Stangen sind meist in Rottönen bemalt, was den Kuppeleffekt verstärkt. Auf das Holzgerüst werden Filzbahnen gelegt, je nach Außentemperatur oft mehrere Schichten übereinander. Über den Filz wird ein weißes Leinentuch gespannt, das der Jurte schließlich ihr charakteristisches Aussehen gibt. Ein solches Zelt bietet optimale Raumnutzung bei minimalem Volumen, was für die Beheizung während des extrem kalten Winters von größter Wichtigkeit ist. Stabilität verleiht ihr Eigengewicht – allein der Filz wiegt 150 bis 200 kg.

Im Sommer werden die untersten 20 cm der Abdeckung nach oben gewickelt, um die Luftzirkulation zu verstärken. Die bunt bemalte Eingangstür ist nach Süden, der heiligen Hauptrichtung der Mongolen, ausgerichtet. Alle Gegenstände haben ihren festen Platz, so daß alle Jurten einander ähneln. Kleine, niedrige Holzhocker gruppieren sich um den bullernden Kanonenofen, der in der *ger* auch im tiefsten Winter schnell eine Saunaatmosphäre schafft. Durch die runde Öffnung im Zeltdach, durch die sich das Ofenrohr gut 3 m in den Himmel schiebt, entschwindet die Hitze aber ebenso schnell, wenn der getrocknete Kuhdung im Ofen verglüht ist. Damit das Filzdach nicht zu brennen beginnt, erfordert das Eisenrohr ein größeres Loch an der höchsten Stelle des Zeltes. An der östlichen und der westlichen Seite stehen die beiden Betten, im Osten das der Hausfrau, gegenüber das des

Die Scherengitter sind aufgebaut,

... und die Filzbahnen werden aufgelegt

Hausherrn. Die Kinder schlafen auf dem Boden oder bei den Eltern im Bett. Direkt neben dem Eingang auf der Frauenseite liegt der Küchenteil, gegenüber ist der Platz für Sattel und Zaumzeug, für den Behälter mit Stutenmilch und bisweilen auch für einen kleinen Holzverschlag für zu früh geborene Zicklein oder Lämmer. Gegenüber dem Eingang steht eine Truhe, oft mit einem Teppich als Sitzgelegenheit für einen Ehrengast gepolstert. Darüber sieht man neuerdings häufig ein Bild des Dalai Lama, der Suchbaatar, den sozialistischen Revolutionshelden, verdrängt. Hier ist die Ehrenseite jeder *ger*. Der Hausherr, der immer in der Mitte gegenüber dem Eingang sitzt, wird den ranghöchsten Gast an seine Seite bitten. Die Trennung in Frauen- und Männerseite wird heute meist nicht mehr dogmatisch gesehen. Nur in seltenen Fällen begeht man noch eine Protokollverletzung, wenn man sich an eine andere Stelle als die traditionell übliche begibt. Neben der Truhe stehen auf beiden Seiten kleine Vitrinen mit einer Sammlung von Familienfotos hinter Glas. Besondere Freude bereitet es immer, wenn der Gast die Sammlung dank einer Sofortbildkamera ergänzen kann. Regelmäßig wird die ganze Familie darauf bestehen, den Festtags-*deel*

In einer Jurte

anzuziehen, um sich dann vor der Jurte, den Pferden oder – am liebsten – vor dem Geländewagen fotografieren zu lassen.

Jede Jurte ist für Besucher offen, allerdings sollte man vorher bereits von Ferne sein Kommen durch Rufen anmelden, denn die mongolischen Schäferhunde sind über die Riten der Gastfreundschaft keineswegs immer informiert. Kein Besuch bei einer Hirtenfamilie ist denkbar, ohne daß *buuz*, mit Hackfleisch gefüllte Teigtaschen, in großer Menge auf dem Ofen zubereitet werden, eine Nudelsuppe gereicht oder zumindest die traditionelle Teezeremonie zelebriert wird.

Jurten dienten auch als erste Tempel. Doch später – als größere Räumlichkeiten nötig waren und größere Klöster entstanden – baute man feste Jurten mit Wänden aus Holz. Ab dem 17. und 18. Jh. prägen sinotibetische Einflüsse die Architektur: Die tibetischen Klöster kennzeichnet ein quadratischer, festungsartiger Charakter, mit zwei- oder dreigeschossigen, weiß gestrichenen Ziegelwänden und kleinen Fenstern, auf die als Dach eine leichte, geschwungene Holzkonstruktion, oft mit mongolischen oder chinesischen Stilelementen, gesetzt wurde. Ein Beispiel für den tibetischen Einfluß auf den mongolischen Klosterbau ist der Lawran-Tempel in Er-

Bogd Khan-Palast, Ulan Bator

dene Zuu (s. S. 140). Aus Tibet wurde auch die Form der Stupas übernommen, die traditionell um mongolische Klöster herum errichtet wurden. Bekannt ist heute noch die Umfriedungsmauer von Erdene Zuu mit ihren 108 Stupas. Deutlich den chinesischen Einfluß zeigen der Bogd Khan-Palast (s. S. 108) und das Tschojdshin Lama-Kloster (s. S. 107) in Ulan Bator. Fotos zeigen auch Gebäude, bei denen ein tibetisches Grundgerüst von einer jurtendachähnlichen Konstruktion geschlossen wurde, die dem Ganzen aber eher den Charakter einer ›Festung mit Regenschirm‹ gab.

Auch für feste Bauten bestand in der Mongolei ein klassischer Stil, der den klimatischen Notwendigkeiten und den örtlichen Baumaterialien entgegenkam. So lassen sich Zeugnisse von Lehmarchitektur, insbesondere im Klosterbau, mindestens bis in das 15. Jh. zurückverfolgen. Die dabei angewandten Techniken reichen von der Stampflehmbauweise über fachwerkähnlichen Flechtlehm bis zum Ziegelmauerwerk.

Im Norden zur Grenze nach Rußland überwiegen sibirische Blockhäuser, langgestreckte Bauten mit einer kleinen Eingangsveranda auf den beiden Schmalseiten. In Ulan Bator sind nur noch vereinzelt Beispiele aus früherer Zeit zu finden. Bei den offiziellen Gebäuden setzte sich in den 50er und 60er Jahren der sozialistische Klassizismus durch: mächtige Säulen umrahmen die Eingänge bei ansonsten strengen Fassaden. Daneben sieht man auch Gebäude im ›Zuckerbäckerstil‹ wie das Gästehaus des Präsidenten im Regierungstal jenseits des Flusses.

Von der Jurte zum Plattenbau, eine betrübliche Entwicklung, doch allzu leicht idealisieren wir Europäer eine Wohnform, in der aber keiner von uns dauerhaft seine Bleibe finden möchte.

Das mongolische Zelt hat zweifellos Atmosphäre, während die Plattenbausiedlung seelenlos und oft ausgesprochen verkommen ausschaut, die Treppenaufgänge wie eine Herrentoilette riechen, Fenster nicht schließen und der Putz abblättert, bevor die Farbe fest ist. Gleichwohl betrachtet das Gros der Bewohner von Ulan Bator den Einzug in eine Mietwohnung als sozialen Aufstieg. Es gibt meistens Strom und fließend Wasser, im Winter sorgt die Fernwärme für einen gewissen Komfort. Und das Raumangebot, auch in der kleinsten Wohnung, ist größer als in dem einen Raum der Jurte, wo die ganze Familie ununterbrochen zusammen leben muß. Doch der Blick auf Ulan Bator zeigt, daß es Zwischenschritte auf dem Weg zur Trabantenstadt gab, die menschlicher, wohnlicher wirken. In einem Land, das nahezu grenzenlos Platz hat, wären zweigeschossige Häuser vielleicht angemessener gewesen. Es ist nicht der Abschied von der Jurte, der stört, sondern die Gigantomanie der neuen Architektur, die abstößt. Plattenbausiedlungen verschandeln nicht nur Ulan Bator, viel schlimmer wirken Städte, die nicht die bevorzugte Behandlung der Hauptstadt erhielten. Siedlungen wie Altanbulag und Suchbaatar an der russischen Grenze, in denen die Betonplatten direkt aus dem Schlamm der unasphaltierten Straßen und aus dem Grün der Wiesen in den Himmel ragen, charakterlos, trostlos und mit oft leeren Fensterhöhlen. Nicht anders sehen viele Aimag-Zentren und erst recht die zahllosen verlassenen sowjetischen Garnisonsstädte aus. Im übrigen braucht kein Besucher Angst zu haben, die *ger* hätte ausgedient. Auf dem Lande ist sie weiterhin die klassische Wohnform, und schätzungsweise vier Fünftel aller Mongolen leben immer noch in dem weißen Rund-

Wohnen/Bauen

Haus der jungen Techniker, Ulan Bator

zelt. Und in den regenreichen Wäldern im Norden nutzen Jäger und Trapper eine einfachere Konstruktion, das sogenannte ›Schwarzzelt‹, das nur aus an der Spitze zusammengebundenen Dachstangen besteht. Die Wände bestehen aus Birkenrinden und werden im Winter mit Fellen isoliert. Es erinnert an sibirische Zelte – oder an Indianertipis.

Tempelneubauten versuchen gelegentlich die Form der Jurte wieder aufzunehmen. Die mongolischen Architekten diskutieren zur Zeit, wie wieder an klassische nationale Bauformen angeknüpft werden könnte. Bislang gibt es zu wenig Aufträge, um mit neuen Stilrichtungen experimentieren zu können.

Kunst und Kunsthandwerk

Wer seine Wohnung alle paar Wochen komplett packen muß, um zu einem neuen Weidegrund zu ziehen, muß sich beschränken. Die traditionelle Kunst der Mongolen ist daher in erster Linie auf nützlichen Hausrat beschränkt. Kunstsinn und Prestigebedürfnis richten sich auf Reit- und Zaumzeug, Waffen und Frauenschmuck. Hinzu kommen abgesteppte Filze, Applikationen, silberne Eßbestecke und Messerscheiden sowie Thangkas. Mongolisches Kunsthandwerk ist für Touristen besonders reizvoll, da vieles, was die nomadische Kultur hervorbrachte, auch bequem in den Urlaubskoffer paßt. Und das Angebot ist groß und noch authentisch, die Preise sind fair. Allerdings sollte man die Zollformalitäten, zumal die Grenzkontrollen streng, ja manchmal unberechenbar sind, beachten.

Die mongolische Kunst nahm während ihres Entwicklungsprozesses Elemente aus Zentral- und Ostasien, Indien und Nepal auf. Mit der nomadischen Lebensweise ging eine Geringschätzung der Handwerker einher. Chinesische Wanderarbeiter (Silberschmiede, Bronzegießer, Metalltreiber, Schreiner, Gerber, Weber etc.) waren daher die Hauptträger des klassischen Kunsthandwerks, und der Einfluß aus China war entsprechend stark, wie sich insbesondere in der Holzbearbeitung und -dekoration zeigt. Hinzu kamen auch tibetische und europäische Künstler. Die Liebe zu kontrastreichen, reinen Farbkombinationen und zu einem klaren Ornament lassen mongolisches Kunsthandwerk überraschend modern und gefällig erscheinen.

Aufgrund der Revolution von 1921 und der Zerstörung der Klöster brach das traditionelle Kunsthandwerk fast völlig zusammen. An seine Stelle trat die neue ›engagierte‹ Kunstauffassung, der Sozialistische Realismus. So stehen in Ulan Bator und in jedem Aimag-Zentrum mächtige Denkmäler, in Beton und Bronze gegossene Helden der Revolution, erinnernd an die immerwährende Freundschaft mit der Sowjetunion. Und auch in den Gemälden läßt sich der sowjetische Einfluß nicht verkennen: Neben Revolutionshelden dominieren Landschaftsdarstellungen in Öl oder Aquarell. Die Darstellungsweise verflachte zunehmend. Heute indes zeichnet sich ein erneuter Wandel ab, junge Künstler beginnen mit eigenem Stil zu überzeugen. Andererseits erinnern viele Bilder an naive Malerei. Doch nun zurück zu traditioneller Kunst und Kunsthandwerk der Mongolei.

In einer Jurte ist kein Platz für ein gerahmtes Bild, es wurden daher bevorzugt Objekte dekoriert, die eine transportable Behausung schmücken können, am Körper oder auf dem Pferd getragen werden. Es gibt wunderbar gearbeitetes Zaumzeug, liebevoll geschnitzte Schnupftabaksflaschen, und bei der Vielfalt der Trinkschalen gleicht keine der anderen. Teppiche haben die Mongolen nie geknüpft, sondern Filzmatten bestickt oder mit Applikationen versehen. Alle in der Mongolei heute angebotenen Teppiche sind Maschinenware, zum Teil aus von der DDR gebauten Fabriken. Eine Ausnahme bilden kasachische Teppiche.

Die abgesteppten Filzteppiche, deren Ränder oft mit bunten Stoffbändern eingefaßt werden, bilden ein unvergleichliches Wärmepolster. Die Filze isolieren auch die Wände der Jurte *(ger)*, und angesichts des extrem trockenen Klimas in den kalten Wintermonaten, werden sie auch nicht feucht. Man beläßt sie in ihrer grauen Naturfarbe und ornamentiert sie durch Steppnähte. Die Nähte festigen den Filz und verhindern, daß er zerfasert. Als Umkettelung für wertvollere Stücke dienen Baumwollstreifen in Rot, der bevorzugten Farbe jeder Jurteneinrichtung. Die Muster der Filzteppiche in der Inneren und der Ost-Mongolei sind geometrisch und stark chinesisch beeinflußt. In der West-Mongolei wer-

Denkmal für General Tschojbalsan, Ulan Bator

›Unterwegs‹, Gouache von Zerendorshin Mindshur, 1967

den sie von kasachischen und kirgisischen Mustern geprägt.

Die Applikationstechnik erlebt ihren Höhepunkt bei der Herstellung von Thangkas, großformatigen Seidenbildern mit Darstellungen von Gottheiten. Diese Rollbilder kamen mit dem Lamaismus in die Mongolei und wurden fast ausschließlich in den Klöstern hergestellt. Der mongolische Name für die Technik, in der sie gefertigt werden, *tseegt namal,* beschreibt sie recht genau: ›das, was mit genähten Rändern beklebt ist‹. Neben Kriegs- und Berggottheiten werden besonders gerne die Schutzgottheit Mahakala, der Todesgott und Richter der Toten Yama, der Medizin-Buddha, Buddha Shakyamuni, der zukünftige Buddha Maitreya (*Maidari*), der Gott des Reichtums Kubera, Avalokiteshvara, die Grüne Tara (Göttin der Gnade) und schließlich Tsongkhapa, der Begründer der Gelben Schule, abgebildet. Die Farben haben feste Bedeutungen, Weiß symbolisiert den Himmel, Blau Wasser, Rot Blut. Die mongolischen Götter sind zumeist furchterregende Erscheinungen mit unverkennbar weltlichen Gelüsten. Das Auge sollte eine Weile auf diesen Darstellungen verweilen, denn die Bilder erzählen eine Vielzahl von Geschichten.

Bunte Masken aus Papiermaché, sogenannte *tsam*-Masken, zeigen einen sehr mongolischen Stil. Mönche trugen sie bei rituellen Tänzen, eine Tradition, die in der Mongolei nicht mehr besteht. Hier sind nur noch Museumsstücke und Dekorationsexemplare in Klöstern vorhanden. Die Augenbrauen der Masken lodern feurig, die Mäuler sind gierig aufgerissen, die Farbwahl ist aggressiv. Oft wurden sie aufwendig mit Korallen geschmückt. Heute fertigt man sie oft kleiner, und so eignen sie sich als ausgefallenes Souvenir.

Vielfältig sind die Schnupftabaksflaschen. In einem Seidenbeutel trägt fast jeder Mongole ein Fläschchen in der Tasche, mancher Hirte verbirgt sogar handtellergroße Exemplare in den Weiten seines *deel*. Die Tradition der Flaschen als Aufbewahrungsort für Schnupftabak kommt aus China. Während in Europa schmale Schachteln üblich waren, nutzten Chinesen bevorzugt

Flaschen, wie Forscher meinen, weil die seinerzeit modischen zentimeterlangen langen Fingernägel bei einer Schachtel hinderlich waren, während das Fläschchen mit dem kleinen Löffel immer noch bedient werden konnte. Es gibt sie aus nahezu jedem Material, doch während in China Modelle aus Porzellan und Glas beliebt sind, ziehen die Mongolen Arbeiten aus Schmucksteinen vor, nutzen aber auch Holz und Horn. Die Herstellung eines solchen Behälters dauert mit modernen Maschinen immer noch zwischen 40 und 50 Stunden. Zunächst erhält der Stein die äußere Form, dann wird der Innenraum hohl geschliffen. Je dünner die Wand, desto gelungener, aber auch aufwendiger die Arbeit. Obwohl die Geschichte der Schnupftabaksflaschen nur gut 300 Jahre alt ist, ist ihre Vielfalt nahezu unendlich.

Besonders beeindruckend sind für viele Besucher die Schmiedearbeiten, die aber überwiegend von chinesischen Wanderarbeitern gefertigt wurden. Die meisten Produkte, die heute zu sehen sind, stammen aus der Zeit der Jahrhundertwende. Die Zerstörung der Klöster und privaten Strukturen sowie die Vertreibung der chinesischen Handwerker erstickten auch das Kunsthandwerk, so daß kaum Waren vorhanden sind, die nicht mindestens 60 bis 70 Jahre alt sind. Die in jüngerer Zeit hergestellten Schmuckwaren lassen sich – wegen des Silbermangels – an ihrer niedrigeren Legierung leicht erkennen. Aber wie auch früher scheint ziselieren immer noch die beliebteste Dekorationstechnik zu sein. An erster Stelle stehen Beschläge für Sättel und Zaumzeug, verzierte Steigbügel, ziselierte Silber- oder Bronzeplatten am Sattelknauf. Die Pfeife für den kleingeschnittenen Tabak, der aus Kasachstan bezogen wird, hat meist einen kupferbelegten Stahlkopf. Messer und Feuerzeug sind oft aus besonders schweren Silberteilen gearbeitet. Verbreitet sind auch feine silberne Armbänder, in die Korallen und Schmucksteine eingearbeitet wurden. Ohrschmuck, Ringe und Ketten sowie Haar- und Zopfspangen sind sehr beliebt. Klassisch unter den Haushaltsgegenständen sind mit ziseliertem Silber beschlagene Wurzelholzschalen, zumeist in mittlerer Größe für *airag* aber auch kleine, die für Schnaps gedacht sind, oder große Prunkschalen. Einige Motive sind darauf besonders beliebt: zunächst die zwölf Tierkreiszeichen (s. S. 236), der ›Ewige Knoten‹ und die übrigen sieben der insgesamt acht Glückszeichen des Buddhismus (Rad der Lehre, Muschel, Schirm, Banner, Lotosblüte, Vase, Fische), die beiden ineinander verschlungenen Ringe als Eheringe (eckige Vari-

Vorführung eines tsam-*Tanzes*

Traditionelles Kunsthandwerk aus der Mongolei: Schnupftabaksfläschchen, wie in China verwendet man in der Mongolei – anders als in Europa – Fläschchen und keine Dosen, sowie eine mit zisieliertem Silber beschlagene Wurzelholzschale

begnadet gewesen sein kann. Daß ihm persönlich vielleicht fremde Arbeiten zugeschrieben werden, schmälert nicht sein Ansehen, sondern unterstreicht die historische Ausnahmeerscheinung dieses Mannes, dem Zeitgenossen und deren Nachfahren alles zutrauen.

Musik

Fremd wirkt die mongolische Musik zunächst für das europäische Ohr. Man muß sie auf sich wirken lassen, um die Steppe und die endlose Weite in ihr zu spüren. Tiefe gutturale Schluchzer und Schnörkel mit langen melodischen Linien im langsamen Tempi kennzeichnen die Lieder. Die Töne können plötzlich von der Hals- zur Falsettlage wechseln. Langton-Sänger werden oft von Musikern auf der Pferdekopfgeige *(morin chur),* die nur eine dicke Saite für die tiefen und eine dünne Saite für die hohen Töne besitzt, begleitet – doch der Gesang steht stets im Vordergrund. Reine Instrumentalensembles gab es nur in der höfischen Musik. Besonders ausgefallen sind die *chöömij*-Sänger, eine Kunst, die ausschließlich Männern vorbehalten ist. Die Töne scheinen sich zu überschlagen. *Chöömij* ist eine imitative Vokaltechnik. Sie findet im zwischen Speiseröhre und Mund beziehungsweise Nasenhöhlen liegenden Abschnitt der oberen Luftwege statt. Der Sänger stößt gleichzeitig zwei Töne aus. Der eine Ton bildet als tiefes gutturales Brummen das Fundament, und darauf moduliert sich flötenartig die Melodie als Oberton. Der Gesang wird durch die Veränderung der Mundhöhle geformt, ohne die Lippen zu bewegen. »Quasi ein virtuos singendes Pendant zu unserem Bauchredner«, beschreibt Angelika Raith, deren unterhaltsamer Reisebeschrei-

ante für den Mann, runde für die Frau) und das Widderhornmotiv.

Traditionelle Kunstwerke lassen sich selten bestimmten Künstlern zuordnen. Und selbst, wenn einzelne Personen genannt werden, ist Zurückhaltung geboten. Zanabazar, der erste Bogd Khan, soll ein überragender Architekt, Maler, Bildhauer, Goldschmied und Bronzegießer gewesen sein. Die ihm zugeschriebenen Arbeiten weisen tibetische, chinesische und indische Stilmerkmale auf, so daß sich die Frage stellt, ob ein einzelner Mann tatsächlich so vielfältig und bung »Steppen, Tempel und Nomaden« diese Zeilen folgen, ihren Eindruck von dieser Gesangsform so treffend, wie ich sie an keiner anderen Stelle gefunden habe. Doch die Mongolen lieben nicht nur ihre klassische Volksmusik. Rockgruppen haben großen Zulauf und ziehen bei öffentlichen Auftritten Tausende in ihren Bann. Den größten Einfluß besitzt zur Zeit der amerikanische Musiksender MTV, der über Satellit empfangen werden kann, und auf dem Wochenmarkt zählen die Kassetten mit Kopien der Musik westlicher Popgruppen zu den gefragtesten Artikeln.

Feste

Zwei Feste begeistern alle Mongolen schon Wochen, bevor die Feierlichkeiten beginnen, und markieren das Jahr. *Tsagaan-Sar,* das Neujahrsfest, im frostigen Winter, und *Naadam,* das Sport- und Nationalfest auf dem Höhepunkt des kurzen, mongolischen Sommers. Neben dem Tsagaan-Sar begeht vor allem die städtische Jugend auch das Sylvesterfest nach dem Gregorianischen Kalender. Und auf dem Suchbaatar-Platz in der Hauptstadt steht um die Jahreswende ein großer Tannenbaum. Weitere wichtige Feiertage sind der Frauentag am 8. März und der Tag der Republik am 26. November (Ausrufung der Volksrepublik 1924). Hinzu kommen Kindertag, Tag des Militärs und weitere Feiertage einzelner Berufsgruppen, denn die Mongolen wissen zu feiern und lassen kaum einen Grund aus.

Tsagaan-Sar – Das Neujahrsfest

Es ist Februar, die Winterlandschaft ist mit einer dünnen Schneeschicht bedeckt, die Flüsse sind metertief gefroren, das Eis glänzt blau, scheint den stahlblauen Himmel zu spiegeln, an dem keine Wolke eine Isolierschicht verspricht, die die wärmenden Sonnenstrahlen über Nacht speichern könnte. Die Quecksilbersäule zeigt auch mitten am Tag −25 °C an. Doch die Mongolen feiern den Frühlingsbeginn und damit den Beginn des neuen Jahres: es ist Tsagaan-Sar.

Melancholischer Gesang erfüllt das Rund der Jurte. Die vollen Stimmen der Mongolen beeindrucken immer wieder, das Liedgut ist umfangreich und beschwört die Liebe zur Mutter, zur Heimat und zum Vaterland. Freunde haben uns zu Tsagaan-Sar, dem wichtigsten Fest der Mongolen, aufs Land eingeladen; es ist jetzt schon das dritte Zelt, das wir besuchen. Überall steht ein gekochter Hammelrücken bereit, die dicke Schwarte glänzt, am unteren Ende seines schweren, fetten Schwanzes bilden sich Fetttröpfchen, die von einem kleinen Tellerchen aufgefangen werden. Der Hammelkopf liegt abgetrennt und blickt in die dem Ausgang der Jurte entgegengesetzte Richtung, also nach Norden, auf den Hausaltar. Ebenso steht in jeder Jurte ein Berg von Neujahrsbroten, aufgetürmt zu einem kleinen Turm, verziert mit Milchprodukten, Weichkäse und geronnenem Schmant. Bunte Bonbons und Würfelzuckerstücke schmücken das Ensemble. Die Zahl der Brotschichten ist immer ungerade, das soll Glück bringen.

Gegessen wird reichlich. Es gilt als Garantie für ein glückliches Leben im neuen Jahr, während der Festtage den Bauch bis an die äußerste Grenze gefüllt zu haben, und auch die Trinkfestigkeit wird immer wieder getestet. Zuerst erhält der Gast eine kleine Scheibe vom fetten Hammelrücken, je dicker die Fett-

Festessen am Neujahrstag: Hammelrücken und Neujahrsbrote

schicht, desto größer die Ehrerbietung. Dazu wird eine Tasse gesalzenen Tees gereicht, während eine Schüssel mit gegorener Stutenmilch kreist. Niemals bleibt ein Glas leer, immer wieder ergreift einer der Anwesenden das Wort, um einen Toast auf den Ehrengast, auf den überstandenen Winter oder die Familie auszubringen. Und immer wieder – meist nach einer ohnehin schon langen Rede – beginnt jemand zu singen, die anderen fallen sofort ein. Auch vom Gast wird ein Liedbeitrag erwartet, glücklich, wer ein Volkslied aus seiner Heimat beherrscht.

Tsagaan-Sar bedeutet wörtlich ›Weißer Mond‹, auch ›Weißer Monat‹. Die Wissenschaft bietet mehrere Interpretationen zur Etymologie an. Das Wort ›weiß‹ deute auf die ›weißen Speisen‹, die Milchprodukte, die an diesem Festtag besonders gern und viel gegessen werden, hin. Andere Interpretationsversuche verweisen darauf, daß Weiß die Farbe des Glücks und der Reinheit sei; damit bedeute Tsagaan-Sar ›Der Glückliche Monat‹. Vielleicht wird aber auch nur auf den Schnee mitten im Winter Bezug genommen. Tsagaan-Sar läßt sich bis in die Zeit des 4. Jh. v. Chr. zurückverfolgen. Wie viele orientalische Völker richteten sich die Mongolen nach dem Mond-, nicht nach dem Sonnenkalender (s. S. 236).

Mehrere Wochen beschäftigen sich die Lamas mit der genauen Berechnung für den Beginn des neuen Jahres. Die besondere geographische Lage der Mongolei ist zu berücksichtigen. So weicht der mongolische Mondkalender vom indischen oder chinesischen um einige Tage ab, doch entspricht die Zählweise und Zuordnung von Tierkreiszeichen etc. der chinesischen. Ausgangspunkt ist der Neujahrstag des Jahres 1207, das Jahr des Hasen. In der Mongolei zählt man mit einem Zyklus von zwölf Jahren, wobei jedes einen besonderen Namen und ein besonderes Symbol bzw. eine besondere Eigenschaft hat. Die Kombination der fünf Elemente (Feuer, Wasser, Erde, Eisen, Luft), mit den zwölf Tierarten (Ratte, Rind, Tiger, Hase, Drache, Schlange, Pferd, Schaf, Affe, Huhn, Hund, Schwein) ergibt einen Zyklus von 60 Jahren. Das entspricht der chinesischen Konzeption, die allerdings Holz und nicht Luft als Element kennt. Kompliziert wird das System durch die Zuordnung weiblicher oder männlicher Jahre und durch die Ergänzung mit den Farben Weiß, Gelb, Rot, Blau und Schwarz. Den wenigsten Mongolen ist heute noch bewußt, daß auch der Monat, der Tag und die Uhrzeit mit Tiernamen benannt sind. Im Mondkalender zählt jeder Monat 29 oder 30 Tage, so daß das Jahr lediglich 356 Tage hat. Zwangsläufig muß alle drei Jahre ein Schaltmonat ergänzt werden.

Offiziell dürfen die Mongolen ihr traditionelles Neujahrsfest erst wieder seit der Loslösung von der marxistisch-leninistischen Ideologie feiern. Zuvor versuchte die Staatsführung, das Fest unter dem Namen ›Viehzüchter-Tag‹ auf die Landbevölkerung zurückzudrängen. Die städtische Bevölkerung konnte nur im Verborgenen feiern, aber jetzt kommt die Tradition, nach der Tsagaan-Sar der höchste Feiertag im Jahr ist, wieder zu ihrem Recht. Schon Wochen zuvor beginnen die Vorbereitungen, wird in jeder Familie gekocht, um eine auch noch so große Zahl von Gästen bewirten zu können. Zwei Tage lang besuchen sich Nachbarn und Freunde, reist man von einer geschmückten Festtafel zur nächsten. Dabei wiederholt sich immer wieder die gleiche Zeremonie, *zolgoch* genannt. Mit geöffneten, nach vorne gehaltenen Händen schreitet man von Anwesendem zu Anwesendem, der Jüngere greift mit nach oben gerichteten Handflächen unter die Arme des Älteren, um ihn zu stützen, man neigt sich vor wie zum Bruderkuß. Doch statt herzhafter Schmatzlaute wird die Luft durch die Nase gezogen, man ›beriecht‹ sein Gegenüber. *Zolgoch* ist eine Geste, die unterstreichen soll, daß die Älteren den Jüngeren vertrauen können. Anschließend zücken die Männer, an diesem Tag wie die Frauen fast alle im traditionellen *deel*, ihre gestickte Seidentasche mit der Schnupftabakdose und überreichen sie halb offen dem Nachbarn. Auch an ihr wird wieder mit Würde gerochen, um sie dann im geöffneten Zustand an den Besitzer zurückzugeben. Wie die nie verschlossene Tür der Jurte, so zeigt auch die Schnupftabakdose, daß der Fremde willkommen ist und Glück mitbringt: der Inhalt der Dose werde sich bei freigebigem Umgang immer vermehren.

Tsagaan-Sar ist ein mehrtägiges Fest. Der Neujahrsabend, *bituun*, wird bereits mit einem Essen im familiären Kreis gefeiert. Dabei schneidet traditionell das älteste männliche Mitglied der Familie den Hammel an und überreicht jedem ein Stück. Am Neujahrstag, *schinijn negen*, versammelt sich die Familie mit den ersten Sonnenstrahlen beim Clanältesten. Ihm wird der *chadag*, ein blaues Seidentuch, als Zeichen des Respekts mit beiden Händen überreicht. Anschließend besucht man Freunde und Bekannte.

Für die Mönche beginnen die Feierlichkeiten schon Monate zuvor. Neben dem Frühjahrsputz in den Klöstern wird der letzte Wintermonat zum Backen neuer *balin* genutzt, kleiner, heiliger Kuchen. In der letzten Woche vor dem Neujahrsfest wird alles geschmückt und ein Segnungsritual, *adislaga*, vollzogen. Die letzten fünf Tage des Jahres sind nahezu ununterbrochen mit Gottesdiensten gefüllt. Vier Tage wird ohne Unterbrechung aus alten Schriften rezitiert. Am Abend des letzten Tags des Jahres beginnen die Lamas gegen elf Uhr mit einer Feier für die Gottheit Tserelcham, die Glück und Wohlstand im neuen Jahr bringen soll. Sie dauert bis in den frühen Morgen, um dann von der *mandal*-Zeremonie abgelöst zu werden, die sich an den Gott Otschirdar, den Beschützer der Mongolei, wendet. An den Neujahrstagen versammeln sich viele Menschen in den Klöstern und suchen den Segen der Lamas, wobei ein ständiges Kommen und Gehen herrscht.

Naadam

Naadam – ein Leuchten zieht über das Gesicht jedes Mongolen. »*Naadam* müssen Sie miterlebt haben. Beim *naadam*, wenn die Besten sich im Ringen, im Bogenschießen und in Wettkämpfen zu Pferde messen, wird Dschinghis Khan wieder lebendig.«

Mit *naadam* ist vor allem das große Naadam-Fest, das jedes Jahr vom 11.–13. Juli in Ulan Bator zelebriert wird, gemeint. Historischer Anlaß für dieses Datum ist der Tag des kommunistischen

Sieges am 11. Juli 1921. Daneben gibt es auch viele kleine *naadam* in den Dörfern und Provinzzentren. Den ganzen Sommer über reiht sich ein *naadam* an das andere. Jeder Sum und jeder Aimag organisiert eine kleine Variante des nationalen Sportfests. *Naadam* bedeutet Spiel, Wettspiel, Vergnügen und Fest. Seit Jahrhunderten wird es periodisch bei großen privaten und öffentlichen Anlässen veranstaltet. Es markiert bedeutende Ereignisse und Gedenktage, von Hochzeiten bis zu religiösen Festen.

Beim großen Naadam von Ulan Bator: Ringkämpfer und Schiedsrichter scharen sich um das Podest mit den Bannern des Dschinghis (links)

Bogenschützen

Am Nachmittag des 11. Juli – wenn auch das erste Pferderennen bereits in den Morgenstunden stattfand – eröffnet der Staatspräsident in einer feierlichen Zeremonie das Sportfest im Naadam-Stadion. Erste der drei ›männlichen Sportarten‹ ist der Ringkampf, an dem traditionell 512 Sportler teilnehmen sollten (in den letzten Jahren wurde gelegentlich die Zahl bis auf über 700 erhöht). Die traditionelle Kleidung der Ringkämpfer geht auf die Chalcha-Tracht zurück: wadenhohe Stiefel mit nach oben gekehrten Zehenspitzen, ein kleines Stück Seide als Slip, der die kräftigen Körperformen meist kaum verhüllt, und ein Jäckchen, das Arme und Rücken bedeckt, die Brust aber frei läßt. Der Sage nach wurde die Brustfreiheit des Oberteils eingeführt, nachdem in grauer Vorzeit eine Frau den Sieg im Ringen davongetragen hatte! Das Kostüm dient den Wettkämpfern als Ansatzpunkt für ihre Griffe. Verloren hat, wer mit Kopf, Knie oder Ellbogen den Boden berührt. Jedes Körperteil darf angefaßt werden. Der stärkere Ringer hat das Recht der ersten Auswahl. Das System mag ungerecht erscheinen, liegen doch in den ersten Runden die unerfahrenen Herausforderer meist nach wenigen Sekunden auf dem Rücken, doch es stellt sicher, daß hochklassige Ringer nicht zu früh gegeneinander kämpfen und vorzeitig ausscheiden. Die Spannung steigt so bis zum Finale.

In Gruppen treten zunächst immer bis zu 20 Ringerpaare gleichzeitig in das

Wettkampfrund. Mit ausgestreckten Armen und wiegenden Schritten, wobei der Körper auf und ab bewegt wird, umkreisen sie ein Podest mit den Bannern des Dschinghis Khan. Bei dörflichen *naadam* steht hier die Nationalflagge oder noch ein roter Wimpel. Die Bewegungen sollen den Flug des Adlers darstellen: so unbezwingbar wie der Adler werde auch der Kämpfer sein. Bei jedem Ringerpaar stehen zwei Sekundanten, die gleichzeitig Richter sind. Der Besiegte läuft unter dem ausgestreckten Arm des Siegers hindurch, der Stärkere nimmt den Schwächeren unter seine ›Fittiche‹. Er selbst vollführt am Podest nochmals den Adlertanz. In neun Runden wird nach dem K.-o.-System der Sieger ermittelt. Wer bei dem nationalen *naadam* fünf Gegner besiegt hat, erlangt den Titel eines ›Falken‹ *(natschin)*, zwei weitere Siege, und man darf sich ›Elefant‹ *(zaan)* nennen. Der Sieger des Turniers erhält den Ehrentitel eines ›Löwen‹ *(arslan)*. Und wem es zum wiederholten Male gelingt, beim *naadam* den Sieg davonzutragen, wird ›Riese‹ *(awraga)*. Siegt er noch mehrfach, so wird dieser Titel durch Adjektive wie ›mächtiger‹ oder ›unbesiegbarer‹ ergänzt. Mein Nachbar kannte die Löwen, Elefanten, Falken und Riesen alle beim Namen. Die Lebensläufe der bedeutenden Ringer zu kennen, gehört zur Allgemeinbildung eines jeden Mongolen. Berühmt wurde Bajanmunch, der zehnmal den Titel des Riesen errang und dessen offizieller Titel ›Der das Auge erfreuende, landesweit berühmte, mächtige, unbesiegbare Riese‹ lautet. Seinen Fußstapfen folgt Baterdene, der von 1988 bis 1994 bis auf eine Ausnahme jedesmal das große *naadam* gewann. Da er zusätzlich zu den sechs Siegen in Ulan Bator auch noch ein rangmäßig ebenbürtiges *naadam* im Chentij gewann, verbuchte er bereits sieben Siege auf seinem Konto.

Vom Ringerstadion sind es wenige hundert Meter bis zur Arena der Bogenschützen. Wenn auch alle Mongolen von den drei männlichen Sportarten sprechen, so ist doch nur der Ringkampf ausschließlich den Männern vorbehalten. Beim Reiten stehen Kinder im Vordergrund, beim Bogenschießen sind Frauen gleichberechtigt beteiligt. Die Schützen jeden Alters stehen mit angespannten Gesichtern in einer Reihe. Gewinner sind meistens die älteren, erfahreneren Wettkampfteilnehmer, die auch heftigen Seitenwind richtig einzuschätzen wissen. Die Ziele bestehen aus kleinen Dosen oder mit Filz umwickelten Bällen, die in einer Reihe auf dem Boden aufgestellt sind und aus einer Entfernung von etwa 75 m getroffen werden müssen. Die Schützen kämpfen nicht gegeneinander, sondern alle haben die

Kleine Reiterin

Pferderennen durch die Steppe

Chance den Siegertitel, ›Der Treffsichere‹ *(mergen)*, zu erwerben. Jeder, der alle Ziele trifft, erlangt den Titel. Zeremonielle und symbolische Handlungen zeigen auch beim Bogenschießen, daß der Leistungswettstreit nicht im Mittelpunkt steht. So wird der erste Schuß immer von einem Mann abgegeben, der in einem Jahr des Tigers geboren wurde. Männer aus dem Jahr der Ratte sammeln die Pfeile ein, die Treffer registriert jemand, der im Jahr des Affen geboren wurde, und den Lobgesang stimmt ein Unparteiischer aus dem Jahr des Drachen an.

Volksfeststimmung herrscht derweil auf den grünen Hügeln vor der Stadt in Richtung Flughafen. In den letzten Tagen ist hier ein Zeltdorf entstanden. Schon seit Tagen waren junge Mongolen zu beobachten, die ihre Pferde im Galopp über die Abhänge scheuchten. Ein letztes Training für das Rennen. Das Pferderennen ist der Sport der Kinder. Die Jockeys sind zwischen fünf und dreizehn Jahre alt, manche scheinen kaum laufen zu können, dafür aber um so besser reiten. In getrennten Läufen werden die besten zwei-, vier- und fünfjährigen und älteren Pferde ermittelt. Ein Rennen über 30 km ist den Hengsten vorbehalten, die anderen Pferde messen sich je nach Alter über Strecken von über 15 km durch die freie Steppe. Das Training wird ernst, aber nicht verbissen genommen.

Schon der Auftakt zeigt, daß Teilnehmen alles, Siegen nur ein zusätzliches Bonbon ist. Hunderte von Pferden werden von hupenden Autos in Richtung

Startpunkt gedrängt. Viele der kleinen Reiter, die meisten in eine bunte Uniform gekleidet, werden von mitreitenden Eltern begleitet. Bei manchen Jüngeren ist zu beobachten, wie ein älterer Bruder, er selbst kaum schulreif, die Zügel ergreift und die kleine Schwester aus dem ärgsten Getümmel führt. Manche reiten barfuß, andere ohne Sattel. Einen *owoo* umrunden die Reiter auf halber Strecke mehrfach, mit hoher Stimme das traditionelle *ging-go* singend. Nur zögernd geht es weiter, der Begleittroß muß drängeln und schieben. Die letzten in der Reihe werden die ersten an der Startlinie sein. Plötzlich bricht die Horde los, im wilden Galopp geht es die Strecke zurück, das Rennen ist eröffnet. Die kleinen Reiter schreien auf ihre Pferde ein, die Verwandten, ebenfalls zu Pferde im Galopp neben der Piste, auf die kleinen Reiter. Die Stockpeitschen lassen sie wie die Großen in einer Hand kreisen, pfeifend rauschen sie am Kopf der Pferde vorbei. Die Spreu trennt sich schnell vom Weizen, und das Feld zieht sich bald über mehrere Kilometer hin. Immer wieder kommt ein abgeschlagener, aber begeisterter Teilnehmer an den Zuschauern vorbei. Die interessantesten Plätze sind auf halber Strecke: Sie verläuft teilweise parallel zur Straße Ulan Bator–Zuunmod und kreuzt diese etwa 100 m südlich des ersten *owoo* (von Ulan Bator aus). Näher kommt man nirgends an das Geschehen heran. Strahlende Gesichter am Ziel, wo jeder Ankommende begeistert gefeiert wird. Traditionell die Siegerehrung. Ein erfahrener Pferdezüchter, hoch zu Roß, eine *airag*-Schale in der Hand, läßt es sich nicht nehmen, ein Loblied anzustimmen. Dann erhält der kleine Reiter einen Schluck der gegorenen Stutenmilch, der Rest wird über die Kruppe seines Siegerpferdes gegossen. Stolz werden überall kleine Kinder, inmitten ihrer Familie beim Vater auf dem Sattel sitzend, nach Hause geleitet. Manches Pferd kommt allerdings auch ohne seinen Reiter an, worauf aufgeregte Eltern eilends in Richtung Start aufbrechen, um den Sprößling zu suchen. Das Tier kann allerdings auch ohne Jockey plaziert werden. In den entfernten, einsamen Jurtensiedlungen wird das Rennen noch Gesprächsstoff für den ganzen langen Winter bieten.

Der Ritus des Haareschneidens

Ist das kleine Kind ein Junge oder ein Mädchen? Leicht greift man daneben. Mädchen und Jungen tragen in ihren ersten Lebensjahren lange Haare, mit bunten Schleifen zu kleinen Rattenschwänzen gehalten. Und dreimal muß die schwarze Pracht einer Totalrasur weichen, einer Prozedur, der die meisten Kinder mit wenig Freude entgegensehen, wenn auch die zahlreichen Geschenke, die die Gäste mitbringen, den Tag versüßen helfen. Erst die Fünf- oder Sechsjährigen tragen Jungen- oder Mädchenfrisuren. Der Ritus des Haareschneidens ist Anlaß für ein großes Familienfest. Es wird gefeiert, daß das Kleinkind die lebensbedrohenden ersten Jahre überstanden hat. Ethnologen wissen die Herkunft der Tradition noch genauer zu erläutern: Das Kind hört auf, ein Wesen zwischen zwei Welten zu sein, es gehört jetzt zur Gesellschaft. Der richtige Zeitpunkt für den Ritus ist, wenn das Kind sich verständlich ausdrücken kann, nicht mehr scheinbar grundlos schreit und es zumindest gewisse Fingerfertigkeiten besitzt. Der älteste anwesende Mann beginnt eine Locke abzutrennen, dann reicht er das Kind und die Schafschere, an die ein blauer Seidenschal gebunden ist, weiter. Die Haarlocken werden als Andenken und magisches Zeichen aufbewahrt. Und nicht anders als bei großen Familienfesten bei uns stehen Essen und Trinken im Mittelpunkt des Geschehens, zumal die Gastgeber es sich nicht nehmen lassen, ein besonders gutes und fettes Schaf für diesen Tag zu schlachten.

Essen und Trinken

Mongolei-Enthusiasten bezeichnen die mongolische Küche als ›basisorientiert‹. Kritischer urteilte ein französischer Reisender Ende des vergangenen Jahrhunderts nach einem Menü zu seinen Ehren: »... es wird uneßbar zubereitet, ohne Beilagen, ohne Salz ... fade und geschmacklos, ... (schwimmend) in einer rauchigen und salzigen Brühe, der man den pompösen Namen Sauce gibt ... ein grauenvolles Gala-Essen.«

Vegetariern ist der Trip in die Steppe nicht zu raten. Fleisch, Fleisch und nochmals Fleisch stehen auf dem täglichen Speisezettel, nur im Sommer ergänzt durch literweise Stutenmilch und andere Milchprodukte. Bei einem Volk von Viehzüchtern, das nie Ackerbau in größerem Stil betrieb, überrascht solch eine Grundlage der Küche nicht. Die Beschränkung der mongolischen Küche auf wenige Lebensmittel hat einen verständlichen Hintergrund. Die Nomaden leben fast das ganze Jahr nur von dem, was sie selber erwirtschaften, und das bedeutet Vieh. Und angesichts der katastrophalen Infrastruktur ist ein Handel und damit Austausch mit Erzeugnissen anderer Regionen und Staaten kaum möglich.

Die russische Küche hinterließ ebensowenig größere Spuren wie die chinesische. Gewürze und Kräuter – die so reichlich in der mongolischen Steppe wachsen – werden nahezu nie verwendet, und der in Peking so beliebte Mongolische Feuertopf ist in der Äußeren Mongolei seit etlichen Generationen unbekannt. Fleisch wird immer gekocht, nie gebraten. Auch wird vor allem fettes Fleisch, in erster Linie vom Hammel, bevorzugt. Der Steiß gilt als Delikatesse und eine der mongolischen Rassen, das Fettschwanzschaf, ist besonders weit verbreitet. Aufwendig ist die Zubereitung des Fleisches in einer Milchkanne – oder traditionell in einem Ziegenbalg – mit heißen Steinen, das sogenannte *schorlog*. Als Delikatesse gilt insbesondere bei der Landbevölkerung das Murmeltier, das ebenso wie *schorlog* im Balg zubereitet wird: Im Feuer werden kleine runde Steine erhitzt, während dem Murmeltier das Fell abgezogen wird. Die Eingeweide werden entfernt und das Fleisch von den Knochen gelöst. Fleisch, Zwiebeln und die heißen Steine werden in den Balg gesteckt, der wie ein Sack zugebunden wird. Über dem Feuer wird das Fell von außen abgesengt, während die heißen Steine das Fleisch von innen dünsten. Nach 20 Minuten ist das Gericht fertig, der Balg aufgedunsen. Ein Stich mit einem scharfen Messer läßt den Dampf entweichen, die herauslaufende Fleischbrühe wird in Bechern aufgefangen. Zu dem fetten Fleisch, das talgig wird, wenn es erkaltet, empfiehlt sich ein Gläschen Wodka oder selbstgebrannter Milchschnaps als Verdauungsförderer.

Bemerkenswert ist die Art und Weise, wie ein Schaf getötet wird. Das Tier wird

Fleischmarkt in Ulan Bator

mit einem kräftigen Ruck auf den Rücken geworfen. Geschickt wird ein etwa zehn Zentimeter langer Schnitt in der Herzgegend gemacht. Mit der Hand greift man hinein, faßt die Aorta und zerreißt sie. Kein Schrei, kein Blut, in Sekunden ist das Tier getötet.

Zu jedem Essen gehören schließlich verschiedene Hammel-›Ravioli‹ *(buuz)*, in etwa Maultaschen vergleichbar, die gedämpft werden und ein ungewürztes, nur mit Zwiebeln versehenes Hack enthalten, als kleine *bansh* in Wasser gekocht oder als fast handtellergroße *chuschuur* in Fett ausgebacken werden. Eine einfache Nudelsuppe mit kräftiger Hammelfleischeinlage ist immer beliebt. Auf Reisen nehmen Mongolen gerne getrocknetes Fleisch mit, das sich im trockenen Klima gut hält. In der Suppe gekocht, gewinnt es seine ehemalige Konsistenz zurück.

Fisch wird fast gar nicht gegessen, obwohl er reichlich in den kristallklaren Gewässern vorkommt. Gemüse ist meist nur in der Variante eines Kohlsa-

Nomadenküche

lats bekannt, Kartoffeln gelten als Gemüse und sind wegen ihrer Frostempfindlichkeit wenig geeignet für die Mongolei, bei Städtern jedoch beliebt.

Die Milch von Ziegen, Schafen und Kühen wird meist zu Butter und Käse verarbeitet, die frisch auch für europäischen Gaumen recht schmackhaft sind. Aus dem Schmant entsteht ein omelettförmiger Fladen, leicht und schaumig, der *öröm* genannt wird. Der Weichkäse heißt *bjaslag*, der vor allem für den Winter luftgetrocknete und beinharte *aaruul*.

Allerdings handelt es sich bei beiden Sorten nicht im eigentlichen Sinn um Käse, da bei seiner Zubereitung keine Bakterien hinzugesetzt werden.

Höchster Genuß für die meisten Mongolen ist vergorene Stutenmilch, *airag*, bei Russen und Turkvölkern als Kumyß bekannt. Sie hat einen Alkoholgehalt von drei bis zehn Prozent. Im Lauf eines Tages wird immer wieder mit einem Holzstampfer die Milch, die in einem großen Bottich links vom Jurteneingang steht, durchgerührt, wobei frische Milch – die Stuten werden täglich zwischen vier- und siebenmal gemolken – regelmäßig zugefügt wird. Nach etwa 600maligem Stampfen kann die obere Schicht als Kumyß abgeschöpft werden. Viele Mongolen trinken im Sommer über zehn Liter pro Tag und empfehlen die Milch als Allheilmittel bei Hautproblemen und Verdauungsbeschwerden. Wenn auch die meisten Ausländer zumindest bezüglich des Verdauungstraktes von gegenteiligen Erfahrungen zu berichten wissen, so sei zur Beruhigung gesagt, daß auch mongolische Mägen zu Beginn der *airag*-Saison Probleme haben. Wichtig aber ist, daß der aufgrund der einseitigen Nahrung vorherrschende Vitaminmangel durch den großen Milchkonsum im Sommer halbwegs ausgeglichen wird. Wilhelm von Rubruk hielt das Getränk für stark gewöhnungsbedürftig, »... ich brach in Schweiß aus, aus Schreck und wegen des Neuen ...«, doch er wußte auch zu berichten, daß man »ohne Airag in der Wüste nicht überleben könne«. In der Tat ist das leicht säuerliche Getränk an einem heißen Sommertag außerordentlich erfrischend.

Buuz-*Herstellung in der Jurte*

Alkohol und Trinkfestigkeit spielen eine große Rolle. Mongolischer Wodka, *archi*, steht daher im Mittelpunkt jeder Feier. Aus Milch gewonnener klarer Schnaps ist als Hausbrand ein Feuerwasser sehr eigener Güte und beim ersten Mal von ungewöhnlichem Geschmack. Bier ist hingegen nicht Bestandteil der traditionellen Ernährung, erfreut sich aber großer Beliebtheit. Einen wichtigen Trinkritus wird jeder Reisende kennenlernen: der rechte Ringfinger wird in die Flüssigkeit gedippt, und ein paar Tropfen werden in alle Himmelsrichtungen verspritzt, denn auch die Götter sollen ihren Teil bekommen.

Typisches Getränk ist schließlich der Buttertee *(suutei tsai)*, von dem in jeder Jurte immer eine Warmhaltekanne voll bereit steht. Teeziegel (die in Ziegelform gepreßten Stiele und Blätterreste der Teeproduktion) werden in einem Lederbeutel zerklopft und die Bruchstücke in kochendes Wasser geworfen. Mit einer großen Keule schwenkt die Hausfrau die Flüssigkeit durch das Pfannenrund des an einen chinesischen Wok erinnernden Topfes. Mehrfach durchgesiebt, mit Salz gewürzt, zur Hälfte mit Milch versetzt und mit einem Klecks gelber Butter gekrönt, handelt es sich um ein bekömmliches und wärmendes Getränk, zu dem man gerade im Winter immer wieder gerne einkehrt. Hat man sich an den leicht säuerlichen Geschmack gewöhnt, ist der Tee sehr durstlöschend. Lediglich die Variante, bei der kleine Streifen Hammelfett in den Tee geworfen werden, wurde nie das Lieblingsgetränk des Autors.

Die großen Reiseerzähler

Ihre Namen lassen Abenteuerromane lebendig werden, stehen für Reiseberichte, mit denen sie Generationen prägten, einige formten sogar für Jahrhunderte unser Bild vom reichen, fernen Orient. Marco Polo (1254–1324), dessen Name in Venedig noch fünf Jahrhunderte später als Begriff für einen Flunkerer verwendet wurde, und Wilhelm von Rubruk (1210– um 1270), der, wie eine Reihe anderer Missionare und Diplomaten, für die europäischen Fürstenhäuser erkunden sollte, ob man die wilden Mongolen nicht bekehren und auf die eigene Seite ziehen könnte, reisten bereits vor 700 Jahren an die Mongolenhöfe und hinterließen einzigartige Reisebeschreibungen. Nachfolger erhielten sie erst im 18. und 19. Jh. Anfang des 18. Jh. wurden Skandinavier als Kriegsgefangene in die sibirisch-mongolische Region verschlagen und brachten erstmals genaue Karten der Region mit. 100 Jahre später begann die systematische Erforschung: Der russische Offizier Prževalskij (1839–88), der 1871–73 Reisen im nördlichen China, in der Mongolei und in Tibet durchführte und durch die Entdeckung der letzten Wildpferde (s. S. 190) berühmt wurde, Sven Hedin (1865–1952), der ›durch Asiens Wüsten reiste‹, Roy Chapman-Andrews, der auf der Suche nach den Spuren der ersten Menschen überraschend auf Dinosaurier-Versteinerungen und -Nester stieß, Owen Lattimore, der Mongolist, der viele Jahre unter Mongolen lebte. Im Ersten Weltkrieg untersuchten Angehörige des dänischen Roten Kreuzes die Lage österreichischer Kriegsgefangener in Sibirien. Den Schweizer Journalisten, Geschäftsmann und Abenteurer Walter Bosshard (1892–1975) trieb es in den 30er Jahren zwischen Peking und Turkestan immer wieder in die Mongolei. Es ist ein untergegangenes Bild der Inneren Mongolei, das er vermittelt: Karawanenstädte, Fürstenhäuser, Klosterleben. Bei seinen Reisen stützte er sich oft auf dort ansässige skandinavische Missionare. Japanische Invasoren, letzte Selbstbehauptungsversuche mongolischer Fürsten und chinesische Kolonisation beherrschen die Erlebnisberichte. Sein bekanntestes Werk ist »Kühles Grasland Mongolei«. Seinem Engagement ist es zu verdanken, daß eine wertvolle Sammlung kulturhistorischer Gegenstände vor den Zerstörungen der 30er Jahre bewahrt blieb und schließlich mit Hilfe seines Freundes Max Bangerter als Finanzier in das Bernische Historische Museum gelangte. Der Österreicher Hans Leder (1843–1921) sollte mit einem Auftrag der russischen geographischen Gesellschaft 1891 in der Mongolei Insekten sammeln, zahlreiche tragen seitdem den Zusatz ›Lederi‹. Seine Leidenschaft wurde jedoch das Kloster Erdene Zuu, wo er nach eigenen Angaben 20 000 einzelne Stücke erstand und damit die größte mongolische Sammlung in Europa aufbaute, die in den Lederschen Sammlungen über verschiedene Museen in Europa verteilt sind. Erich Haenisch (1880–1960) bereiste die Mongolei 1928. Sein Ruhm bleibt mit der erstmaligen Übersetzung der »Geheimen Geschichte« verbunden: einer Zusammenstellung von Geschichten über Dschinghis Khan, von Liedern und Dokumenten jener Zeit, die von einem oder mehreren Autoren kurz nach dem Tod des großen Eroberers und Begründers des mongolischen Weltreichs aufgeschrieben wurde.

Greifen wir einige der Abenteurer heraus: Die Christenheit schien in höchster Gefahr, die mongolischen Heere hatten gerade (1241) ein deutsch-polnisches Heer bei Liegnitz vernichtet, da entschloß sich der französische König Ludwig IX. der Heilige, den Franziskanermönch Wilhelm von Rubruk zu dem mongolischen Befehlshaber zu schikken. Weil sich keiner der mongolischen Statthalter zuständig fühlte, wurde Rubruk immer weiter gereicht und landete schließlich in Karakorum. Die Reise von 1253 bis 1255 hat er in einem farbigen Bericht für seinen König geschildert. Erstmals erfährt das Abendland, das die Mongolen nur als Barbaren kannte, von mongolischem Recht und von religiöser Toleranz. Die Antwort des Khan auf Rubruks Missionierungsversuche dürfte ihn überrascht haben: »Aber so wie Gott der Hand verschiedene Finger gab, so gab er auch den Menschen verschiedene Wege, die Seligkeit zu erlangen. Euch gab Gott die Heilige Schrift, aber ihr Christen richtet euch nicht danach . . . Uns aber gab er Weissager. Wir richten uns danach, was sie sagen, und wir leben in Frieden.«

Giovanni Plano de Carpini (um 1182 – um 1252) hatte wenige Jahre zuvor eine vergleichbare Reise unternommen, ein erster Versuch einer interkontinentalen Beziehung, die von Anfang an zum Scheitern verurteilt war. 1245 war der Franziskanermönch, begleitet von Benedikt von Polen, als Abgesandter von Papst Innozenz IV. nach Karakorum aufgebrochen und beobachtete die Wahl des Ögedei-Nachfolgers Kuyuk. In nur vier Monaten legten sie eine Strecke von 5000 km durch mongolisches Territorium sicher zurück. Nicht umsonst wird der von den Mongolen organisierte Frieden mit dem römischen Reichsfrieden verglichen. Die Forderungen des Papstes, zum einen »an Jesus Christus zu glauben und seinen Namen zu verehren«, zum anderen die Verwüstung christlicher Gebiete einzustellen, faßte Kuyuk als Angebot der Unterwerfung dieses fernen Herrschers auf. »Komm persönlich, großer Papst . . . und huldige uns. Wir werden Dich dann die Gebote der Jassa lehren.« Carpini hatte aber genügend Eindrücke auf seiner Reise gesammelt, um die Macht des mongolischen Herrschers richtig einschätzen zu können. Nur ein verbündeter Kontinent werde in der Lage sein, den ›asiatischen Horden‹ erfolgreich Widerstand zu leisten, prophezeite er.

Pax tatarica, der tatarische Frieden, sicherte in der Zeit nach der stürmischen Eroberung den Handel auf dem Landweg zwischen dem Abendland und China. Der Informationsaustausch wurde besser, neun Gesandtschaften an den Mongolenhof und 15 Gegengesandtschaften der Khane, die Mongolen nach Rom, Paris und London führten, sind für das 14. Jh. nachweisbar. Geschäftskontakte wurden möglich. Ursächlich hierfür war die Herrschaft von Khublai Khan, der die Hauptstadt von Karakorum nach Peking verlegt hatte und als weitsichtiger und weltoffener Herrscher regierte. Es ist das Verdienst von Nicolò und Maffeo Polo, die erste direkte Verbindung von Venedig nach Peking aufgebaut zu haben. Die Händler kamen als Gesandte des Khan mit einer Botschaft für den Papst zurück. Marco Polo begleitete seinen Vater und seinen Onkel auf der nächsten Reise, lebte von 1275 bis 1295 am Hof des Khan und erlangte die Position eines Beraters. Er berichtete dem Abendland erstmals von diesem Herrscher und seinem Reich – und erntete Spott und Hohn, da man seine Erzählungen für Übertreibungen hielt. Die Welt, von der er berichtete, mit Geld aus Pa-

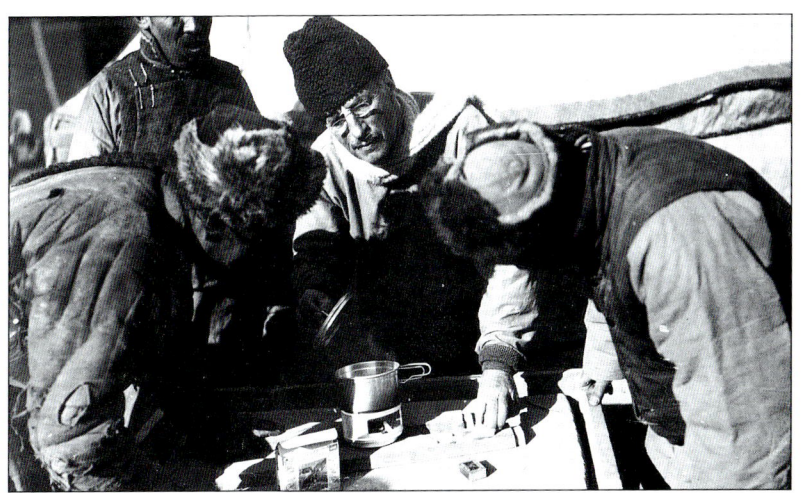

Sven Hedin im Kreis von Mongolen, Foto um 1930

pier, Steinen – nämlich Kohle – die man statt Holz zum Heizen verwende, weißen Bären und gelbweißgestreiften Löwen, Schiffen mit bis zu 300 Mann Besatzung und Ladungen von Tausenden Körben Pfeffer und anderen Gewürzen, Städten, deren Vorstädte größer als Venedig seien, mußte nach Ansicht seiner Zeitgenossen der Phantasie entsprungen sein. Noch auf seinem Sterbebett bedrängten ihn besorgte Freunde, er solle für sein Seelenheil den Übertreibungen des Buches abschwören.

Sven Hedin – mit keinem anderen Namen ist die Erforschung Zentralasiens so eng verbunden. Der Schwede, der in Halle promoviert hatte, hatte seit der Jahrhundertwende mehrfach Asien besucht. 1926 hatte er genügend Sponsoren zusammen, unter anderem die Lufthansa, so daß er eine große sinoschwedische Expedition ausrüsten konnte. Erst neun Jahre später kehrte Hedin, dessen Gruppe zunächst aus sechs Schweden, zwei Dänen, elf Deutschen und zehn Chinesen bestand, zurück. Erstes Ziel war es, den Lamaismus erschöpfend zu erforschen. Einem weiten Publikum bekannt wurden die Reisen insbesondere durch seine Gabe, sie neben wissenschaftlichen Publikationen auch in einer populärwissenschaftlichen Form aufzuarbeiten. Am bekanntesten sind »Durch Asiens Wüsten«, »Von Peking nach Moskau« und »Auf großer Fahrt«.

Tsongkhapa-Statue im Gandan-Kloster, ▷
Ulan Bator

Reisen in der Mongolei

Jurten, Klöster und Plattenbauten

Ulan Bator

■ (S. 229) Ulan Bator – seit 1924 trägt die ehemalige Klosterstadt Urga den Namen ›Roter Recke‹. Die Hauptstadt der zentralistisch regierten Mongolischen Volksrepublik sollte Aushängeschild des Fortschritts sein, Symbol für die neue, bessere Welt. Breite Straßen, mächtige Regierungsbauten im stalinistischen Stil, Plattenbausiedlungen und Fernheizwerke sind geblieben.

Ulan Bator oder Ulaanbaatar, wie die Einheimischen die korrekte Schreibweise und Aussprache treffender wiedergeben, wird für die meisten Besucher das Eingangstor zur Mongolei sein. Eine Betrachtung der Mongolei ließe sich zweiteilen: in Ulan Bator und den Rest. 600 000 Menschen, d. h. jeder vierte Einwohner der Mongolei, lebt hier. Damit ragt Ulan Bator weit über die Bedeutung aller anderen Regionen hinaus. Selbst nach den Maßstäben eines Entwicklungslandes ist die Teilung des Landes extrem. Extrem die unterschiedliche Wohnsituation und Versorgungslage, extrem die unterschiedlichen Bildungs- und Freizeitangebote. Bemüht sich Ulan Bator, eine moderne Industrie- und Verwaltungsstadt zu sein, so findet man sich wenige Kilometer vor der Stadt noch immer weit in die Vergangenheit zurückversetzt.

Geographisch gehört die Hauptstadt der Mongolei zum südlichen Chentij-Gebirge, dessen Ausläufer bis an die Stadtgrenzen heranreichen und dessen schneebedeckte Berge im Winter klar über dem Dunst der städtischen Abgase stehen. Ulan Bator liegt genau am südwestlichen Zipfel der Berglandschaft und ein kleines Absprengsel, das Bogd Uul-Massiv südlich der Tuul (Tuul ist übrigens ein Frauenname), gehört noch zum Stadtgebiet. Höchster Gipfel ist der Tsesteg Uul (2257 m). Das Gebiet ist als heilige Stätte seit 1788 geschützt und bietet trotz der Stadtnähe eine weitgehend unberührte Flora und Fauna. Der Bergfuß ist bis zur Höhe von 1500–1600 m von Gebirgssteppe bedeckt. Da diese Vegetationsform in so großer Höhe ungewöhnlich ist, muß in der Vergangenheit massiv abgeholzt worden sein, zumal zahlreiche Birken, als Pionierhölz typisches Zeichen für einen Sekundärwald, auftreten. In 1800–1900 m Höhe vollzieht sich der Übergang zur Gebirgstaiga mit Lärchen. In der Gipfelregion fallen viele markante Granitverwitterungen auf. Von dem wildreichen ›heiligen Berg‹ oder ›Götterberg‹, der schon seit Jahrhunderten von Bejagung verschont ist, wagt sich das Rotwild sogar gelegentlich bis an die ersten Häuser und äst zur Freude der Besucher ungestört im Freundschaftspark. Nach Zajsan am Bogd Uul sollte man für einen ersten Blick in die Stadt fahren. Die Aussichtsplattform auf dem Denkmal für die sowjetischen Soldaten steht auf einem kleinen Kegel des Bergmassivs. Von dort ist deutlich zu sehen, wie die mongolische Hauptstadt bei einer mittleren Meereshöhe von 1367 m einen bis zu 7 km weiten, flachen Talkessel nördlich der Tuul ausfüllt und wie die neueren Stadtteile sich in die Täler nach Norden hineingefressen haben, während der Fluß mit seinen weit mäandernden Armen im Süden eine klare Grenze bildet. Auf terrassenförmigen Plateaus liegen einige der Plattenbausiedlungen, aber auch die einzigen noch

◁ *Der Suchbaatar-Platz im Winter*

erhaltenen Siedlungsformen des alten Urga, die sich westlich an die Stadtmitte anschließen und rings um das Gandan-Kloster gruppieren. Von seinem Hügel aus überragt es das Zentrum mit den Regierungsbauten und dem Suchbaatar-Platz. Ganz im Westen, Richtung Flughafen, schicken die qualmenden Fernheizwerke Nr. 3 und Nr. 4 (älter sind das stillgelegte Kraftwerk Nr. 1 und das kleine Nr. 2 in der Stadt) ihre rußigen Abgase in den blauen Himmel.

Das Klima in der Stadt ist hart und erreicht im Januar eine Durchschnittstemperatur von –27 °C mit Extremwerten von bis zu –47,9 °C. Im Juli entsprechen die durchschnittlich 17 °C hingegen durchaus Kölner Werten, und es kann bis zu 37 °C warm werden.

Die wichtigsten Verkehrswege des Landes führen durch Ulan Bator. Allerdings ist die Stadt nur nach Norden, nach Rußland, mit einer Eisenbahnstrecke und einer Teerstraße relativ gut angeschlossen. Nach Süden, in Richtung China, existiert nur die Eisenbahnstrecke, die an der mongolisch-chinesischen Grenze durch den Wechsel von russischer Breitspur auf Normalspur in ihrer Effizienz stark eingeschränkt ist. Es dauert bis zu neun Stunden, um die Laufwerke an einem Reisezug auszutauschen. Angebliche Kollaborateure, zusammengefaßt im berüchtigten Strafbataillon 505, mußten die Schienen durch die mongolische Wildnis legen. Ulan Bator ist seit 1949 an die Transsibirische Eisenbahn angeschlossen, die Verbindung durch die Gobi nach Peking wurde 1957 in Betrieb genomen. Der Asphalt hingegen endet wenige Kilometer südlich von Ulan Bator, so daß es nur über Sandpisten zum Nachbarn China geht. Nach Westen reicht die einspurige Teerstraße bis zum 430 km entfernten Arwaicheer, nach Osten gibt es nur Sandpiste und freie Steppe, in der sich jeder selbst seinen Weg suchen muß.

Blick auf die Stadt

Der großzügig angelegte Najramdal-Park (Freundschaftspark)

Geschichte

Urga nannten die frühen Reisenden die mongolische Hauptstadt, wobei der Name auf den Begriff *örgöö* (›Palastjurte‹) zurückgeht, ein Namensteil eines 1639 vom Großfürsten Gombodordsh, dem Vater des ersten Bogd Khan, errichteten Klosters. Über 140 Jahre blieb die Siedlung eine Nomadenstadt, deren Standort sich etwa 20mal verschob. Erst 1778, versehen mit einer Genehmigung des chinesischen Qianlong-Kaisers, wurde Urgas Stellung als Ort des mongolischen Hauptklosters gefestigt, und die Siedlung begann auf dem heutigen Stadtgebiet.

Bedeutung erlangte Urga als Sitz des Bogd Khan, des Oberhaupts der lamaistischen Kirche der Mongolei. Die Namen der Siedlung wechselten: Ab 1706 hieß sie offiziell *Ich Churee* (›Großes Ringkloster‹), weitere Namen waren *Da Churee*, *Bogdijn Churee* und *Nijslel Churee*, doch die Ausländer blieben bei Urga. Erst 1924 wurde sie in Ulan Bator umgetauft.

Im 19. Jh. wandelte sich Urga zu einem der bedeutendsten religiösen Zentren des Landes, und der Stadt wuchs damit auch die Funktion eines administrativen und wirtschaftlichen Mittelpunkts zu. Hier war der Umschlagplatz für die Karawanen auf dem Weg von Kjachta nach Kalgan (heute Zhangjiakou, Provinz Hebei, China, kurz vor der Grenze zum Autonomen Gebiet Innere Mongolei). Um 1900 gab es in Urga über 100 Tempel, aber auch 360 Handwerksbetriebe und 600 Läden sowie zahlreiche Märkte. Viele kleinere Tempel, so der russische Forscher Prżewalskij, waren »nur in einfachen Filzzelten untergebracht, an die nur ein Holzverschlag für den Altar angebaut wurde«. Die meisten Einwohner lebten in Jurten, die mit einem Holzaun von den engen und staubigen Straßen und Gassen abgeschirmt waren. Noch heute gibt die Jurtensiedlung um das Gandan-Kloster einen Eindruck von dieser Epoche. Doch es gab auch Kontraste. Die goldbedeckten Dächer der wichtigeren Klöster glänzten in der Sonne, und der Bogd Khan ließ sich außerhalb der Stadtgrenze ein modernes europäisches Landhaus bauen. Einige Kilometer im Osten lagen die chinesische Händlerstadt Majmaatschin, eine planmäßig angelegte Siedlung mit festen Lehmgebäuden, gepflasterten Straßen und Höfen, sowie ein Russenquartier mit dem Konsulatsviertel. Die Häuser im russischen Stadtteil sollen im sibirischen Stil aus Holz gewesen sein. Lediglich das Haus des russischen Konsuls, das gegen Ende des Jahrhunderts errichtet wurde, war zweigeschossig. 1860 hatte der Vertreter des Zaren seine Geschäfte in Urga aufgenommen. Schätzungsweise 30 000 Menschen, darunter fast 20 000 Lamas, lebten damals in der Stadt, ein Zwanzigstel der heutigen Zahl. Es sei noch einmal der russische Forscher Prževalskij zitiert: »Der von den Mongolen bewohnte Teil von Urga ist entsetzlich schmutzig. Aller Abfall wird auf die Straßen geworfen. Hinzu kommt, daß Gruppen von sterbenden Bettlern auf dem Marktplatz versammelt sind, von denen einige, überwiegend ältere arme Frauen, diesen zu ihrer letzten Ruhestätte machen.«

Mit dem Sturz des letzten Kaisers von China, Pu Yi, und damit dem Ende der mandschurischen Herrschaft über China und die Mongolei im Jahr 1911, fiel dem ›heiligen ehrwürdigen Herrn‹ in Urga auch die weltliche Macht zu. Die Mongolei verstand sich als Monarchie mit dem achten Bogd Khan als Oberhaupt. Trotz der sozialistischen Eroberung 1921 blieb die monarchistische Staatsform bis zum Tod des Bogd Khan im Jahr 1924 unangetastet. In Urga wohnten jetzt etwa 50 000 Menschen.

In den 30er Jahren gab es erstmals Bebauungspläne, und einige Neubauten entstanden: Regierungsgebäude, heute Pädagogische Hochschule; Kraftwerk etc. Doch erst nach dem Ende des Zweiten Weltkrieges erfolgte die planmäßige Umgestaltung von Urga. Im Stadtkern entstanden riesige Regierungsgebäude, Kinderpaläste, Jugendpaläste, Dramatheater und Oper, Parteizentrale (das ›Weiße Haus‹) und Kulturpalast – Bauten, die das Land aus eigener Kraft nicht unterhalten kann. Japanische Kriegsgefangene errichteten nach 1945 die ersten modernen Häuser, unterstützt von Chinesen, die auf Geheiß Mao Zedongs dem nördlichen Nachbarn, der keine qualifizierten Bauarbeiter hatte, helfen mußten. Aus dieser Zeit stammt die heutige Deutsche Botschaft, die japanische Gefangene zunächst als Außenministerium bauten und die später die chinesische und die ostdeutsche Mission beherbergte. Der damalige Pferdestall dient heute als Garagentrakt. Zu den neuen Regierungsbauten kamen überwiegend zwei- und dreigeschossige Wohnhäuser hinzu, teilweise in architektonisch beachtenswerten Zusammenstellungen mit großräumigen Grünflächen, bei denen der Betrachter mit etwas Phantasie unter dem abblätternden Putz den Gestaltungswillen einfallsreicher Architekten erkennen kann. Großzügig wurden auch die Straßenzüge von Ulan Bator angelegt, breite Straßen, die vom geringen Verkehr längst nicht ausgefüllt werden. Auf den Besucher muß Ulan Bator in den 50er Jahren einen gefälligen Eindruck gemacht haben. In der Stadt lebten nur etwa 100 000 Menschen und die meisten Häuser, die heute grau und trist den Betrachter zu erdrücken scheinen, wa-

Der Suchbaatar-Platz mit dem Reiterdenkmal des Revolutionshelden – im Hintergrund das Opern- und Schauspielhaus

ren weiß gekalkt. So zeigt ein Farbfoto aus dem Jahr 1956 das Regierungsgebäude in leuchtendem Weiß, und der Blick auf die dahinter liegenden Berge war noch nicht durch Plattenbauten versperrt.

Ende der 60er Jahre mußten sich die Chinesen zurückziehen und vieles blieb für fast zehn Jahre Bauruine, bis die sowjetische Hilfe einsetzte, eine Situation, die sich beim Zusammenbruch Anfang der 90er Jahre und dem Ausbleiben der sowjetischen Gelder wiederholte. Seit den 70er Jahren schossen Siedlungen in immer sparsamerer Ausführung am Stadtrand in die Höhe. Von Hochhausgeneration zu Hochhausgeneration wurden die Stahlbetonplatten dünner, so daß sie gegen das bitterkalte Winterklima keinen ausreichenden Schutz bieten und die städtischen Fernheizwerke Wohnungen in diesen Bezirken oft nur auf Temperaturen von 8–12 °C zu erwärmen vermögen. Ein Beispiel ist das sogenannte Breschnew-Viertel, ein Geschenk aus Anlaß eines Besuchs des ehemaligen Kreml-Herrschers. Auch jetzt stehen unzählige Baukräne über der Stadt. Meist verharren sie schon seit Jahren bewegungslos, und der Verfall ist bereits vor dem Richtfest sichtbar.

Die Plattenbausiedlungen reflektieren das sprunghafte Bevölkerungswachstum und die gewaltige Landflucht: waren es zur Zeit der Revolution nur fünf Prozent der Bevölkerung, so repräsentierten die 164 000 Einwohner zu Beginn der 60er Jahre schon etwa 17 Prozent und die 600 000 von heute über ein Viertel der Gesamtbevölkerung.

Heute ist Ulan Bator in erster Linie eine Industrie- und Verwaltungsstadt, die etwa 50 Prozent der mongolischen Industrieprodukte herstellt und in der die Bürokratie herrscht. Sie ist Sitz der einzigen Universität des Landes, zahlreicher höherer Schulen, Institute, unzähliger Ministerien und Behörden. Da es sich bei der Mongolei um einen Zentralstaat handelt, sind alle Verkehrsverbindungen, die Telefonleitungen und das Stromnetz auf die Hauptstadt ausgerichtet.

Stadtrundgang

Neben zahlreichen sozialistischen Prunkbauten weist die Stadt nur wenige architektonische Denkmäler auf. Zu letzteren zählen der in ein religiöses Museum umgewandelte Klosterkomplex Tschojdshin-Lama, die Residenz des Bogd Khan und das Kloster Gandan. Der Rest ist mehr oder weniger aufgeräumt, in jedem Fall aber entschlossen reizlos.

Die Orientierung ist am einfachsten, wenn man vom größten Platz der Stadt, dem Suchbaatar-Platz, ausgeht. Hier begann 1990 der demokratische Aufbruch mit Hungerstreiks, der zum Zusammenbruch des Regimes beitrug.

Das Parade- und Aufmarschfeld, errichtet auf dem Gelände des ehemaligen Hauptklosters, wird von dem **Regierungs- und Parlamentsgebäude** 1 dominiert, das die gesamte Nordflanke des Platzes einnimmt. Davor steht seit 1954 eine kleine Kopie des Moskauer Lenin-Mausoleums, in dem sich die Urnen des 1942 verstorbenen Diktators Tschojbalsan und von Suchbaatar befinden. Revolutionsheld Suchbaatar steht auch auf dem **Reiterdenkmal** 2 in der Mitte des Platzes. Ein **Denkmal für Tschojbalsan** 3, dessen blutrünstigen Verfolgungen nahezu jeder zehnte Mongole zum Opfer fiel, steht direkt vor der 1942 eröffneten Universität, gegenüber der nordöstlichen Ecke des Platzes. Nordwestlich hinter dem Parlamentsgebäude liegt an der Kreuzung Chuwsgal Tschid Avenue und Suchbaatar Straße das **Zentralmuseum** 4. Es birgt u. a. zum Teil vollständig erhaltene Skelettfunde von Dinosauriern und Riesenechsen aus der Kreidezeit. In seinen Abteilungen Natur, Geschichte und Ethnographie informiert es über die Natur- und Landesgeschichte der Mongolei. Zwar durchzieht viele der Räume der Muff einer Schul-Biologiesammlung, doch manche Schaukästen, in denen die Wildtiere der Mongolei ausgestopft in möglichst typischem Habitat dargestellt werden, sind durchaus interessant und liebevoll gestaltet. In erster Linie jedoch faszinieren die Dinosaurierskelette – leider lagern viele der bedeutenden Ausgrabungsfunde im Ausland, insbesondere in Rußland.

Die Ostseite des Suchbaatar-Platzes beherrscht das **Opern- und Schauspielhaus** 5, überragt vom architektonisch interessanten Turm des **Palasts der Wissenschaften** 6. Das **Außenministerium** 7 liegt am südöstlichen Ende des Platzes, auf der anderen Seite der Ench Tajwan Avenue.

Auf der Westseite des Platzes ist die **Börse** 8 erwähnenswert; ihr Gebäude war früher Spielstätte des Kindertheaters. Südlich der Börse, bereits an der

Dinosaurier-Skelette im Zentralmuseum

Ench Tajwan Avenue (›Friedensstraße‹), befindet sich übrigens die Hauptpost. Schräg gegenüber der Post, im Winkel von Friedensstraße und Dschinghis Avenue liegt die kleine **Galerie des Mongolischen Künstlervereins** 9.

Die Südseite des Platzes selbst hat man frei von Gebäuden gehalten, und so öffnet sich hier – über den nicht vollendeten städtischen Freundschaftspark, Najramdal-Park, hinweg – die Aussicht auf die Berge jenseits der Tuul. Damit soll nach Angaben von Stadtplanern an die traditionelle Ausrichtung einer Jurte angeknüpft werden, deren Eingang ebenfalls nach Süden, der heiligen Richtung der Mongolen, weist.

Folgt man der Dschinghis Avenue ein Stückchen weiter nach Süden, so liegt rechter Hand das **Dramatheater** 10, gut erkennbar an der rötlichen Farbe seiner Mauern, und linker Hand die **Staatsbibliothek** 11, vor der bis vor wenigen Jahren noch eine Stalin-Statue stand.

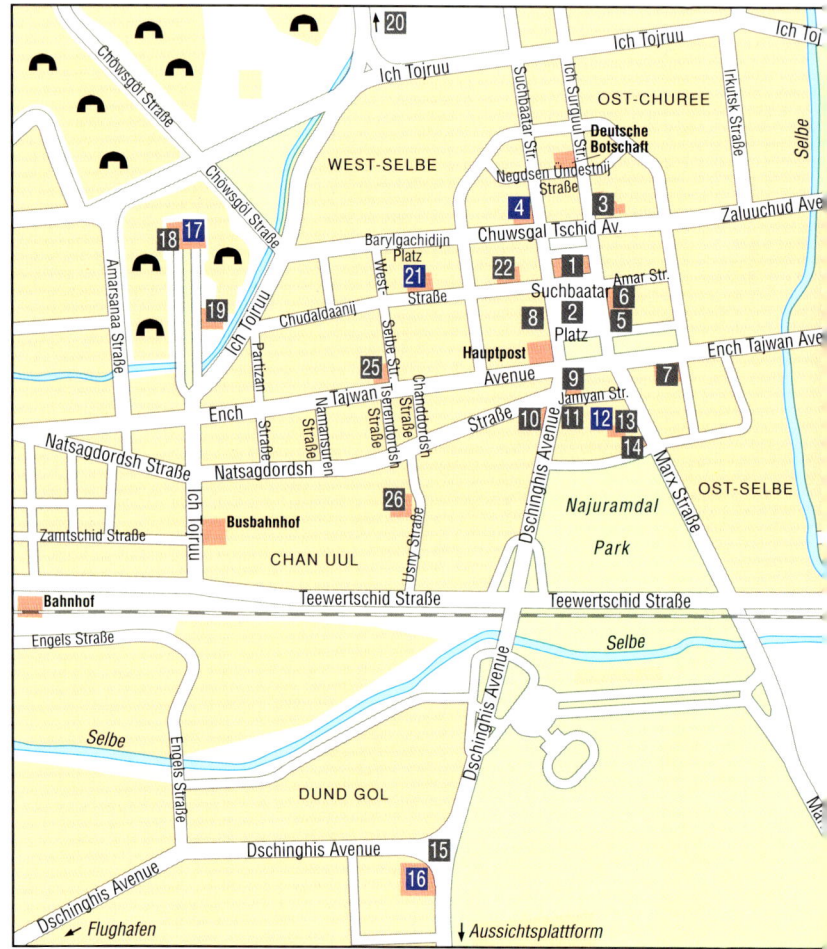

Das Areal hinter der Staatsbibliothek birgt eine der bedeutenderen Sehenswürdigkeiten von Ulan Bator, das **Kloster des Tschojdshin Lama** 12, der Sitz des Staatsorakels. Leider ist es nur noch als Museum erhalten. Tschojbalsan hatte 1938 die Mönche unter dem Vorwurf verjagt, eine Konterrevolution zu planen. Das Kloster wurde zwischen 1904 und 1908 für den Bruder des achten Bogd Khan errichtet und ist das jüngste große Zeugnis klassischer Architektur in der Mongolei. Sein Vorgängerbau war einem Brand zum Opfer gefallen. Vergleichbar chinesischen Pagoden schwingen sich die doppelstöckigen grünen Dächer über den fünf Tempeln des Klosterbezirks in den klaren Himmel. Fünf Tore ergänzen das Ensemble, das von einer blauen Mauer umgeben ist. Im Haupttempel werden neben vielen Thangkas zahlreiche Tanzmasken aufbewahrt, die ursprünglich für die rituellen Tänze (tibet.: *tsam*) von Urga verwendet wurden. Von 1811 bis 1937 fanden sie einmal pro Jahr jeweils am letzten Tag des letzten Sonnenmondes (Juli) statt. Beachtenswert die

Stadtplan Ulan Bator
1. *Regierungs- und Parlamentsgebäude, Mausoleum von Tschojbalsan und Suchbaatar*
2. *Reiterdenkmal für Suchbaatar*
3. *Tschojbalsan-Denkmal*
4. *Zentralmuseum*
5. *Opern- und Schauspielhaus*
6. *Palast der Wissenschaften*
7. *Außenministerium*
8. *Börse*
9. *Galerie des mongolischen Künstlervereins*
10. *Dramatheater*
11. *Staatsbibliothek*
12. *Kloster des Tschojdshin-Lama*
13. *Natsagdordsh-Museum*
14. *Hochzeitspalast*
15. *Panzer aus dem Zweiten Weltkrieg*
16. *Palast des Bogd Khan*
17. *Gandan-Kloster*
18. *Maidari-Tempel*
19. *Jagdmuseum*
20. *Char Zach*
21. *Museum der Schönen Künste*
22. *Blockhaus*
23. *Stadtmuseum*
24. *Marschall Schukow-Museum*
25. *Kaufhaus Ich Delguur*
26. *Staatszirkus*

Skulpturengruppe der 21 Taras im Tempel der Ewigen Stille, die von Zanabazar geschaffen worden sein soll. Der Reiz der gesamten Anlage besteht darin, daß die Kunstgegenstände nicht sortiert hinter Glas stehen, sondern so angeordnet sind, wie sie im klösterlichen Alltagsbetrieb auch genutzt worden sein mögen. Es fehlen nur die Lamas.

Neben dem Tschojdshin Lama-Museum hat man zu Ehren des bedeutendsten Schriftstellers der Mongolei Daschdordshin Natsagdordsh (1906–37) das **Natsagdordsh-Museum** 13 errichtet.

Der **Hochzeitspalast** 14, nur wenige Schritte entfernt, wurde in Anlehnung an ost- und zentralasiatische Baustile erbaut.

Folgt man nun der Dschinghis Avenue weiter nach Süden, immer entlang dem Najramdal-Park, so erreicht man eine Gabelung, in deren Mitte ein **Panzer** 15 auf einem Podest steht. Er soll im Zweiten Weltkrieg bis nach Berlin gerollt sein. Obwohl die Mongolei dem Deutschen Reich nicht den Krieg erklärte, mußte sie doch die Sowjetunion durch Geld- und Sachleistungen unterstützen.

An dieser Gabelung aber liegt das eigentliche Ziel dieses Wegs gen Süden: der **Palast des Bogd Khan** 16. Er entstand ab 1893 in seiner heutigen Form. Die Residenz des achten und letzten Bogd Khan besteht aus sieben Haupt- und Nebengebäuden, 20 Toren unterschiedlicher Größe sowie kleinen Gärten. Eine Mauer aus blau glasierten Ziegeln umgibt den gesamten Komplex. Die Bauten errichtete man überwiegend in chinesischem Stil: sie weisen mehrgeschossige Dächer aus glasierten Ziegeln mit zipfelig aufgebogenen Enden auf. Auf der Südseite des Tempelkomplexes befindet sich, reich in sattem Rot gehalten, das von acht Säulen getragene große Paradetor. Es wurde 1912–19 aus Anlaß des Sturzes der mandschurischen Qing-Dynastie in

Tschojdshin Lama-Kloster

rand, das **Gandan-Kloster** 17, sein tibetischer Name bedeutet ›das Freudvolle‹. 1838 wurde es als religiöses Zentrum auf dem Dalcha-Hügel gegründet und wuchs mit seiner Schule für buddhistische Lehre und den Zentren für Astrologie und Medizin zur bedeutendsten Stätte des lamaistischen Buddhismus in der Mongolei. Die Initiative zum Bau des ersten Tempels ging vom fünften Bogd Khan, Chultem Dshigmeid Dambidzantsan, aus und geht auf das Jahr 1809 zurück. Der Komplex besteht aus vier Gebäuden, den Tempeln Gandan, Dendenpovaran, Vajra und Zuu. Während der erste Tempel, Gandan, 1838 noch ausschließlich aus Holz und Lehm errichtet wurde, wählte man 1840/41 für den Vajra-Tempel bereits die Ziegelbauweise. Der

China und des Beginns der Theokratie des Bogd Khan erbaut. Das zweistöckige Haus im europäischen Stil der Jahrhundertwende, das neben dem Palast steht, diente als Wohnhaus. Heute beherbergt der Palast ein Museum mit bemerkenswerten Exponaten aus der Zeit vom 17. bis zum Anfang des 20. Jh. Bis zu seinem Tod im Jahr 1924 residierte hier der achte Bogd Khan, Seine Heiligkeit Dshebdsundumba VIII. von Urga. Eine Skurrilität ist im Erdgeschoß des Wohnhauses zu besichtigen, wo der Hausherr eine einzigartige Sammlung ausgestopfter Tiere aus aller Herren Ländern aufbewahrte. Der Privatzoo reicht vom Schnabeltier bis zur Giraffe, der allerdings ein Stück aus dem Hals amputiert werden mußte, damit sie in das Zimmer paßt. Der gesamte Komplex ist seit 1961 ein Museum, das auch Arbeiten von Zanabazar besitzt.

Eine weitere bedeutende Anlage liegt auf einem Hügel am westlichen Stadt-

Parade-Tor im Bogd Khan-Palast

Natsagdordsh

Natsagdordsh (1906–37) gilt als der Vater der modernen mongolischen Dichtung. Im Alter von sieben Jahren gelangte er auf Betreiben seiner Eltern an einen örtlichen Adelshof, wo er lesen und schreiben lernte, um im Alter von elf Jahren als Angestellter im Kriegsministerium des Bogd Khan zu arbeiten. Die junge Revolutionsregierung entsandte den begabten Mann in einer Gruppe von 20 Studenten zunächst an die Militärakademie in Leningrad und sodann zum Studium nach Leipzig. Der mehrjährige Studienaufenthalt in Deutschland (s. S. 46) fand im Beitrag »Von Ulan Bator nach Berlin« seinen Niederschlag. Gute Deutschkenntnisse ermöglichten es ihm, eine erste mongolische Übersetzung von Werken des amerikanischen Schriftstellers Edgar Allan Poe aus dem Deutschen vorzulegen. Als Anhänger der kommunistischen Revolution entstammen seiner Feder auch Propagandawerke wie »Die grausame Herrschaft des Mandschu-Gouverneurs Sando«. 1936 wurde er verhaftet und starb – obwohl wieder entlassen – im Alter von nur 31 Jahren. Natsagdordshs früher Tod ist von Gerüchten umgeben. Ihm wurde exzessiver Alkoholkonsum nachgesagt, doch neuere Untersuchungen lassen eine Beteiligung des Geheimdienstes als möglich erscheinen.

Hauptaltar des Tempels mit der Statue der Tara soll 1683 von Zanabazar geschaffen worden sein. Manchmal sind Laien oder Ausländer hier unerwünscht, meistens aber darf man gemeinsam mit den Gläubigen im Uhrzeigersinn die Tempelhalle an der Wand entlang im Inneren umschreiten. Kleine Geldgaben an der einen oder anderen Buddha-Statue sind angebracht und dienen dem Unterhalt des Klosters. Der zweistöckige Dendenpovaran birgt die wertvolle Bibliothek des Gandan-Klosters mit etwa 50 000 Bänden und Handschriften. Es handelt sich zumeist um Werke in tibetischer Sprache – Stapel länglicher, ungebundener Blätter, die beim Lesen nach oben weggeklappt werden und als kleine Blöcke in Seidentücher verpackt gelagert werden.

Außerhalb der Gebäude stehen die Gebetsmühlen. Die kleinsten der zylindrischen Trommeln sind nur 10 cm groß, die größten messen bis zu 2 m. In jeder von ihnen befinden sich auf Papier gedruckte Gebete, jede Drehung der Mühle entspricht dem einmaligen Aussprechen des Gebetes, schwunghaftes Drehen vervielfacht also die Wirkung. Dieser Bereich des Klosters steht jederzeit auch Laien und Touristen offen.

Bedeutend ist die Klosterschule von Gandan, die als einzige Ausbildungsstätte für Lamaismus in der Mongolei auch während der kommunistischen Herrschaft zugelassen war, um der Welt-

Öffentlichkeit Religionsfreiheit zu demonstrieren. Allerdings sollen auf einen wahren Lama zwei Zuträger des Geheimdienstes gekommen sein.

Direkt neben dem Gandan-Kloster steht mit 42 m der höchste Tempel der Stadt, der **Maidari-Tempel** 18. Er ist Maitreya (*Maidari*), dem zukünftigen Buddha, geweiht. 1912 nach Ausrufung der Republik im sino-tibetischen Stil erbaut, soll er an die Befreiung von der chinesisch-mandschurischen Oberherrschaft erinnern. Das Hauptgebäude weist alle Charakteristika der tibetischen Architektur auf: massiv, fast quadratisch, Mauern aus Ziegeln, weiß gekalkt und Fenster schmal wie Schießscharten. Darüber türmt sich eine zweigeschossige chinesische Dachkonstruktion. Hier stand die 25 m hohe, größte buddhistische Skulptur der Mongolei, eine Darstellung des Bodhisattva Dshanrajseg (Sanskrit: Avalokiteshvara). Er ist der Schirmherr des lamaistischen Buddhismus und verkörpert sich im Dalai Lama. Die Skulptur wurde von der Roten Armee in die Sowjetunion gebracht, wo sie spurlos verschwunden ist. An der Replik wird nun gearbeitet. Am 26. November 1994, dem Tag, an dem der Ausrufung der Volksrepublik gedacht wird – heute als Verfassungstag oder Tag der Republik bezeichnet –, wurde der Tempel wieder eröffnet. Im Sommer 1995 wohnte der Dalai Lama, der bei einem früheren Besuch bereits Reliquien überbracht hatte, der Tempelweihe bei. Ein weiteres kleines Kloster hat inzwischen direkt neben dem Maidari-Tempel eröffnet.

Rings um die heiligen Stätten erstrecken sich die letzten Teile des alten Urga. Palisadenwälle umgeben Jurtensiedlungen und einfache Holzhäuser. Rinder suchen frei nach einigen Grasbüscheln, Hunde streunen umher. Frauen im traditionellen *deel* schleppen Kannen mit Wasser nach Hause, struppige Pferde tragen ihre Reiter, immer leicht schief im Sattel hängend, den Hang hinauf. Aus den Rauchabzügen steigt allenthalben

Gebetsmühlen im Gandan-Kloster

Straßenszenen
Facetten aus dem Alltag in Ulan Bator

Nicht die Bauten, der Alltag der Menschen in Ulan Bator lohnt eine Betrachtung. Männer und Frauen sieht man vor allem im Winter häufig im traditionellen *deel*, einem Mantelkleid, das von einer breiten Schärpe gehalten wird. Frauen tragen sie um die Taille, Männer auf den Hüften, was so manch imposanten Bauch weiter betont. Männer nutzen die Innentaschen des *deel* als Handtaschenersatz und verstehen es, dort flaschenweise Getränke zu verstauen.

Spärliche Grünstreifen säumen die Hauptstraßen, die die Stadtverwaltung durch Eisengitter zu schützen versucht, und auf denen dennoch mitten vor dem Parlament die Kühe grasen. Gegen Abend sieht man sie gemächlichen Schritts auf der Straße in Richtung der Jurte ihrer Besitzer am Stadtrand schreiten. Ulan Bator ist eine kinderfreundliche Stadt: Kinderspielplätze gibt es bei fast jedem Häuserblock. Im kurzen Sommer lockt ein großer Park mit Riesenrad und Abenteuerspielplatz hinter dem Außenministerium, während im Winter hier friedlich Hirsche aus dem nahen Naturschutzgebiet Bogd Uul äsen. Ulan Bator ist eine Stadt der Jugend. Rockkonzerte sind ebenso gefüllt wie die wenigen Bars der Stadt. Die meist hochgewachsenen Damen wissen sich mit eigener Schneiderkunst an der westlichen Mode zu orientieren und geben ein farbenfrohes Bild.

Ein Abenteuer sind Ulan Bators Straßen. Allenthalben fehlen Gullideckel, Schlaglöcher machen viele Strecken zu Marterpisten. Überladen und zerbeult ächzen Busse, an denen die Menschen auch an den geöffneten Türen hängen, dunkler Qualm auf, und Kinder spielen auf den schlammigen Pfaden zwischen den Jurten. Im Hintergrund ragen die Plattenbausiedlungen in ihrer monotonen Einsamkeit in den blauen Himmel.

Wer sich von buddhistischer Kultur erholen und einen Eindruck entweder vom alltäglichen Treiben auf einem Wochenmarkt oder aber von Flora und Fauna der Mongolei gewinnen möchte, dem stehen vom Gandan-Kloster aus zwei Möglichkeiten offen: Direkt an der Zufahrtsstraße zum Kloster liegt das **Jagdmuseum** [19], das einen Einblick in die Tier- und Pflanzenwelt des Landes bietet. Und nur 2 km nördlich, inmitten der Jurtensiedlung im Stadtteil Tschingeltej liegt der ›Schwarzmarkt‹, **Char Zach** [20]. Wie der Name zeigt, war er ehemals illegal. Heute handelt es sich um eine Mischung aus Floh- und Wochenmarkt, auf dem vom Nagel bis zu

durch die Stadt. Die bereits übervollen Fahrzeuge werden nicht bestiegen, sondern gestürmt, und ohne eine Warnung setzt sich das Vehikel plötzlich wieder in Bewegung. Geschoben und geboxt wird auch an den Eingängen zu Geschäften, und auf dem Wochenmarkt kann man sich oft nur mit Mühe durch die Menschenmassen zwängen. Doch auch wenn Gebäude große doppelte Eingangstüren aufweisen, sind meist nur die beiden schmalsten geöffnet, die sich zudem nie gegenüber liegen, sondern zu einem Zickzack-Kurs zwingen. Auf den Straßen sieht man, was eigentlich nicht überrascht, viele Betrunkene. Daneben friedliche Bilder: die Gläubigen im Gandan-Kloster, die Angler am Fluß, die Ski- und Schlittenfahrer im kleinen Wintersportgebiet 20 km nördlich der Stadt, wo auch ganze Täler mit Datschen für die Sommerfrische stehen.

einzelnen Zigaretten alles verkauft wird. Vom Markteingang aus gesehen, ist die hinterste rechte Ecke des leicht ansteigenden Geländes am interessantesten. Hier wird mongolisches Kunsthandwerk angeboten: Schnupftabakdosen, *airag*-Schalen, Pfeifen, Messer und Schmuck. Dichte Trauben umrunden jeden potentiellen Käufer und Verkäufer. Ausländer sollten sich nur ein paar Minuten in die Menge stellen, unweigerlich wird man ihnen alte Stücke aus Familienbesitz anbieten. Bei Antiquitäten sollte man indessen wegen der strengen Ausfuhrbestimmungen vorsichtig sein – und wie jeden Flohmarkt der Welt haben Taschendiebe auch diesen Ort entdeckt.

Fährt man vom Markt zurück Richtung Gandan-Kloster, so zweigt die Chudaldaanij Straße von der Ich Tojruu Straße zum Suchbaatar-Platz ab. An ihr liegt das **Museum der Schönen Künste** 21, das durchaus einen Besuch wert ist: In seiner oberen Etage findet sich

Auch Kamele und Pferde gehören zum Stadtbild von Ulan Bator

eine Sammlung traditioneller mongolischer Kunst (Silberarbeiten, Thangkas etc.) mit ausgesuchten Exponaten.

An derselben Straße, weiter Richtung Suchbaatar-Platz stößt man auf eines der beiden einzig noch verbliebenen Blockhäuser des alten Urga: Hinter dem ehemaligen Lenin-Museum neben dem Ministerium für Handel und Industrie steht ein **Blockhaus** 22, das 1905 als Handelsposten errichtet wurde und das später als Parteizentrale diente.

Das zweite Blockhaus befindet sich an der Friedensstraße (Ench Tajwan Avenue) gegenüber der britischen Botschaft. Es handelt sich um die ehemalige Kommandozentrale Suchbaatars, die heute das **Stadtmuseum** 23 beherbergt. Hier gibt eine Fotosammlung einen Eindruck über Ulan Bators frühe Tage.

Noch etwas weiter stadtauswärts befindet sich das **Museum zu Ehren von Marschall Schukow** 24, des späteren Eroberers von Berlin, der den japanischen Übergriff im Jahr 1939 zurückschlug.

An diesem östlichen Abschnitt der Ench Tajwan Avenue, der zentralen Straße der Hauptstadt, diese von Ost nach West durchschneidend, liegen einige Ministerien und ausländische Vertretungen. Im westlichen Teil – vom Suchbaatar-Platz aus gesehen – finden sich zahlreiche kleine Geschäfte und auch das Kaufhaus der Stadt, **Ich Delguur** 25. Kilometerlang schließen sich hier Plattenbauten von bis zu 14 Geschossen an. Der Kontrast: Ausgedehnte Jurtensiedlungen begrenzen die Stadt im Süden und Osten.

Und noch ein Tip: Wer im Winter in der Mongolei sein sollte, hat vielleicht die Möglichkeit einer Aufführung des **Staatszirkus** 26 beizuwohnen, der während des Sommers leider hier nicht auftritt.

Das Umland

Ulan Bator wird vom Töw-Aimag, dem Zentral-Bezirk, umgeben. Die Tuul trennt den Aimag von Osten nach Westen in landschaftlich völlig unterschiedliche Nord- und Südhälften. Im Norden das Chentij-Gebirge, im Süden die weiten und weichen Hügel der Steppe, die bis zum Horizont ›dahinrollen‹. Das Bogd Uul-Massiv bei Ulan Bator lädt zu Bergtouren ein. In einem der Gebirgstäler befindet sich das **Hotel Nucht** 1, einige Täler weiter befindet sich das ›Regierungstal‹ mit seinen staatlichen **Gästehäusern** 2. Südlich des Nucht-Hotels (wenige Kilometer vom Flughafen entfernt in der fiktiven Verlängerung der Landebahn) liegt das **Camp Dschinghijn Örgöö** 3. Der mongolische Eigentümer hat die Kulisse eines historischen Dschinghis Khan-Films zusammengetragen, und so wohnt und speist man in Prunkzelten. Das Camp ist nur im Sommer geöffnet und gehört zu den schönsten der Mongolei.

Von Ulan Bator nach **Zuunmod** 4 (S. 230), der Hauptstadt des Zentral-Aimag, führt eine Teerpiste. Ein kleines Heimatmuseum bietet einen Überblick über die heimische Tierwelt und wichtige Sehenswürdigkeiten. Aus deutscher Sicht ist der Schaukasten, der die Partnerschaft mit Karl-Marx-Stadt hervorhebt, interessant. Die Rückbenennung zu Chemnitz hat die Mongolei noch nicht erreicht.

Nicht weit entfernt liegt in einem schönen Tal **Mandshir** 5, eine große Klosteranlage, von der nach der Kulturrevolution der 30er Jahre nur noch Ruinen übrig blieben. Nach dem Neuaufbau wurde sie jedoch im Sommer 1994 wieder eröffnet.

In der Nähe von Nalaich, etwa 50 km östlich von Ulan Bator, befindet sich eine **Gedenkstätte für Tonjükuk** 6, einen türkischen Herrscher. Der Weg zu der Gedenkstätte aus dem 7. Jh. ist nicht ganz einfach zu finden: In Nalaich fährt man zum ehemaligen Bergwerk am Ende der Teerstraße, wendet sich hier nach Osten und fährt etwa 19 km quer über die Steppe. Die Route führt an einem Militärflugplatz entlang, und das Ziel liegt einige Kilometer hinter dem Flugplatz in Richtung der Landebahn. Bei Ausgrabungen fanden sich trotz der sarkophagähnlichen Platten keine Spuren von Leichnamen, so daß sich die

Das Umland von Ulan Bator

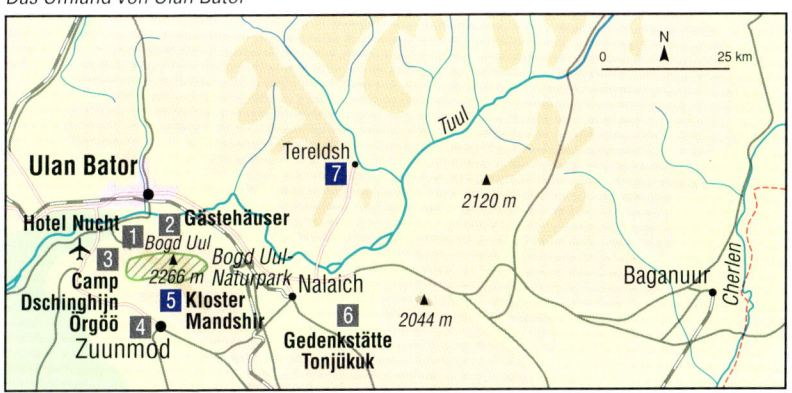

Zwei Frauen sammeln Brennmaterial: In der Steppe gibt es kein Holz zum Feuermachen; statt dessen verwenden die Nomaden den Dung ihrer Tiere. Mit kleinen ›Mistgabeln‹ werden die getrockneten Fladen aufgehoben und auf die Kiepe geworfen.

Wissenschaft mit der Bezeichnung Gedenkstätte begnügt. Die gesamte Anlage ist zum Sonnenaufgang hin ausgerichtet. Vier große steinerne Platten bilden eine Art Sarkophag am Westende der Anlage. Auch blieben einige Steinfiguren – allerdings ohne Köpfe – erhalten. Die Inschriften auf zwei Obelisken in alten türkischen Schriftzeichen berichten von den Kämpfen und Heldentaten der Türken, d. h. der Kitan, Kirgisen, Oguzen und anderer. Die Wissenschaft geht davon aus, daß die Steine, die den Pfad, der einige Kilometer nach Osten führt, säumen, die im Kampf getöteten Feinde symbolisieren. Sie werden *babal* genannt. Zu der Anlage müssen Tempelgebäude gehört haben.

Südlich und nördlich befinden sich noch zwei kleinere, weniger bedeutende alttürkische Gedächtnisstätten. Seit der Mitte des 6. Jh. n. Chr. wurde das Gebiet der heutigen Mongolei für etwa 200 Jahre von türkischen Herrschern aus dem Altai-Gebiet regiert. Zeitgenössische Berichte geben Informationen über Städte, den Aufbau eines Straßensystems und sogar über die Existenz von Poststationen. Sie benutzten eine phonetische Schrift, so daß die Entschlüsselung der Steinmonumente möglich war. Zur Zeit Tonjükuks, also zu Beginn des 7. Jh., hatten die türkischen Khane ihre Unabhängigkeit an chinesische Herrscher verloren. Ein Aufstand, geführt von dem türkischen Adeligen Kutulug und seinem Bundesgenossen Tonjükuk beendete damals die 50jährige Phase chinesischer Oberhoheit, und Kutulug wurde der Titel eines ›Einigers der Völker‹ verliehen. Doch unter seinen Nachfolgern führte eine Revolte uigurischer

Stämme schon im Jahr 745 zum erneuten Ende der türkischen Herrschaft.

In der gleichen Fahrtrichtung aus Ulan Bator liegt auch das beliebteste Ausflugsziel der Städter: **Tereldsh** 7 mit seinen interessanten Granitverwitterungen und einer malerischen Landschaft. Die Region gehört bereits zum Chentij-Gebirge und wird dort näher beschrieben (s. S. 124).

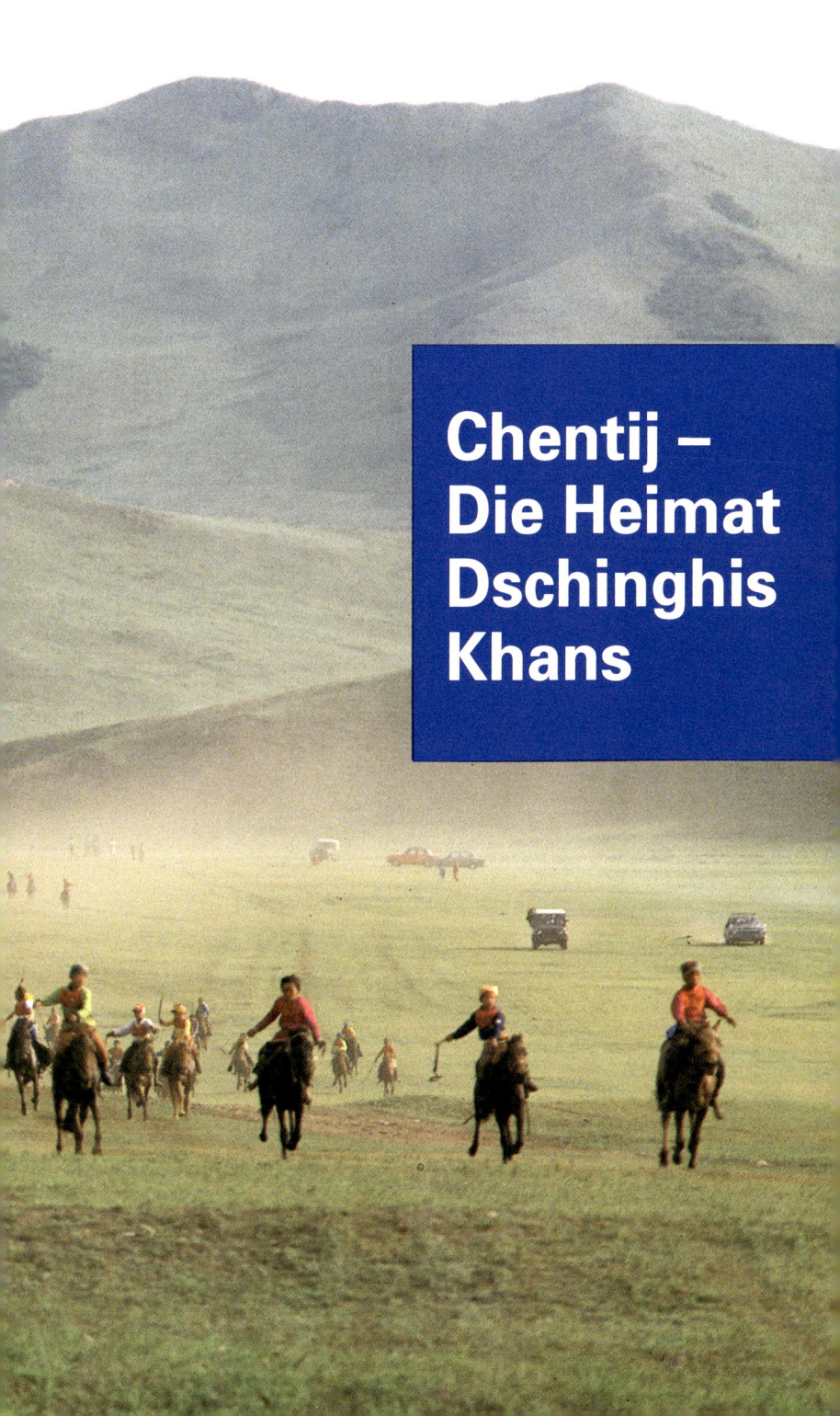

Chentij – Die Heimat Dschinghis Khans

Das Chentij-Gebirge

Der Geburtsort Dschinghis Khans und nach der mongolischen Sage auch der Ort seines Grabes sollen in dem nordöstlich von Ulan Bator gelegenen Chentij-Gebirge zu finden sein. Man unterscheidet das Kleine Chentij (*Baga Chentij*) nördlich von Ulan Bator und das Große Chentij (*Ich Chentij*) im Osten. Die höchsten Berge liegen im Kleinen Chentij, wo der Asralt Chajrchan eine Höhe von 2800 m erreicht. Die drei großen Flüsse, die mit Dschinghis Khan in Verbindung gebracht werden, entspringen hier, die Tuul (704 km), der Cherlen (1250 km) und der Onon (808 km). Den nördlichen Streifen, oberhalb von Jeröö und Onon, bedeckt sibirische Taiga mit Birkenwäldern und Hochmooren, unter denen ewiger Frost herrscht. Jenseits der Baumgrenze wachsen nur noch Flechten und Moose, hier ist unberührte Tundra. Abseits der wenigen Straßen ist das Kleine Chentij einer wirtschaftlichen Nutzung noch nicht zugänglich. Der größte Teil steht als Nationalpark unter Naturschutz. Einige Gebiete lassen sich lediglich per Hubschrauber und zu Pferd erreichen, und Biologen bekommen angesichts der Vielfalt der Pflanzen- und Tierwelt glänzende Augen. Allerdings ist es schwierig, mehr als nur die Randzonen zu besuchen.

Das Chentij-Gebirge gehört insgesamt zu den am wenigsten durch Straßen und Wege erschlossenen Regionen der Mongolei. Eine Ausnahme bildet im Süden des Gebirges Tereldsh, das Ausflugsziel der Bürger Ulan Bators. Bis an das Ufer des Flusses Tereldsh, 75 km von Ulan Bator entfernt, führt eine Teerstraße und in nur 1,5 Stunden ist die Region bequem mit einem Pkw zu erreichen.

Nach Tereldsh und in den Nationalpark Chentij

Der südliche Zipfel des im Aufbau befindlichen Nationalparks bei Tereldsh wird – mit Unterstützung deutscher Entwicklungshilfe – für sanften Tourismus erschlossen und soll der in der Randzone des Gebiets lebenden Bevölkerung ein sicheres Einkommen geben. Naturschutz läßt sich schließlich nur durchsetzen, wenn die Einheimischen darin auch einen Nutzen erkennen. Der Mongolei-Besucher gewinnt hier einen guten ersten Eindruck vom Chentij-Gebirge und damit von einer Landschaft, wie sie für fast die halbe Mongolei typisch ist. Namensgebend war der strauchförmig im Unterholz der Lärchenwälder wachsende, violettblühende Daurische Rhododendron (*tereldsh*). In den Flußauen gedeihen Pappelwälder, Weißdorn und Strauch-Fingerkraut. Auf den Hängen findet sich wilder Rhabarber, der einen ausgesprochen herben Geschmack hat.

Will man die Gegend von Tereldsh erreichen, so biegt man, von Ulan Bator kommend, nach 30 km (gezählt ab dem Suchbaatar-Platz) kurz vor Nalaich nach links ab. Wenige Kilometer später gabelt sich die Teerstraße erneut. Wiederum muß man sich links halten. Auf einem

Hang zur Linken liegt ein **Friedhof** 1 mit zahlreichen kasachischen Gräbern, ein Hinweis darauf, daß im mongolischen Bergbau vor allem Kasachen beschäftigt waren. Die Steinkohlenmine in Nalaich mußte Anfang der 90er wegen nachlassender Wirtschaftlichkeit geschlossen werden. Wenige Kilometer weiter, auf einer kleinen Paßhöhe, an einem **Owoo** 2 beginnt bereits das Naturschutzgebiet. Es lohnt hier zu halten, nicht nur, um durch dreimaliges Umkreisen der Steinanhäufung und eine kleine Opfergabe die Götter um eine gute Reise zu bitten, sondern auch um den malerischen Blick in das Tal der Tuul zu genießen. An der Brücke über die Tuul wird in der Touristensaison eine Maut erhoben. Auf den nächsten Kilometern bietet sich jede Flußbiegung

Nach Tereldsh

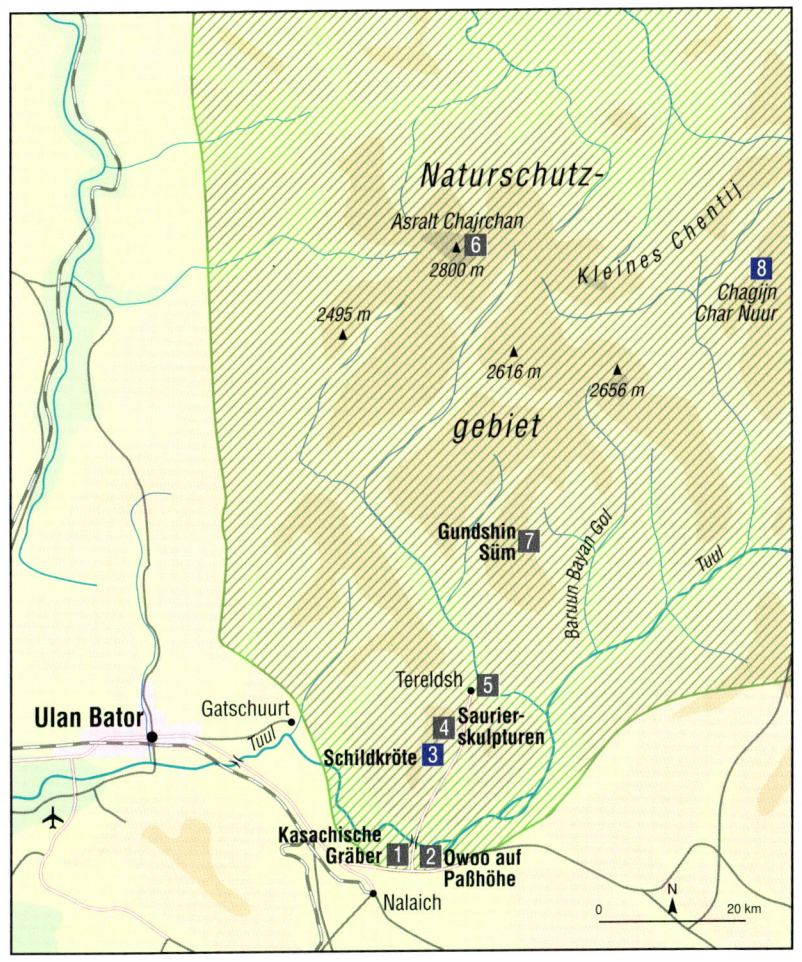

Owoo *bei Nalaich*

als Picknickplatz an. Die Zahl der Touristen in der Mongolei ist immer noch so klein, daß man die Teerstraße verlassen sollte, um einige Kilometer über die Wiesen zu einer beliebigen Jurte zu fahren und – mit einem kundigen Führer – bei einer Hirtenfamilie vorbeizuschauen. An der Straße nach Tereldsh regt ein Granitgebirgszug mit typischen Wollsackverwitterungen die Phantasie an: Elefanten, sich ausruhende Kamele und – am bekanntesten – eine **Schildkröte** 3 lassen sich in die Felsformen interpretieren. Die stellenweise begeisternde Kulisse gereichte früheren ostdeutschen Wildwest-Filmen zur Ehre. In der Nähe liegt ein mongolischer ›**Jurassic Park**‹ 4: aus Beton wurden verschiedene Sauriertypen in Originalgröße nachgebildet.

Schließlich erreicht man **Tereldsh** 5 (S. 228) am Ufer des gleichnamigen Flusses. Jenseits des Tereldsh beginnt der Nationalpark Chentij-Gebirge. Der höchste der meist abgeplatteten und kahlen Berge (Geologen bezeichnen sie treffender mit dem aus dem russischen abgeleitete Wort *golzy* als ›Glatzköpfe‹) der Region ist der **Asralt Chajrchan** 6, der als heilig gilt. Hunderte kleiner *owoo* überraschen den Wanderer auf dem Bergplateau, das bereits beim Aufstieg durch seine Schotterhänge und scheinbar künstlichen Wälle, die aber natürlichen Ursprungs sein sollen, auffällt. Jeder Besucher schichtet seinen eigenen Steinhaufen an dieser heiligen Stätte auf. Frauen dürfen den Gipfel traditionell nicht betreten, so daß ihnen die grandiose Aussicht entgeht.

50 km nordöstlich von Tereldsh liegt die **Ruine Gundshin Süm** 7. Von Tereldsh aus handelt es sich um einen Tagesausflug, für den ein geländegängiger Wagen notwendig ist. Hinter dem Erholungsheim in Tereldsh kann man den Fluß an einer Furt durchqueren (ab Ende Juli ist der Wasserstand aber in der Regel so hoch, daß man sich von einem Lkw oder Traktor schleppen lassen sollte), sich nach Osten halten, zunächst ein sumpfiges Wäldchen durchqueren (die sicherste Piste verläuft am Berghang) und sodann über die Steppe das Tereldsh-Tal hinab und das Tuul-Tal hinauf fahren. Nach 25 km verläuft ein kleinerer Fluß, der in die Tuul mündet, quer zur Piste. Hier biegt man für den Rest der Strecke ab. In der kleinen Siedlung am Flüßchen läßt sich in der Regel ein Führer für die unwegsame Strecke ins Gebirge finden. Bei der Ruine handelt es sich um die Grabanlage für eine mandschurische Prinzessin (gest. 1740), die im Zuge der Angliederung der Mongolei an die Mandschurei von ihrem Vater, dem chinesisch-mandschurischen Kangxi-Kaiser, dem Mongolenfürsten 1697 zur Frau gegeben wurde. Über 100

chinesische Bauleute errichteten Anfang des 18. Jh. die Anlage, und wurden, folgt man der Sage, nach Beendigung der Arbeiten getötet, um das Grabkammersystem geheim zu halten, und in einem Hügel zur Linken der Ruine verscharrt. Die Anlage besteht aus einer Umfassungsmauer, die ein Quadrat von 10 000 m² umschließt, einem großen Eingangstor und einem unterirdischen Gang- und Grabkammersystem. Bis zur Revolution der 20er Jahre wurde die Stätte ständig bewacht, die Kulturrevolution der 30er Jahre überstand auch diese Anlage nicht.

Geradezu ein Kleinod ist der etwa 3 km² große **Chagijn Char Nuur** 8 (›Schwarzer Steinflechtensee‹), ein Moränensee in 1700 m Höhe, 70 km von Tereldsh entfernt. Dicht bewaldete Berge ziehen sich bis an seine Ufer, auf freien Lichtungen wachsen Enzian und Rentierflechten. Nirgendwo sonst ist die Nadelwaldtundra weiter südlich anzutreffen. Wer keine Zeit hat, bis zum Chöwsgöl-See im Nordwesten der Mongolei zu reisen, trifft hier auf eine ähnliche Landschaft, die Bildern aus Kanada gleicht. Die Anreise ist anfangs identisch mit der Tour zu der Ruine Gundshin Süm, nur folgt man dem rechten Tuul-Ufer weiter flußaufwärts bis die Steppenpiste aufhört. Jetzt bleiben noch etwa 30 km durch schwieriges, sumpfiges Gelände, die nur auf dem Pferderücken zurückgelegt werden können. Wer wenig Zeit hat, sollte sich um eine Hubschrauber-Tagestour zum See bemühen. Beliebte Zwischenstopps für solche Flüge im Sommer sind die heißen Mineralquellen der Region. Besonders im Winter, wenn die Wege wegen des tiefen Frosts befahrbar sind, suchen viele Mongolen diese als heilig betrachteten und mit Gebetsfahnen geschmückten Stätten auf. Auffallend sind die mit eiszeitlichem Schutt bedeckten ›Golzy-Terrassen‹ zwischen den abgeplatteten Berggipfeln,

Der ›Jurassic Park‹ am Weg nach Tereldsh

die im Dreieck zwischen der Tuul und dem Tereldsh liegen. Die Talauen mit ihren ständig wechselnden Stromverläufen der Bäche und Flüßchen schwimmen auf Dauerfrostböden. Ein sicherer Zugang zu diesen Regionen, die dünner besiedelt sind als große Teile der Gobi, ist allenfalls aus der Luft möglich.

Dschinghis Khan-Tour

Der mongolische Wissenschaftler Perlee hat versucht, die in der »Geheimen Geschichte« genannten Orte zu lokalisieren. Ergebnis: die meisten liegen im Chentij-Aimag nördlich des Cherlen.

Die Anreise ist wie immer in der Mongolei beschwerlich. Wer sich nicht mit dem Hubschrauber oder einem kleinen Doppeldecker aus Ulan Bator fliegen lassen kann, sollte allein für die Anfahrt mindestens zwei Tage einkalkulieren. Zunächst muß das schwierige Teilstück zwischen Ulan Bator und Öndörchaan bewältigt werden (s. S. 206). Dann wird es aber erholsamer. Nach Norden führt eine gut ausgebaute, sandige Piste über die Bergarbeitersiedlung Berch mit ihren Fluoritgruben nach Norowlin. Die Landschaft erinnert an Arizona in den USA oder das südafrikanische Bushveld. Die sandige Piste ist schnurgerade bis zum Horizont. Am Ufer des Onon gibt es eine Fähre nach Dadal. Bei Hoch- oder Niedrigwasser muß der Fährbetrieb aber oft eingestellt werden. Flußaufwärts in Binder, fast eine Tagesreise entfernt, gibt es einen weiteren Fährmann.

In **Dadal**  (S. 227) am Ufer der drei kleinen Seen Gurwan Nuur, steht ein Denkmal zu Ehren Dschinghis Khans. Politische Gründe führten zu seinem

Fähre über den Onon

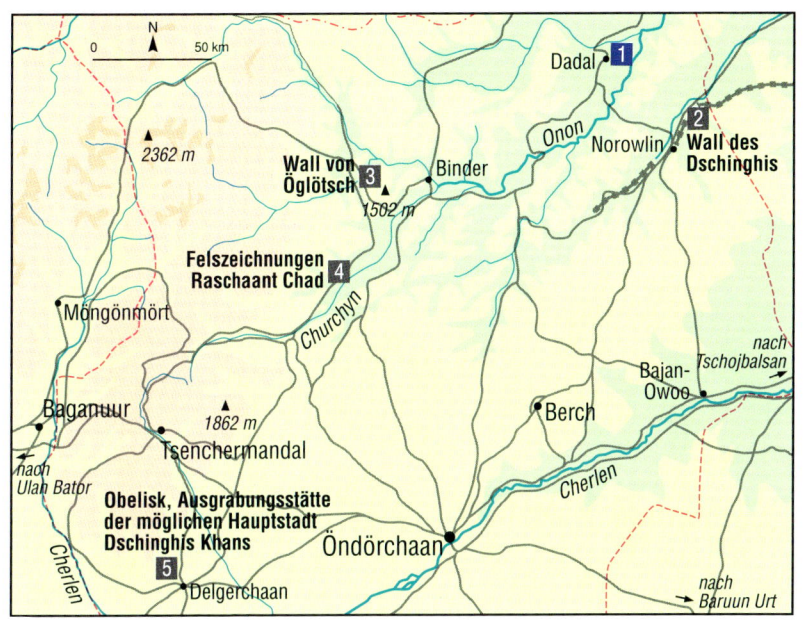

Dschinghis Khan-Tour

Bau, politische Ursachen waren auch dafür verantwortlich, daß es an diesem entfernten Zipfel der Mongolei fast in Vergessenheit geriet: China bereitete 1962 umfangreiche Feiern aus Anlaß des 800. Geburtstages von Dschinghis Khan vor, wozu auch die Enthüllung eines Denkmals zur Erinnerung an den berühmtesten Mongolen gehören sollte. Doch Zeit für Feierlichkeiten blieb kaum. Aus Moskau kam Widerspruch, der Eroberer der russischen Steppen und Zerstörer Kiews war in den Zeiten der sowjetischen Vorherrschaft in Ulan Bator nicht wohl gelitten. Alle Veranstaltungen wurden abgesagt, eine bereits gedruckte Serie von Sondermarken mußte eingestampft werden. Allein das Denkmal stand schon; der ausführende Künstler Machval wurde nie für seine Arbeit bezahlt und blieb für ein Jahrzehnt ohne jede Beschäftigung. Heute findet sich das Monument, ein gewaltiger, mehrzackiger Koloß aus weiß gestrichenem Beton mit einer fast 8 m großen Zeichnung von Dschinghis Khan auf dem Gelände eines Erholungsheimes am Ufer kleiner Seen, denen Heilkraft zugeschrieben wird. Die altmongolische Inschrift auf der Rückseite besagt: »Dem Gründer der mongolischen Macht, Dschinghis Khan Temudschijn, anläßlich des 800. Geburtstages wurde dieses Denkmal errichtet.«

Von den drei Seen ist praktisch nur noch der zentrale übriggeblieben, vom östlichen kündet immerhin noch ein Sumpf. In dem mittleren soll einst eine Insel gelegen haben, auf der Dschinghis Khan geboren wurde: Aufgrund der Fülle der Opfergaben, so die Sage, versank sie im Wasser.

Auch wenn es keinerlei Beweismaterial für die historische Bedeutung Da-

Dschinghis Khan-Denkmal in Dadal

dals gibt, so ist der Ort doch das Zentrum der Dschinghis Khan-Saga. Nicht weit entfernt befindet sich eine Quelle, in der er drei Tage nach der Geburt gewaschen worden sein soll. Die Stätte ist umzäunt, und das frische Wasser ist auch heute noch bei den Anwohnern und Besuchern, die es in Milchkannen nach Hause tragen, beliebt. Auf dem Hügel Delüün Boldoch, wenige hundert Meter entfernt, liegt eine weitere Gedenkstätte, angeblich der exakte Geburtsort des späteren Herrschers, ein Pedant, wer einen Widerspruch zu der Geburtsstätte auf der oben geschilderten Insel sieht. »Delüün Boldoch – Dschinghis Khan – im Jahr des Wasserpferdes – 1162, am 16. Mai geboren bei Vollmond« steht in Alt-Mongolisch auf dem von Opfergaben umgebenen Stein, über dem buddhistische Gebetsfahnen im Wind flattern. Da die »Geheime Geschichte« einen Ort dieses Namens als Geburtsstätte nennt, die Stelle mit dem *owoo* sich zwischen dem Onon und dem Baldsh, der gleichfalls in der »Geheimen Geschichte« genannt wird, befindet, fiel von mehreren Orten mit dem Namen Delüün die Wahl auf diese Stelle. Am Horizont ist der Gebirgszug Bajan Chan zu sehen, den man kurzerhand mit dem Burchan-Galdan, dem sagenhaften Ort des Grabes gleichsetzt, nach dem die Forscher immer noch suchen.

Auch wenn Sage nicht mit historischer Wahrheit in Übereinstimmung steht, die Landschaft um Dadal gehört zu den reizvollsten der Mongolei. Rings um den Onon beginnt die Taiga. Die Steppe, oft eintönig, weicht binnen weniger Kilometer. Kiefern- und Birkenwälder stehen in kleinen Gruppen auf einer sanften Hügellandschaft, durch die Bäche mäandernd ihren Weg suchen. Saftiggrüne Matten erinnern an die bayrische Voralpenlandschaft. Ein Landschaftsarchitekt hätte es sich kaum malerischer ausdenken können. Dadal ist gemeinsam mit den Nachbardörfern Binder und Norowlin einer von drei bur-

Die Suche nach dem Grab des Eroberers

Wo ist Dschinghis Khan begraben? Der Streit über sein mögliches Grab füllt Bände. In der Inneren Mongolei, in der Ordoz-Region, errichteten die Chinesen eine Dschinghis Khan-Gedenkstätte, die auch politische Symbolkraft haben soll. Das Mausoleum von Edschen Choro soll die Zugehörigkeit der Mongolen zum chinesischen Reich unterstreichen – und der Blick richtet sich dabei auch auf die Mongolen in der Äußeren Mongolei. Die Gebeine des Mongolenherrschers – darüber ist sich die Wissenschaft zumindest einig – liegen hier mit Sicherheit nicht, obwohl er in dieser Region zu Tode kam.

Jahrelang haben japanische und mongolische Wissenschaftler die Region um seine Geburtsstätte im Chentij-Gebirge nordöstlich Ulan Bators mit Hilfe der Satellitenaufklärung und unterstützt von Spezialhubschraubern auf ein Grabmal durchleuchtet. Man stieß auf 3500 archäologische Funde und über 300 interessante Grabstätten. Das Grab Dschinghis Khans aber wurde nicht entdeckt. Doch was die Wissenschaft beflügelt, fürchten viele Mongolen. Nicht umsonst sei das Grab seit 700 Jahren verborgen, seien alle bei der Bestattung Beteiligten anschließend getötet worden. Man solle den Toten ruhen lassen, andernfalls käme Unglück über das Land.

Die Suche konzentrierte sich auf das Gebiet der drei Flüsse Tuul, Cherlen und Onon, gestützt auf alte Sagen, daß man den toten Herrscher wieder in sein Geburtsgebiet zurückgebracht habe. Doch viele Wissenschaftler sind skeptisch. Der Tod des großen Generals fiel in den August. Wie hätte man seinen Leichnam zu dieser Jahreszeit quer durch die heiße Gobi transportieren wollen? Wie hätte dieser Heerzug sich anschließend durch die versumpften Täler des Chentij kämpfen sollen? Schon wer heute mit dem Jeep diese Strecke zu bewältigen versucht, wird von Tag zu Tag verstärkt zum Anhänger von Überlegungen, daß das Grab des Dschingis Khan nicht im Chentij-Gebirge liegen kann.

jatischen Kreisen im Chentij-Aimag. Anders als die große Mehrheit der Chalcha-Mongolen, leben sie nicht in Jurten, sondern bauen Blockhäuser, legen Gärten und Äcker an und sind seßhaft. Die bunten Fensterläden unterstreichen den Charakter einer Spielzeuglandschaft. In Dadal gibt es mehrere Touristencamps, und der Ort gehört zum Pflichtprogramm bei Touren auf den Spuren Dschinghis Khans.

Historischer Boden ist der **Wall des Dschinghis** 2, der sich aus dem nordöstlichsten Winkel der Mongolei in das Große Chentij zieht. Hier sind im Sum Bajan Adraga deutliche Reste zu sehen.

Es handelt sich um einen etwa 1 m hohen Damm, dessen Funktion nicht geklärt ist. Mit Dschinghis Khan hat das Bauwerk allerdings nichts zu tun, sondern ist vermutlich den Herrschern der Kitan-Zeit zuzuschreiben.

Nur 10 km vom Berg Binder entfernt befindet sich der **Wall von Öglögtsch** 3, der aus einer über 1000 m langen ovalen Mauer, in die man die etwa 10 m hohen natürlichen Felsen der Region integriert hat, besteht. Zwischen der beeindruckenden Felskulisse wachsen auf malerischen Bergwiesen Edelweiß, dazwischen wilde Zwiebeln mit hellvioletten Blüten. Auch dieser Wall, auf dessen Südseite vermutlich eine Siedlung lag, stammt von den Kitan.

Ein Abstecher empfiehlt sich zu den **Felszeichnungen und Hirschsteinen von Raschaant Chad** 4. Raschaant Chad steht für den ›Felsen mit einer Mineralwasserquelle‹. Die Mongolei weist Petroglyphen aus unterschiedlichsten Epochen auf. Seit 20 000 v. Chr. bis ins 16. Jh. n. Chr. wurden die 5–8 m hohen Felsen am Berg Binder, etwa 20 km westlich des gleichnamigen Dorfes, über und über mit Tierbildern, symbolischen Zeichen und Inschriften versehen. Die Darstellungen datieren von der Altsteinzeit bis zur Zeit der mandschurischen Herrschaft. Die Inschriften sind in alttürkischer, chinesischer, mongolischer, tibetischer und arabischer Schrift ausgeführt. Die schwarzen und roten Felsbilder stellen Menschen, Vögel, Elche, Steinböcke und andere Tiere dar. Die einzelnen Felsen bilden zum Teil kleine Terrassen, auf denen jeweils *owoo* stehen.

Zu einer Dschinghis Khan-Tour gehört auch der Besuch des südlichen Chentij-Aimag mit seiner weiten Steppenlandschaft, die sich deutlich von dem gebirgigen und teilweise sibirischen Nordteil

Steppenreiter

des Regierungsbezirks unterscheidet. Am Ostufer des Cherlen zwingen Gebirgsrücken den Fluß weit nach Süden, während das Westufer flach ist. Hat man hinter Baganuur den Cherlen überquert und folgt seinem Ufer nach Süden, so geht es durch landschaftlich reizvolle Gebiete. Eine weitere Anreisemöglichkeit führt von Ulan Bator nach Süden. Etwa auf der Höhe von Delgerchaan führt eine Brücke über den Cherlen, so daß man auf das Ostufer gelangen kann. Das Ziel ist Delgerchaan. 1991 errichtete die mongolische Regierung bei dieser Ortschaft auf einer kleinen Anhöhe, wo Dschinghis Khan Zehntausende von Berittenen versammelt haben soll, einen etwa 6 m hohen **Obelisken** 5 zur Erinnerung an den 750. Jahrestag der Niederschrift der »Geheimen Geschichte«. Etwa zehn Jahre nach dem Tod Dschinghis Khans verfaßten ein oder mehrere anonyme Autoren seine Lebensgeschichte. In 282 Abschnitten wird von seinem Leben und Werk berichtet, werden Passagen aus zeitgenössischen Hochzeits-, Lob- und Klageliedern wiedergegeben und historische Dokumente zitiert. Zweck des Buchs war, die Leistung des Ahnherrn für die Nachfahren der Dynastie festzuhalten. Für ein breites Publikum war das Werk nicht gedacht, daher auch der Name »Geheime Geschichte«. Das Buch gelangte mit Khublai Khan nach Peking, wo es der französische Sinologe Paul Pelliot (1878–1945) wiederfand. Dem deutschen Mongolisten Erich Haenisch gelang als erstem eine vollständige Rekonstruktion und 1941 eine Übersetzung ins Deutsche (»Das Buch vom Ursprung der Mongolen«).

Nur wenige hundert Meter von dem Obelisken entfernt, fanden Forscher auch Ruinen einer Stadt, die die **Hauptstadt Dschinghis Khans** 5 gewesen sein könnte. Ein *owoo,* der eine Mineral-

Erinnerung an die »Geheime Geschichte«

quelle überwölbt, kann als Landmarke dienen. Jenseits auf den Hügeln wurden erste Grabungsfunde gemacht. Bereits in den 60er Jahren entdeckte der mongolische Archäologe K. Perlee Überreste der alten Siedlung. Doch lange Zeit hielt sich in der Wissenschaft und der Öffentlichkeit die Ansicht, das später errichtete Karakorum sei die einzige feste Siedlung der Mongolen gewesen. Dschinghis Khan gehörte in eine Jurte, nicht in einen Palast. Auch berichtete nur eine einzige Quelle von einer Stadt mit dem Namen Aurug und nur ein chinesischer Bericht behauptete, Dschinghis Khan habe am Ufer des Cherlen gesiedelt, immerhin fast 600 km von Karakorum entfernt. Erst japanische Forscher, auf der Suche nach dem Grab des großen Feldherrn, griffen die These wieder auf, sehr gegen den Widerstand der mongolischen Fachkollegen, die weiter im Norden suchen wollten. Ausgegraben wurden Grundmauern einer Stadt von 1,3 km Länge und 500 m Breite. Münzfunde deuten auf eine Besiedlung im 12. Jh. hin. Jetzt gehen Wissenschaftler davon aus, daß hier im Jahr 1206 Temudschijn als Dschinghis Khan zum Oberhaupt aller Mongolen ernannt wurde.

Changai – Die Wiege der mongolischen Nation

Das Changai-Gebirge

Im Changai-Gebirge steht die Wiege der mongolischen Nation. Karakorum (*Char Chorin*), von 1235 bis 1380 die Hauptstadt der Mongolen-Khane, liegt inmitten der fruchtbaren Ausläufer des Gebirges. Von hier aus wurde kurze Zeit das größte Weltreich regiert, hier versuchten nord-mongolische Fürsten mit dem Bau von Erdene Zuu, der größten Klosteranlage der Mongolei, symbolisch an alte Traditionen anzuknüpfen. Und archäologische Ausgrabungen beweisen, daß auch in den Jahrhunderten vor Dschinghis Khan in dieser Region ein politisches Zentrum weiter Teile Zentralasiens lag.

Das Changai-Gebirge ruht als mächtiger Block in der Mitte der Mongolei; schon immer führten die Verkehrswege über seine Flanken und machten die Region um Karakorum zu einem idealen Standort. Höchster Berg im Changai und einziger, der ewigen Schnee und Firngletscher aufweist, ist mit 3905 m der Otgon Tenger (›Jüngster Sohn des Himmels‹). Sein domförmiger Gipfel ragt deutlich aus einer felsigen Kette hervor. Die anderen Teile des Gebirges, die flachen und breiten Kämme, wirken überwiegend weich und erinnern an ein Mittelgebirge. Die Verwandtschaft zum Chentij-Massiv nördlich von Ulan Bator ist unverkennbar. Der Hauptkamm des aus Graniten und kristallinem Gestein aufgebauten Gebirges erhebt sich vereinzelt bis direkt unterhalb der Schneegrenze: Besondere Züge verleihen dem Changai die an zahlreichen Stellen dem Grundgebirge aufgesetzten Vulkankegel oder die mächtigen Basaltdecken in vielen Tälern. Überall sind Zeichen ehemaliger Gletschertätigkeit zu erkennen.

Der Orchon oberhalb von Char Chorin

Granitwände sind geglättet, wie von Riesen dahingeworfen finden sich in vielen Tälern große Gruppen geschliffener Felsblöcke. Galeriewälder, gelegentlich auch geschlossene Waldgebiete, finden sich meist auf den flach geneigten Nordhängen, während die südliche Flanke waldfrei und von der Gebirgssteppe beherrscht ist. Im Sommer schreitet der Wanderer über Felder voller Edelweiß und Enzian. Die baumlosen Südhänge weisen bereits die in der Mongolei weit verbreiteten Pflanzen der Grassteppe auf: Haarpfriemengräser. Die Wiesen duften nach Kräutern und Gewürzen, nach wildem Schnittlauch, Thymian, Wermut und Beifuß. Vier größere Städte liegen an den Seiten des Gebirges: Tsetserleg im Norden, Arwaicheer und Bajanchongor im Süden und das alte Uliastai im Westen, direkt am Rand der Sandwüste. Verwaltungsmäßig sind sie gleichzeitig die Hauptstädte der entsprechenden Aimag: Archangai (Nord-Changai), Öwörchangai (Süd-Changai), Bajanchongor und Zawchan.

Char Chorin (Karakorum) und das Orchon-Tal

Das Orchon-Tal besitzt bedeutende historische Stätten, und es zählt zu den landschaftlich reizvollen Regionen der Mongolei. Mit 1124 km Länge ist der Orchon einer der längsten und wichtigsten Flüsse des Landes; gemeinsam mit Tuul und Selenge entwässert er die Mongolei nach Norden über den Baikalsee in das arktische Meer. Im Oberlauf fließt er über weite Strecken durch einen Canyon, im Mittellauf mäandert er durch eine Sumpflandschaft mit dem reizvollen Ögij Nuur, im Unterlauf ist er während der gesamten eisfreien Zeit zumindest bis zum Zusammenfluß mit dem Jeröö (64 km) schiffbar, bei Hochwasser sogar bis zur Mündung des Charaa (123 km) oder der Tuul (310 km). Im Tertiär, vor etwa 60 Millionen Jahren, brachen zwei Vulkane am oberen Talende aus. Die Lavamasse schob sich etwa 100 km in das Tal hinein. Über Millionen Jahre riß die Basaltdecke auf, so daß Basaltkegel bizarr in der Landschaft stehen und weite Flächen von zum Teil manngroßen Steinblöcken bedeckt sind. Die schwarzen Felsen standen Pate für viele Ortsnamen.

Eineinhalbtausend Jahre Geschichte, von frühen Türken bis zu chinesischen Siedlern, prägen die Region rund um Char Chorin im Orchon-Tal. Eine Reise zum ehemaligen Zentrum des Weltreichs gehört für die meisten Besucher zum Pflichtprogramm. Als Standquartiere bieten sich Chudshirt und Char Chorin an.

Von Ulan Bator folgt man für 290 km der Teerstraße nach Arwaicheer. Hinter einer kleinen Brücke beginnt die Piste, die auf den ersten Kilometern noch geteert ist, nach Char Chorin. Bei Kilometer 350 ist von einem *owoo* aus der Ort im Tal zu sehen. Die unzähligen Kanäle erlauben für die restlichen 15 km eine Anfahrt nur auf Umwegen. Am besten übernachtet man in Char Chorin, denn hier befinden sich die historischen Sehenswürdigkeiten – und nach einer achtstündigen anstrengenden Tour ist die Lust auf weitere Pistenkilometer wohl verschwunden. Allerdings nutzen die meisten Veranstalter lieber die Unterkunftsmöglichkeiten in Chudshirt, das in der Vergangenheit aus Ulan Bator mit

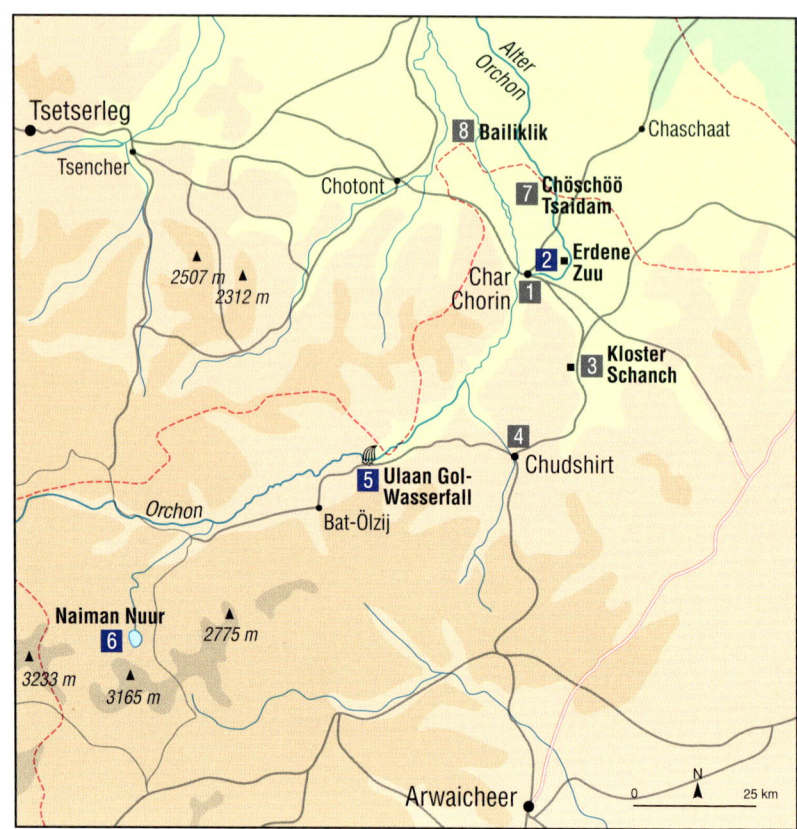

Char Chorin und das Orchon-Tal

Linienmaschinen angeflogen wurde. Seit dem politischen Umbruch 1990 existierte das Binnenflugnetz aber praktisch nicht mehr, und viele Veranstalter sind auf die Straße ausgewichen. Seit Sommer 1995 hat sich die Situation allerdings wieder verbessert. Eine Alternative bietet schließlich noch eine Hubschraubertour, auf der sich in zwei Tagen die meisten der nachfolgenden Sehenswürdigkeiten besuchen lassen.

Char Chorin 1 (S. 226) ist heute Zentrum einer großen Farm. Bewußt setzten die kommunistischen Herren das Kraftwerk der kleinen Ortschaft neben die alten Mauern. Von den Bergen ist deutlich das 370 km lange Bewässerungssystem zu erkennen, das in seiner heutigen Form vor 35 Jahren von Chinesen errichtet wurde. Der Ort Char Chorin liegt mitten zwischen zwei Flüssen, dem Orchon und dem Chögschijn Gol bzw. Chögschijn Orchon (›alter Orchon‹) in einer Sumpflandschaft. Die Kanäle verbinden beide Flüsse und sorgen für die Be- und Entwässerung der Niederung.

Noch während der Herrschaft Dschinghis Khans fiel die Entscheidung, in der Nähe des heutigen Char Chorin die Hauptstadt Karakorum zu errichten. Karakorum bedeutet ›schwarzes Geröll‹ oder ›schwarze Steine‹, womit Bezug auf den schwarzen Basalt der Region genommen wird. 1235, unter Dschinghis Khans Sohn und Nachfolger, begann der Bau. Ausgrabungen haben ergeben, daß die Stadt mit einer Außenlänge von etwa 2 × 1 km rechtwinklig in Längsrichtung von Nord nach Süd am Ufer des Orchon lag. Ein Erdwall umringte die gesamte Siedlung, vier Tore gewährten Einlaß. Das Zentrum bestand aus Straßen mit Ziegelhäusern. Hinter ihnen lagen unbebaute, freie Plätze. Den Osten begrenzten Äcker und Kanäle. Der zweistöckige Palast des Khan befand sich im Südwestteil der Stadt auf einer Anhöhe. 68 Säulen stützten die Decke in der 2800 m² großen zentralen Halle. Dächer und Wände sollen mit Ornamenten reich verziert gewesen sein, und Scherben lassen auf eine Ausstattung mit grünen und roten Fliesen schließen. Die Stadtteile, die dem Adel vorbehalten waren, lagen von Nord nach Süd entlang dem Flußlauf. Vom Leben im alten Karakorum hat vor allem der Franziskanerpater Wilhelm von Rubruk berichtet,

Grundriß Erdene Zuu: *1 Lawran-Tempel 2 Goldener Stupa 3 Tempel des Dalai Lama 4 Zuu-Tempel des Abatai Khan*

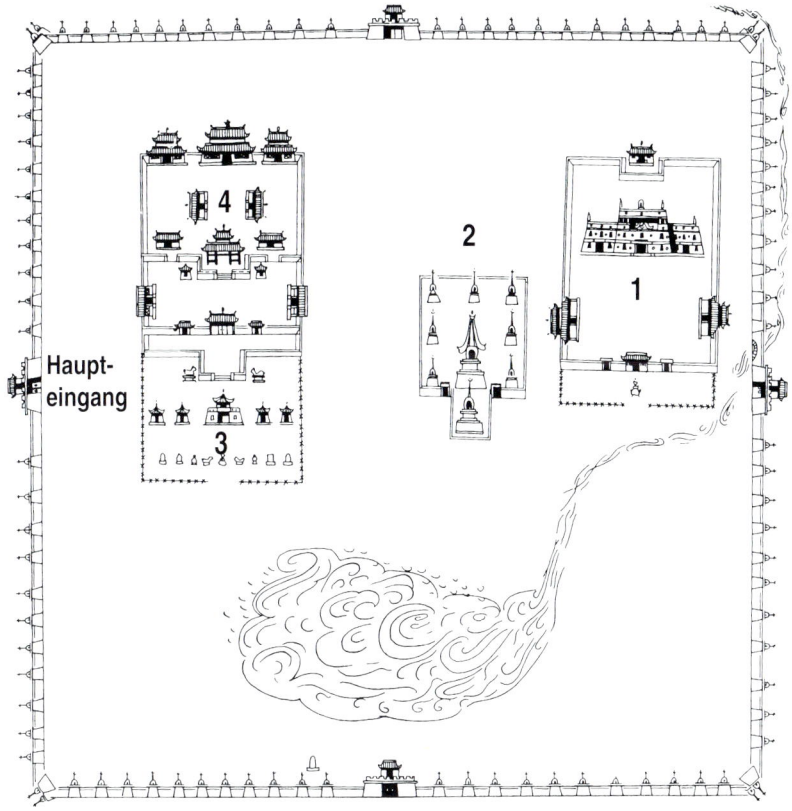

der zwei Jahre benötigte, 1253–55, um von Europa in die Mongolei und zurück zu reisen. Er erwähnt zwölf verschiedene Tempel, zwei Moscheen und eine christlich-nestorianische Kirche.

Im Zuge eines von Tegus Tömür (reg. 1378–88) gegen China begonnenen Krieges zerstörten chinesische Truppen den Ort. Vom alten Karakorum künden nur noch vier Schildkröten aus Granit. Eine Schildkröte steht direkt neben den Klostermauern von Erdene Zuu. Auf ihrem Rücken, dort, wohin Besucher heute Opfersteine legen, stand einst eine Stele mit eingravierten Texten. Eine weitere befindet sich auf einem kleinen Hügel nordöstlich am Anfang der Straße nach Chudshirt. Bemerkenswert ist auch eine Stele auf einem der Hügel oberhalb von Char Chorin: Sie stellt einen Phallus dar und wird gerne von jungen Paaren besucht, obwohl sie in den 60er Jahren bei dem Versuch, sie zu versetzen, zerbrach.

200 Jahre nach seinem Untergang begann die zweite Blüte Karakorums als Sitz des **Klosters Erdene Zuu** 2, das ca. 2 km östlich der heutigen Stadt liegt. Mit sicherem Gespür für Symbolik begann 1586 der Chalcha-Fürst Abatai, der Tibet bereist und dem der Dalai Lama den Titel eines Khan verliehen hatte, den Bau des ersten lamaistischen Klosters im Chalcha-Gebiet. Nach dem bedeutendsten Bild einer Gottheit in diesem Kloster erhielt der Komplex später den Namen Erdene Zuu, ›Kostbarer Herr‹. Ende des 17. und Anfang des 18. Jh., bei Auseinandersetzungen mit mandschurischen Invasoren, wurde es erheblich zerstört, jedoch 1760–96 und 1806–14 wieder aufgebaut. Vollendete Tatsachen schufen erst mongolische Truppen im Jahr 1937: Die Anlage wurde fast vollständig dem Erdboden gleichgemacht, die Fotos von den Zerstörungen legen die Vermutung nahe, daß die Bauten überwiegend gesprengt wurden. Nur mit Mühe vermag man sich das geschäftige Treiben der 10 000 Mönche, die einst hier lebten, vorzustellen. Zwar begann Anfang der 90er Jahre wieder ein kleiner Klosterbetrieb, doch bis der alte Glanz wieder erstrahlt, werden wohl noch Jahrzehnte vergehen. Beeindruckend ist die hohe Mauer, die den quadratischen Tempelbezirk mit seiner Seitenlänge von 400 m umgibt. In regelmäßigen Abständen sind insgesamt 108 Stupa in die Mauer eingefügt. Sie stammen aus dem 17. Jh. und kennzeichnen das Karree von Erdene Zuu unverwechselbar (Abb. S. 132/133). Jeder trägt den Namen seines Stifters und desjenigen, dem er gewidmet wurde. Im Inneren der Umwallung sind von den einst 60 Tempeln nur noch wenige erhalten, so die drei Tempel des Stifters Abatai Khan und der inzwischen restaurierte Lawran-Tempel.

Der Tempel Lawran, 1780 erbaut, ist das einzige Bauwerk im rein tibetischen Stil mit Flachdächern, trapezförmigen Fenstern und leicht nach innen geneigten massiven Mauern, das in der Mongolei erhalten blieb. Das Gebäude wurde als Sitz des Bogd Khan erbaut.

Daneben erhebt sich, ebenfalls tibetisch gestaltet, der 1799 errichtete 10 m hohe Goldene Stupa.

Der Tempel, der im westlichen Teil der Anlage liegt und im chinesisch-mongolischen Stil gehalten ist, wurde 1675 zu Ehren des Besuchs des Tuschet Khan beim Dalai Lama errichtet. Seither nennt man ihn Tempel des Dalai Lama.

An diese kleine Tempelanlage schließen sich die drei Zuu-Gebäude des Klosterstifters Abatai Khan und seiner Familie an. Sie bergen heute ein kleines

◁ *Erdene Zuu*

Museum und sind die ältesten religiösen Bauwerke der Mongolei. Sie stehen in der zweiten Reihe der Anlage, hinter dem Dalai Lama-Tempel. Alle drei Gebäude sind einheitlich gestaltet. Die Statik, die notwendig ist, um über dem relativ kleinen Erdgeschoß zwei mächtige, geschwungene Dächer aufzutürmen, die weit über die Grundfläche des Gebäudes hinausreichen, wurde in China entwickelt. Beachtenswert sind die Fresken im sino-tibetischen Stil mit ihren mongolischen Eigenheiten. So wurde im zentralen Tempel, 1586 erbaut, die Kassettendecke mit Berg- und Waldlandschaften ausgemalt. In den Grotten und Höhlen sitzen Gottheiten. Meterhohe Tonplastiken verschiedener Buddha, so die des Medizin-Buddha und die des Buddha des Unermeßlichen Lichts, Amitabha, beleben den Innenraum. Vier goldene Skulpturen der Grünen Tara, der Göttin der Gnade, sollen vom ersten Bogd Khan unter dem Künstlernamen Zanabazar persönlich geschaffen worden sein – was manche Wissenschaftler allerdings bezweifeln. Die Fürsten Tsogt und Sungen stifteten diesen Teil der Anlage. Davor liegen die Gräber von Abatai Khan und seinem Sohn Gombodordsh, während sich die Grabstelle der Frau Abatais außerhalb der Klostermauern befindet. Der westliche Tempel wurde noch auf Veranlassung Abatai Khans selbst erbaut. Im Inneren flankieren links Sanchaa und rechts Maidari, also Maitreya, der zukünftige Buddha – dem in der Mongolei besonders gerne gehuldigt wird (s. S. 64) – die zentrale Buddha-Statue. Das östliche Gebäude errichteten Erchij Mergen, dessen Sohn und die Mutter des ersten Bogd Khan. Hier begleiten rechts der Reformer des Lamaismus Tsongkhapa und links der Bodhisattva Avalokitheshvara (s. S. 62) die Buddha-Figur. Kniehohes Gras verdeckt die übrigen Relikte des großen Klosters: Grundmauern, metallene Becken, Porzellan- und Tonscherben.

Wer ausreichend Zeit mitbringt, kann von Char Chorin aus über Chudshirt dem Orchon flußaufwärts folgen. Auf halber Strecke zwischen Char Chorin und Chudshirt kann man im Schanch-Sum Überreste des **Klosters Schanch** 3 sehen, das die Lamas heute mit Spendengeldern allmählich wieder aufbauen.

Chudshirt 4 (S. 227), 420 km von Ulan Bator (bzw. 55 km und zwei Stunden von Char Chorin) entfernt, ist ein langweiliges Provinznest, dessen ›Touristenbase‹ noch den Charme sozialistischer Zeit ausstrahlt. Einige Mineralquellen locken mongolische Gäste in das kleine Sanatorium mit seinem 52 °C warmen Wasser. Der Sage nach soll ein Hirsch die Quelle entdeckt haben, und so wurde er zum Wappentier der Stadt. Am Fuß des Berges Schonchlai wurden Grabanlagen in Steinkreisform gefunden, die von der alten Besiedlung der Region künden.

Von Chudshirt aus sind es bis zur Siedlung Bat-Ölzij noch etwa 80 km durch sumpfige Niederungen, die die Tour gegen Ende des Sommers in der Regenzeit meist unmöglich machen. Auch während des übrigen Jahres ist die Strecke schwierig: Mehrfach erlauben lediglich Furten die Überquerung des Flusses, und scharfkantige Basaltklippen lassen nur die vorsichtigste Fahrweise zu. Für die einfache Strecke sollte ein Tag einkalkuliert werden. Auf halbem Weg zwischen Chudshirt und Bat-Ölzij, lockt der bekannteste Wasserfall der Mongolei, der **Wasserfall des Ulaan Gol** 5 (S. 228). Der Ulaan Gol, der ›Rote Fluß‹, dessen Bett sich bis zu dieser Stelle kaum in den Basalt eingegraben hat und gemächlich durch die

Mit dem Jeep durch die Steppe

Qualmwolken steigen plötzlich am Wagenfenster auf, unser Jeep brennt. Die letzten Trinkwasservorräte und selbst ein paar Dosen Bier fliegen in den Motorraum, die Batterie ist ruckzuck abgeklemmt, damit sich kein Kurzschluß bildet. Wir haben noch einmal Glück gehabt und das Entstehen des Feuers sofort bemerkt. Unter der Karosserie hatte sich bei der Fahrt durch die ostmongolische Menengijn-Steppe trockenes Gras verklemmt, und der heiße Motor hatte es schließlich entzündet. Eine Minute später und wir hätten uns auf den 250 km langen Marsch zur nächsten Siedlung mit Telefon begeben müssen. Ein anderer Tag, ein anderes Szenario, dieses Mal in den sumpfigen Tälern des Chentij-Gebirges: Ein kurzer, scharfer Pfiff, wie eine Peitschenhieb schlägt das Drahtseil gegen die Karosserie – das Abschleppseil ist gerissen. Seit vier Stunden sitzen wir bis über die Trittbretter im Schlamm, haben geschaufelt, als wollten wir uns um einen Job im Bergbau bemühen, mit dem Wagenheber wieder und wieder versucht den Wagen so hoch zu heben, daß die Sandbleche unter die Reifen gelegt werden können – und beobachtet, wie unser High Jack erst nach mehr als einem halben Meter auf Widerstand stieß. Es ist heute das zweite Mal, daß wir im Schlamm festsitzen, am Vormittag kamen wir nach zwei Stunden aus eigener Kraft heraus, zum Glück, denn auf den nächsten 20 km sahen wir keine Jurte, und der nächste Traktor stand 50 km entfernt. Auch jetzt haben wir Glück im Unglück, eine Farm ist nur wenige Kilometer entfernt, und die Traktorfahrer sind bereit, uns herauszuziehen. Allerdings müssen sie erst einen ihrer Kollegen flott machen, der gleichfalls in der schmatzenden Masse steckt. Da das Pech auch die Einheimischen ereilt, verzeihen wir uns unseren Fehler, aus Versehen die Winterpiste und nicht den schlechteren Sommerweg genommen zu haben. Wir hatten die Zeichen gesehen, aber nicht verstanden: die Piste führte direkt auf einen kleinen Tümpel zu – und auf der anderen Seite kam sie ebenso schnurgerade wieder

aus dem Wasser heraus. Wenn das Wasser zugefroren ist, kann man hier wie auf einer Schnellstraße fahren, im Sommer fährt man direkt in den Sumpf. Kein Verkehrsschild warnt den Fahrer vor derartigen Problemen, kaum ein Wegweiser zeigt Richtungen oder benachbarte Orte an. Die Fahrer kennen sich aus oder fragen bei jeder Jurte am Wegrand nach der Strecke. Diese Überlegungen helfen uns jetzt aber nicht. Unterdessen ist es Nacht, selbst die Mücken, die in der Dämmerung über uns hergefallen waren, haben sich schon wieder zurückgezogen. Der einzelne Traktor, der vergeblich versucht hatte, uns herauszuziehen, ist wieder zu seiner Brigade gefahren, angeblich will er mit einem Freund zurückkommen. Gegen Mitternacht flimmernde Lichter am Horizont, drei Traktoren suchen sich tatsächlich den Weg durch den Sumpf.

Zwei voreinandergespannt schaffen es schließlich, unseren Geländewagen mit Schwung herauszuziehen, das Spezialfaserabschleppseil hält, die Karosserie erstaunlicherweise auch. Voll Freude schenken wir unseren Rettern ein paar Flaschen Wodka.

Der Vier-Tage-Trip aus Ulan Bator war von Anfang an eine Tour mit Hindernissen. Ein Reifen von einem Nagel durchbohrt, zum Glück haben wir Ersatzschläuche und zwei aufgezogene Reserveräder dabei. Mehrfach verfehlen wir die richtige Piste und verfahren uns um Kilometer, was in der Mongolei, wo über Land 30 km in der Stunde schon ein Erfolg sind, einen Verlust von Stunden bedeutet. Nur mit dem Kompaß finden wir zurück, ein Jahr später haben wir in unserem GPS (Global Positioning System, ein Satellitennavigationsgerät) eine wirkliche Hilfe. Das Waschbrett der Piste rüttelt so stark an den Aufhängungen unserer sechs Reservekanister, daß an einer Stelle ein Riß im Karosserieblech entsteht und später in Ulan Bator viele Schweißnähte nachgezogen werden müssen. Kurz vor dem Ziel des Ausflugs erfahren wir, daß die Fähre, mit der wir über den Fluß Onon setzen wollen, wegen Niedrigwasser nicht einsatzbereit ist. Eine Tagesreise weiter soll es eine Furt geben, doch hier ist das Wasser noch über 1 m tief, und der Fluß weist die beachtliche Breite von 100 m auf. Wir bewundern Einheimische, die mit ihren Pferden durch die Strömung reiten, das Wasser reicht bis zur Satteldecke. Nach weiteren 30 km eine andere Fähre, doch der Fährmann wohnt am jenseitigen Ufer und hört wegen des starken Winds unsere Hupe nicht. Unser Fahrer hangelt sich am Führungsseil der Fähre über das Wasser. Das Naß ist erst seit einer Woche eisfrei, zu schwimmen wäre kaum empfehlenswert.

Ein anderes Erlebnis widerfährt uns im Zawchan-Fluß in der West-Mongolei. Mitten in dem 1 km breiten Fluß sind wir trotz Führer in eine schlammige Vertiefung geraten, gestern sei die Strecke noch einwandfrei gewesen. Jetzt lassen uns Sand und Schlamm nicht mehr los, und die Strömung treibt immer neuen Sand heran und beginnt den Wagen einzugraben. Im Fahrerraum steht das Wasser bis zur Windschutzscheibe. Doch auch hier haben wir Glück, nach einigen Stunden wird die ununterbrochene Arbeit mit Sandblechen und Wagenhebern belohnt. Mit lautem Schmatzen gibt uns der Untergrund frei, der Motor springt sogar an, wir erreichen das rettende Ufer.

Wir waren wirklich gut ausgestattet, doch Touren über Land, vor allem abseits der wenigen großen Pisten, waren und sind ein echtes Abenteuer mit tatsächlichem Risiko. Tagelang kann man festhängen. Unser Fahrer verbrachte schon zwei Tage auf dem Autodach, bis ein vorbeikommender Lastwagen seinen Jeep mitten aus einem Fluß herauszog. Mehrere Reservereifen, reichlich Ersatzbenzin, Sandbleche, Schaufel, Axt, Abschleppseile, Kenntnisse im Reparieren eines Pkw, insbesondere vom Reifenflicken, sind unersetzlich, Winde oder Greifzug durchaus nützlich.

Vielleicht halten Sie meine Beschreibungen über die Pisten und die Schwierigkeiten einer individuellen Tour durch die Mongolei für übertrieben, Sie waren schließlich schon in Afrika und andernorts. Lassen Sie sich versichern, meine Frau und ich auch. Als Zeugen für meine eigene Bewertung möchte ich den dänischen Reiseschriftsteller Jörgen Bitsch zitieren: »Die ›Straßen‹ bestanden meistens aus fünf oder sechs Wagenspuren nebeneinander. Und nur wenn man über einen schmalen Bergpaß wollte, mußte man eine bestimmte Spur benutzen. Später konnte man erkennen, wie sich die Spuren wieder in Fächerform voneinander trennten. Uns war eine wochenlange Geländewagenfahrt beschieden, bei der man seine Fähigkeit, sich festzuklammern und blaue Flecke zu ertragen, ausgezeichnet vervollkommnen konnte. Die Anforderungen an die Federn übertrafen alles, was die moderne Reklame dem Käufer zu versprechen wagt. Nebenbei bemerkt hatten wir das Gefühl, daß der Wagen überhaupt jeder Feder entbehrte.«

Am härtesten sind Touren im Winter. Zwar sind die Flüsse zugefroren und es bereitet keine Schwierigkeiten, sie zu überqueren. Doch die extremen Temperaturen machen den Motoren, insbesondere den Batterien zu schaffen. Dieseltreibstoff selbst, wenn man ihn zu großen Teilen mit Benzin versetzt, wird sulzig. So haben wir schon manchmal sorgenvoll zugeschaut, wenn allein ein kleines Feuer unter dem Tank oder Motorblock das Gefähr wieder flott machen konnte.

Nichts macht mehr Spaß als unabhängig von einer Reisegruppe über Land zu reisen, doch nur bei guter Vorbereitung bleiben die Risiken einer privaten Auto- oder Motorradtour durch die Mongolei kalkulierbar.

Für uns wäre all dies nicht ohne unseren Fahrer und Automechaniker Amarbajar gegangen, wie viele mongolische Fernfahrer ein moderner Cowboy des Landes, ein kleines Genie, wenn es um Öl und Schrauben geht, einem Mann, dem es nichts ausmachte, im kältesten Winter Treibstoffleitungen auszublasen und in der Hitze der Gobi eine Kupplungsscheibe zu wechseln – und der dabei immer noch über beide Ohren zu lachen wußte: »Keine Angst – kriegen wir wieder hin!«

Ulaan Gol-Wasserfall, auch Orchon-Wasserfall genannt

Wiesen plätschert, stürzt nun in ein 20 m tiefes Loch, das sich unvermittelt in der Ebene öffnet. Der Riß in der Basaltdecke zieht sich bis zum nahegelegenen Orchon, der sich ebenfalls canyonartig eingefressen hat. Etwa 100 m unterhalb des Wasserfalls kann man durch die Felsen in die Schlucht absteigen und eventuell ein – allerdings kühles – Bad nehmen. Von besonderem Reiz ist der Wasserfall in den Wintermonaten, wenn die Wasserwand gefroren ist. – Auf halber Strecke zwischen Chudshirt und Bat-Ölzij stand früher auch das Kloster Tuwchun, wo der erste Bogd Khan unter seinem Künstlernamen Zanabazar gewirkt haben soll. Am Berghang des Schiweet ist heute noch eine Höhle zu besichtigen, in der er, der Sage nach, geschmiedet hat. (Wer die unendliche Weite dieser Landschaft empfinden möchte, sollte den Berg erklimmen.) –

Zu Pferde kann man weiter flußaufwärts zu der am oberen Talende in 2300 m Höhe gelegenen ›Acht-Seen-Platte‹, **Naiman Nuur** 6, vorstoßen. Die Folge kristallklarer Gewässer erinnert an skandinavische oder kanadische Landschaften. Die Ufer der größeren Seen sind vollständig mit den Basaltbrocken bedeckt, Wald reicht bis an sie heran. Auch in den Tälern liegt zopfartig Basalt, oft gestapelt wie Baumstämme.

Zurück in Char Chorin lassen sich flußabwärts historische Stätten besuchen. Der Orchon mäandert hier in unzähligen Schleifen mit breiten Sandbänken durch ein bis zu 40 km breites Steppental. Die fruchtbare und verkehrsgünstige Region am Rande des Changai-Gebirges lockte bereits lange vor Dschinghis Khan Siedler an.

40 km flußabwärts, inmitten der Sümpfe, entdeckte 1889 der russische Forscher N. M. Jadrinzew im Sum Chaschaat (Archangai-Aimag) zwei bedeutende alttürkische Gedenkstätten aus dem 8. Jh., **Chöschöö Tsaidam** 7. Sie stehen eng mit der Tonjükuk-Gedenkstätte bei Nalaich (s. S. 117) in der Nähe Ulan Bators in Zusammenhang. Ausgegraben wurde eine steinerne Schildkröte mit einer Inschriftentafel auf dem Rücken. Fast 200 Jahre zentralasiati-

scher Geschichte sind darauf zusammengefaßt. Die Grabmale sind außergewöhnliche Zeugen türkischer Kunst und Kultur aus der mongolischen Steppe. Die größere der beiden Anlagen erinnert an Kül-Tegin, der unter seinem Bruder Bilgä Chagan, dessen letzte Ruhestätte nur 500 m südlich liegt, Oberbefehlshaber des türkischen Heeres war. Der Gesamtkomplex mißt 67 × 29 m und wird von einer mit Ziegeln verkleideten dicken Stampflehmmauer umschlossen. Außen um die Mauer zog sich ein über 6 m breiter Wassergraben. Im Zentrum befindet sich eine quadratische Plattform mit einer Seitenlänge von 13 m. Auf diesem Lehmfundament fanden sich Relikte eines kleinen Palastbaus oder vielleicht eines Opfertempels, dessen Dach vermutlich schon vor 1000 Jahren einstürzte. Die beiden Statuen in der Mitte des Tempels stellen wahrscheinlich Kül-Tegin und seine Gemahlin dar. Kül-Tegin ist an seinem hohen Kopfschmuck in Gestalt einer Krone mit einem Vogel, der die Flügel ausgebreitet hat, erkennbar, einer Tierdarstellung, die charakteristisch für die Kunst der frühen Türken ist. Die große Stele weist in der zweisprachigen (chinesischen und alttürkischen) Inschrift folgendes Datum auf: 27. Tag, 7. Monat, männlicher schwarzer Wasser-Affe, also 732 n. Chr., ein Jahr nach Kül-Tegins Tod. Zahlreiche Ahnenstandbilder *(babal)* stehen außerhalb des Tempelhofes. Eine mit steinernen Bildnissen von Fürsten und Heerführern gesäumte Allee erstreckte sich damals vom Tempel nach Osten. Mit Ausnahme gut erhaltener Skulpturen aus grauem Marmor ist dieser feierliche Wachzug zu einer formlosen Trümmermasse geworden. Die kräftigen, originellen, in Stein gemeißelten Krieger sind meist in traditioneller Pose dargestellt, aufrecht, mit einem Kelch in der rechten Hand und einem von links nach rechts übereinandergeschlagenen Mantelrock. Man erkennt deutlich Kleidung, Haarstil, Ohrringe und die Gurte, an welchen Waffen hängen. Die Mandelaugen stehen sehr nahe beieinander, die Nase ist lang, und über dem kleinen Mund befindet sich ein Schnurrbart. Diese Statuen waren die stummen Zeugen von Bestattungsfeierlichkeiten und Totenmahlen, die in nach Osten gerichteten Gebäuden abgehalten wurden. Vor dem Bildnis des tapferen Kämpfers wies eine Reihe grober Steine auf die Zahl der von ihm getöteten Feinde hin.

Nur 30 km flußabwärts von Char Chorin, in Sichtweite der Siedlung Chotont in Richtung Nordosten, liegen die Ruinen der Uiguren-Hauptstadt **Bailiklik** 8, heute bekannt unter dem Namen Char Balgas (›Schwarze Stadt‹), aus dem Jahr 840. Kommt man von der alttürkischen Gedenkstätte, so muß man allerdings zunächst zurück nach Char Chorin, um dort den Fluß zu überqueren. 1949 fanden hier Grabungen statt, die Einblicke in den Aufbau von Stadt, Tempel und Burg gewährten. Das Wallsystem wies Türme von bis zu 16 m Höhe auf. Die Burg selber war von einer 12 m hohen Mauer umgeben. Schließt man von der Größe der Anlage auf die vermutliche Zahl ihrer Bewohner, so läßt sich die Stadt mit den großen Zentren des frühmittelalterlichen Orients vergleichen. Die Uiguren, ein Turkvolk, besiegten die alttürkischen Herrscher und geboten für etwas mehr als ein Jahrhundert (745–854 n. Chr.) über eine Region, die nicht nur mongolisches Gebiet umfaßte, sondern bis nach Turkestan reichte. Schon im 9. Jh. wurden sie von den Jenissei-Kirgisen abgelöst. Geblieben ist ihre Schrift, die Dschinghis Khan als Vorbild für das mongolische Alphabet diente.

Der nördliche Changai

Der Nord-Changai ist die landschaftlich schönste Region der Mongolei. Unberührte Berge, klare Seen, saftig-grüne Wiesen, Paßstraßen, Wälder, Yaks. Aus Ulan Bator kann man direkt nach Westen fahren und bei der Gelegenheit die Burgruine des Tsogt Tajdsh sowie den Ögij Nuur, einen flachen Steppensee besuchen. Direkt neben der Piste, die Tsetserleg mit Ulan Bator verbindet, einige Kilometer westlich von Daschintschilen (Bulgan-Aimag) liegt **Char Buchijn Balgas** 1 (›Stadt/Ruine des Schwarzen Bullen‹), eine Burgruine, die auch als Burg des Tsogt Tajdsh (*tajdsh* ist ein Titel aus der Zeit der mandschurischen Herrschaft) bekannt ist. Tsogt gehörte zu den wenigen mongolischen Fürsten, die aus der Reihe ihrer adeligen Standesgenossen herausragten und eine eigene Vision eines größeren Gemeinwesens besaßen. Doch wie viele andere starb auch Tsogt (1637), ohne nachhaltige Spuren zu hinterlassen. Die mongolische Geschichtsschreibung sieht ihn als großen Freiheitshelden im Kampf gegen die beginnende Herrschaft der Mandschuren. Der Tajdsh errichtete im 17. Jh. hier auf den Fundamenten einer alten Kitan-Siedlung aus dem 10.–12. Jh. seine Festung. Auf die Kitan weist nur noch ein bis zu 5 m hoher Wall hin, der deren rechteckige Siedlung umfaßte. Im Inneren der alten Stadt legte Prinz Tsogt seine Residenz, gemauert aus Schieferplatten, an – aber auch davon sind heute nurmehr Ruinen vorhanden.

Folgt man weiter der Piste nach Tsetserleg, so muß man wenige Kilometer nördlich des **Ögij Nuur** 2, einem fischreichen Süßwassersee von etwa 7 km

Char Buchijn Balgas, die Ruine des Tsogt Tajdsh

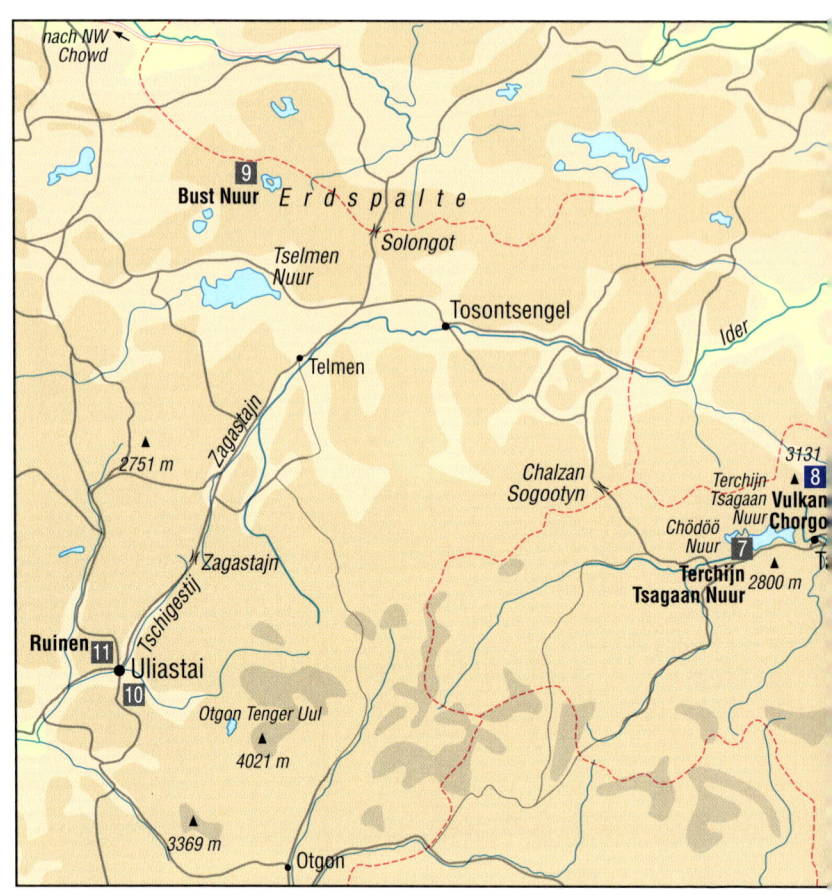

Nord-Changai

Länge, 5 km Breite, aber lediglich 4 m Tiefe, den Fluß Orchon überqueren. Die Ufer des Sees sind hügelig, nur im Westen schließt sich in einer Niederung eine Sumpflandschaft an. Besonders im Frühjahr, wenn im Mai die Eisdecke aufbricht, ist der Ögij Nuur eine beliebte Raststation für Zugvögel. Westlich des Sees fließen der Süd- und der Nord-Tamir in den Orchon. Während es sich im Oberlauf um schnell fließende Gebirgsflüsse handelt, sind ihre Unterläufe geruhsam und haben, weit mäandernd, viel Sand und Kies abgelagert.

Günstiger indes ist die Fahrt via Char Chorin, kilometermäßig zwar ein Umweg, aufgrund der besseren Pisten aber die einfachere Strecke, die zudem einen Besuch des historischen Zentrums einbindet (s. S. 135). Auf dieser Strecke sind es von Ulan Bator bis **Tsetserleg** 3 (S. 228), der Hauptstadt des Archangai-Aimag, 500 km. Der Ort ist das einzige Aimag-Zentrum der Mongolei, das Charme hat, auch wenn man den Namen ›Blumengarten‹ nicht zu wörtlich nehmen sollte. Die Stadt liegt in einem tiefen Felskessel auf 1695 m Höhe, und

die Besiedlung zieht sich die Hänge hinauf. Viele Häuser sind farbig gestrichen, die Berge geben die entsprechend großartige Kulisse ab. Die Besiedlung begann mit der Gründung des Klosters Tsajain Churee 1586, seine wesentliche Ausbauphase fällt in das Jahr 1679. Auf der Felswand des Bulgan Uul hinter dem Kloster sind auf rotem Grund zwei große Darstellungen eines weißgekleideten alten Mannes im *deel* zu sehen. Es handelt sich um die Figur eines Wohltäters, die auch in traditionellen tibetischen *tsam*-Tänzen verehrt wird. Man nennt sie ›Weißer Alter‹. Ihr Bild wurde so tief in den Felsen eingemeißelt und mit traditionellen Farben ausgemalt, daß trotz mehrfacher Versuche der kommunistischen Machthaber dessen Entfernung nicht gelang. Nach jedem Regen seien die weißen Gesichter der Figuren erneut erschienen, berichten die Einheimischen. Jetzt hat das buddhistische Leben auch Tsetserleg wieder erfaßt. Schon die beiden Stadttore mit ihren buddhistischen Symbolen künden davon. Das Kloster, das die Kulturrevolution wie ein Wunder als Museum überstand und damit noch über viele alte Kunstgegenstände verfügt, ist wieder von Leben erfüllt. Davor befinden sich das örtliche Museum und ein Denkmal zur Erinnerung an die Gewaltherrschaft, ein trauernder Frauenkopf. Interessant der Bedeutungswechsel: kündeten früher die – jetzt entfernten – Inschriften von ›reaktionären Aufständen‹ der Lamas gegen Ende der 30er Jahre, so bezieht sich das Mahnmal nun auf die unter kommunistischer Verantwortung begangenen Morde und Zerstörungen.

Tsetserleg besitzt trotz seiner Höhe ein günstiges Klima. In der gut durchlüfteten Hanglage wird es im Januar durchschnittlich nur –16 °C, obwohl die Stadt über 400 m höher liegt als Ulan Bator. Selbst an den kältesten Tagen sank die Quecksilbersäule noch nie unter –37 °C. Allerdings ist bis ins letzte Maidrittel mit Frosttagen zu rechnen, und es wird im Sommer auch nur mäßig warm. In dieser Jahreszeit fallen zwei Drittel aller Niederschläge, die im Gesamtjahresdurchschnitt mit fast 350 mm relativ hoch sind.

Ab Tsetserleg ist die Straße nach Westen landschaftlich ausgesprochen schön. Sie windet sich durch Schluchten, folgt Hochgebirgstälern und führt an malerischen Seen vorbei. Das nächste Fernziel ist Tariat, 165 km und eine Tagesetappe entfernt. Kurz vor Ich Tamir hat der einsam am Flußufer stehende, 16 m hohe Felsen **Taichar** 4 schon seit langem die Phantasie der Menschen angeregt. Nach der Sage sollen früher nur Ringkämpfer, die den Felsen anheben konnten, zum *naadam* zugelassen worden sein. Etwas bescheidener ist die Variante der Geschichte, die besagt, nur ein einziges Mal habe ein Ringer den Stein heben können. Etwa 150 alte Inschriften künden von seiner Bedeutung.

Lärche mit 100 Zweigen

Auf der weiteren Strecke nach Westen führt die Straße am Ufer des Tschuluut (›der Steinige‹) vorbei. Nach 415 km und 2000 m Gefälle ergießt er sich in den Ider. Im Oberlauf kennzeichnen ihn die von Gletschern geschaffenen Moränen mit kleinen Seen, die vom Hauptstrom abgeschnitten sind. Im mittleren Abschnitt, an dem die Straße entlangführt, fließt er durch einen bis zu 200 m tiefen Basaltcanyon. Die Felsen stürzen zum Teil fast senkrecht aus der Ebene in das Flußbett. Vor einigen Jahren führte die Straße so nahe an einer Abbruchstelle vorbei, daß immer wieder Fahrzeuge vom Weg abkamen und in die Tiefe stürzten. Wer sich zu Anfang des Canyons vor der Brücke nach rechts wendet, kann in dem Basaltgestein zahlreiche **Felsmalereien** 5 entdecken. Weitere Darstellungen sind auch auf den Wänden der Schlucht zu finden. Hier berührt man auch eine der heiligsten Stätten des Weges, den **Baum mit 100 Zweigen** 6 (48°07′92″ N; 100°16′41″ O), eine sibirische Lärche, die aus zahlreichen geteilten Stämmen besteht. Die angeblich neun Stämme symbolisieren nach der Sage jeweils einen Edelstein. Auffallend ist, daß die meisten der umstehenden Lärchen zumindest aus Doppelstämmen bestehen. Gebetsfahnen künden von der Bedeutung des Ortes; den Baum zu besuchen, ohne eine Gabe zu hinterlassen, hat nach Ansicht vieler Mongolen katastrophale Folgen. Menschen hätten verkrüppelte Arme bekommen, seien mit dem Auto verunglückt (was angesichts der ungesicherten Piste entlang der Schlucht durchaus nachvollziehbar ist) oder eine seltsame Krankheit habe sie erfaßt. Kurz vor Tariat mündet der Sum, der Abfluß des Terchijn Tsagaan Nuur, in den Tschuluut. Auch der Sum windet sich entlang völlig senkrechter Wände durch die flache Steppe und bildet einen, wenn auch nicht besonders tiefen, Canyon. Er frißt sich allmählich in den Basaltdamm hinein, der zur Entstehung des Sees geführt hat, so daß der Wasserspiegel in den vergangenen Jahrhunderten bereits um 3 m sank.

Der **Terchijn Tsagaan Nuur** 7 gilt als einer der schönsten Seen der Mongolei. Besonders Angler schwärmen von der reichen Ausbeute an Hechten, die sich hier an Land ziehen lassen. Auch wer nur wenig Zeit hat, sollte versuchen, diese Region zu besuchen, denn sie ist dem Chöwsgöl-See vergleichbar, aber leichter zugänglich. Empfehlenswert ist insbesondere ein Hubschrauber-Flug aus Ulan Bator, der es erlaubt, die Gegend in nur vier Stunden zu erreichen. Am östlichen Ufer des Sees, in Tariat, empfiehlt es sich, einen kleinen Abstecher über den Fluß Sum nach Norden zu machen. Eine wie von Riesen in das Tal geworfene erstarrte Flutwelle aus Basalt kündet von dem nahen **Vulkan Chorgo** 8, der leicht bestiegen werden kann. Vom Kraterrand genießt man einen herrlichen Blick über den See. Etwa 4000 v. Chr. brach der Vulkan zuletzt aus, und ein Lavastrom riegelte das Gebirgstal ab, so daß sich der See staute. Er bedeckt eine Fläche von 55 km^2, von Ost nach West erstreckt er sich über 16 km bei einer maximalen

Brücke über den Sum

Owoo *am Krater des Vulkans Chorgo*

Breite von 5 km. Mitte Mai ist meist noch eine geschlossene Eisdecke vorhanden, nicht verwunderlich angesichts einer Höhenlage von 2020 m. Während am Nordufer die Berge dicht an den See herantreten, schließt sich dem Südufer und den beiden Schmalseiten eine flache Ebene an. Folgt man der natürlichen Verlängerung des Sees nach Westen, so führt die Straße über sumpfige und oft überflutete Strecken. Der kleinere Gefährte des Terchijn Tsagaan Nuur, der westlich gelegene Chödöö (11,3 km², 5,4 km lang, 3,5 km breit) war früher mit dem Hauptsee verbunden und hat keinen natürlichen Abfluß.

Nächstes Ziel ist Tosontsengel, 185 km von Tariat entfernt. Bis auf fast 2600 m Höhe führt die Straße nach Westen zunächst auf den Paß Solongot. Die Straße windet sich durch Hochtäler mit alpinem Charakter entlang zahlreicher kleiner Seen. Die größten Bestände an Yaks sind hier zu finden. Hinter jeder Wegbiegung eröffnen sich phantastische Ausblicke, doch die Vorstellung, auf der sumpfigen Piste steckenzubleiben und in der Kälte auf Hilfe hoffen zu müssen, fördert die Erkenntnis, daß das Paradies nie vollkommen ist. Jenseits gelangt man zum Fluß Ider, bekannt für seinen Reichtum an *taimen*, einem ausgezeichneten lachsähnlichen Speisefisch. Tosontsengel ist die zweitgrößte Stadt des Zawchan-Aimag (benannt nach dem mit 880 km längsten Fluß der Region) und Zentrum von ein wenig Holzindustrie. Die Stadt liegt kurz vor einer wichtigen Weggabelung. Entscheidet man sich für die Nordroute über den Paß Chalzan Sogotyn, so gelangt man auf die Straße nach Mörön (275 km) und zum Chöwsgöl-See oder dann nach Westen in die Aimag Chowd und Bajan-Ölgij. Auf dieser nördlichen Route kreuzt man jenseits des Passes eine 3–20 m breite Erdspalte, die sich über etwa 300 km verfolgen läßt. Sie entstand 1905 bei einem Erdbeben und vermittelt einen Eindruck von der tektonischen Aktivität in der Mongolei. In der Nähe liegt der **Bust Nuur** 9, ein kleiner See mit einer Insel, auf der ganze Rudel von Hirschen beobachtet werden können – das Wild zieht sich im Winter über das Eis auf die Insel zurück, verpaßt im Frühjahr aber oft den rechten Zeitpunkt zum Rückzug aufs Festland.

Landschaftlich reizvoller ist die Südroute nach Uliastai im westlichen Changai.

Der westliche Changai

Karte S. 136

Die Fahrtstrecke von Tosontsengel nach Uliastai (150 km) im Süden führt zunächst durch ein weites Tal semiariden Charakters, um dann allmählich in die Berge zu steigen und nach dem Fischpaß spektakulär entlang einem wilden Flußbett auf Uliastai zuzuführen, das auf 1750 m liegt. Auch im Hochsommer ist ein Schneesturm hier nicht ungewöhnlich.

Uliastai 10 (S. 230), 1733 gegründet, ist eine der ältesten Siedlungen in der Mongolei. Noch vor Urga und Chowd war sie während der mandschurischen Qing-Dynastie das wichtigste chinesische Verwaltungszentrum des Landes. Sie taucht in den mongolischen Geschichtsbüchern mehrfach als Ausgangspunkt von Befreiungsbestrebungen auf: 1755 führte der Fürst Tschingüündshaw Rebellen gegen die mandschurische Oberherrschaft an, 1880 versuchte sein Urenkel Onoltör erneut den Freiheitskampf aufzunehmen, und 1900 gab es Aufstände gegen die chinesische Besatzungsarmee. Erst 1911 gelang die Befreiung von der chinesischen Herrschaft, Ausgangspunkt war wiederum Uliastai. Von der Geschichte Uliastais künden vor allem die Reste einer chinesischen Stadtumfriedung. Die **Ruinen** 11 liegen in der Nähe des Flughafens, etwa 10 km außerhalb der Stadt. Hier sind auch noch die von den chinesischen Besatzern an-

Fahrt über den Fischpaß

Chinesische Ruinen bei Uliastai

gelegten Obstplantagen zu finden. Uliastai ist Hauptstadt des Zawchan-Aimag. Jenseits der Stadt liegt der höchste Berg des Changai, der Otgon Tenger (3905 m), der ›Jüngste Sohn des Himmels‹. Sein runder Gipfel erinnert an eine Jurte, weithin leuchtet seine weiße Firnkappe, kleine Hängegletscher ziehen steil zu Tal. Zu seinen Füßen liegt ein kleiner Moränensee. Nur hier wird die nivale Höhenstufe erreicht. Auch das Hinterland von Uliastai lohnt einen Besuch. Dicht bewaldet, gekrönt von Bergen mit schneebedeckten Spitzen und mit zahlreichen reißenden Bächen durchsetzt, steht die Region in scharfem Kontrast zur Sandwüste, die wenige Kilometer westlich der Stadt beginnt.

Süd-Changai

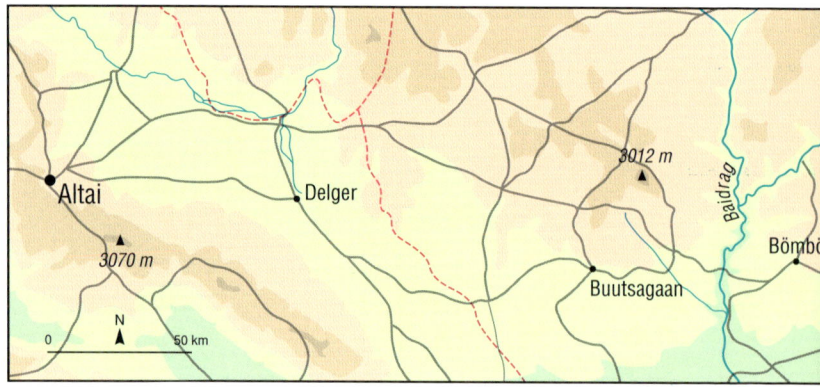

Der südliche Changai

Ausgehend von Arwaicheer, dem Zentrum des Aimag Owörchangai (›Süd-Changai‹), das sich allenfalls als Tankstopp anbietet, führt die Hauptverbindung nach Altai in den Westen. Die Piste ist zwar schwierig, doch im Gegensatz zu den Straßen im nördlichen Changai fast das ganze Jahr trocken und befahrbar. Kurz vor Bajanchongor, dem Zentrum des gleichnamigen Aimag, der vom Changai bis zur Gobi gleich mehrere typische Landschaftsformen der Mongolei aufweist, führt eine Straße in nordöstliche Richtung nach **Schargaldshuut** 1 (70 km von Bajanchongor), einem kleinen Kurzentrum mit heißen Quellen von bis zu 95 °C. Mit etwas Phantasie kann man den Felsformationen, aus denen die jeweiligen Quellen sprudeln, Ähnlichkeiten mit verschiedenen Körperteilen andichten, zu deren Heilung das Wasser dann besonders dienen soll. Bajanchongor liegt in einem flachen Becken inmitten der Prärie und weist wie die meisten Aimag-Städte entlang der zentralen Straße des Friedens ein kleines Museum, die Verwaltungsbauten und einige Gebäude für kulturelle Zwecke auf. Viele Einwohner wohnen auch hier in Jurten.

Fährt man in Richtung Galuut, so erreicht man das landschaftlich hübsch gelegene **Mandal-Kloster** 2, das die Kulturrevolution der 30er Jahre überdauerte. Das in Vergessenheit dahindämmernde Gemäuer scheinen die Revolutionäre schlicht übersehen zu haben, so daß es nicht geschleift wurde.

Weiter im Westen kreuzt man den Fluß Baidrag, der durch ein Netzwerk von Canyons fließt. Er mündet schließlich weiter südlich in den Böön Tsagaan Nuur (›Sammlung der Weißen Seen‹), einen der salzigen Gobi-Seen. Die Piste führt ohne weitere nennenswerte Sehenswürdigkeiten durch die Wüsten- und Halbwüstenlandschaft der Gobi nach Altai (s. S. 185).

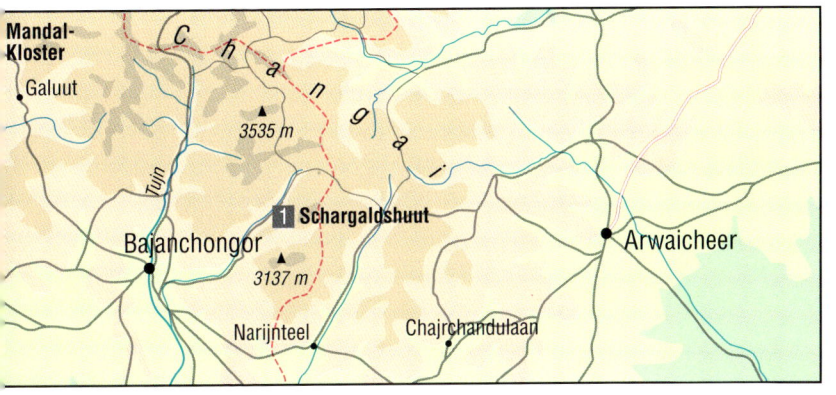

Zwischen Bergen und sibirischer Taiga

Selenge-Orchon-Bergland und Chöwsgöl

Nördlich des Changai-Gebirges schließt sich das Selenge-Orchon-Bergland an. Lokale Zentren sind Bulgan (Bulgan-Aimag), Erdenet und Darchan (jeweils beide eigene Aimag) sowie Suchbaatar (Selenge-Aimag). Die Landschaft ist im Süden dem Changai-Gebirge vergleichbar, im Norden wird sie sibirisch. An den Ufern des Orchon, der das historische Zentrum um Char Chorin bestimmt (s. S. 226), finden sich noch andere geschichtlich interessante Orte; er bildet das Bindeglied beider Berglandschaften. Namensgebend ist ferner der Selenge, der größte Fluß in dieser Region und der wichtigste Zufluß des russischen Baikalsees, als dessen kleiner Bruder der Chöwsgöl-See im nördlichsten Zipfel der Mongolei bezeichnet wird. Hier herrscht sibirische Taiga.

Touren in das Selenge-Orchon-Bergland

Es gibt zwei Strecken, die man aus Ulan Bator in das Selenge-Orchon-Bergland wählen kann. Will man in den nördlichen Bereich, so empfiehlt sich eine Anfahrt über die Teerstraße, die Ulan Bator mit Suchbaatar an der Grenze zu Rußland verbindet. Kurz vor Darchan biegt eine brauchbare Piste nach Westen Richtung Erdenet ab, von wo aus man Bulgan anfahren könnte. Sofern die Brücke über den Orchon intakt ist, wird jedoch allgemein eine Südroute bevorzugt. Obwohl die Region nordwestlich der Hauptstadt liegt, ist es durchaus sinnvoll, die ersten Kilometer auf der Teerstraße nach Arwaicheer im Süden zurückzulegen. Bevor die Straße nach Südwesten abknickt, verläßt man sie nach 112 km bei dem Staatsgut Atar und folgt der Sandpiste nach Bulgan, die sogar durch kleine blaue Kilometerschilder grob gekennzeichnet ist. Es lohnt sich, nach 217 km einen kleinen Abstecher zu unternehmen und nach links zum Fluß Tuul abzubiegen. Nach 7 km stößt man auf eine Brücke über die Tuul. Auf der anderen Uferseite, bereits auf dem Gebiet des Bulgan-Aimag, erhebt sich eine Burgruine: **Tsagaan Baischin** 1, das ›Weiße Haus‹.

Die Mutter des Mongolenprinzen Tsogt Tajdsh errichtete die große Burg, deren Relikte noch heute unser landläufiges Bild von der nomadischen Bevölkerung der Mongolei zu korrigieren vermögen. Der Treppenaufgang war zum Fluß gerichtet, wenige glasierte Ziegel künden noch von der Pracht, die hier geherrscht haben muß. Eine Miniatur-Rekonstruktion ist im Zentralmuseum in Ulan Bator zu sehen. Der Gedenkstein etwas oberhalb auf der Bergkuppe erinnert in mongolischen und tibetischen Schriftzeichen daran, daß Tsogts Mutter die Gebäude in der Zeit vom ›Weißen Eisen-Rind-Jahr‹ (1601) bis zum ›Roten Feuer-Schlangen-Jahr‹ (1617) errichtete und daß Tsogt in seinem kleinen Verwaltungszentrum auch buddhistische Tempel und Schulen bauen ließ. Allein das Steuerauf-

◁ *Der Orchon*

kommen, das notwendig gewesen sein muß, um die Anlage zu unterhalten, muß bedeutend gewesen sein. Das Weiße Haus war nicht die einzige Festungsanlage des Tsogt Tajdsh und seiner Familie, eine andere liegt an der Strecke Tsetserleg – Ulan Bator (s. S. 147).

Bulgan 2 (S. 226) selbst, ein Aimag-Zentrum mit etwa 13 000 Einwohnern, bietet neben einem neuen Kloster (1992), das wie viele andere an die Stelle eines 1937 zerstörten trat, wenig. Auffallend sind die vielen Blockhäuser und das Fehlen von Jurten, so daß man wieder an die Nähe zu Sibirien erinnert wird. Das örtliche Denkmal stellt den Russen Schyetinkin dar, der 1921 bei der Revolution mitgewirkt haben soll. Hier wurde auch der Baron von Ungern-Sternberg (s. S. 40), der Führer der weißrussischen Kräfte in der Mongolei, gefangen genommen.

Historisch bedeutend hingegen sind die Relikte der Uigurenstadt **Baibalyk**  (auch Baibulag genannt), die nordwestlich von Bulgan am nördlichen Ufer des Selenge im Chutag-Sum liegen. Eine Stele trägt hier die Inschrift »Der Uigurenkaiser gab den Befehl, diese Stadt 757 (n. Chr.) zu bauen«. Noch heute lassen sich im Umkreis der Siedlung Spuren früher Bewässerungssysteme erkennen.

Fährt man auf der Piste, die Bulgan mit Darchan verbindet 70 km weiter nach Nordosten, so erreicht man die Bergarbeiterstadt **Erdenet** 4 (S. 227). In der drittgrößten Stadt der Mongolei (65 000 Einwohner) erwirtschaftet eine Mine, die je zur Hälfte mongolisches und russisches Staatseigentum ist, fast zwei Drittel der staatlichen Deviseneinnahmen. Es handelt sich um eine Molybdän-Kupferlagerstätte. Der Abbau erfolgt im Tagebau. Das Erz wird in Erdenet aufbereitet, wo Kupfer- und Molybdänkonzentrate für den Export hergestellt werden. Die Verhüttung und

Der Selenge

Elektrolyse, bei der Kupfer und Molybdän als Metall gewonnen werden, erfolgen im Ausland. Erdenet, verwaltungsmäßig selbständig als Orchon-Aimag, wurde erst in den 60er Jahren gegründet. Ein Besuch im Bergwerksmuseum im ersten Stock des Kulturpalasts gibt einen guten Überblick. In Erdenet werden darüber hinaus maschinell hergestellte Teppiche produziert.

Erdenet ist mit dem 180 km entfernten Darchan durch eine Stichstrecke der Transmongolischen Eisenbahn und eine passable Schotterpiste verbunden. Ein Abstecher führt zu einer der eindrucksvollsten Klosteranlagen der Mongolei,

dem Kloster Amarbajasgalant (›Glückliche Ruhe‹). 150 m vor der Brücke über den Orchon biegt man nach links ab und folgt dem westlichen Flußufer auf sandiger Piste 8 km stromabwärts, biegt sodann im rechten Winkel nach Nordosten ab und wechselt nach 10 km in Richtung Südosten, überquert einen Höhenrücken (7 km) und gelangt in ein Tal, durch das sich das Flüßchen Jeven windet. Hier gibt es keine Piste mehr, doch insbesondere die letzten 30 km flußaufwärts durch das fruchtbare Tal Jeven zählen zu den landschaftlich herausragenden Strecken in der Mongolei. Nur einige Hirtenfamilien nutzen mit ihren Herden die fruchtbaren Weiden. Die Zeit scheint hier seit Jahrhunderten stehen geblieben zu sein. Der Weg ist stellenweise nur im Schrittempo zu bewältigen. Am oberen Talende schließlich liegt die Klosteranlage **Amarbajasgalant** 5, die die weite Steppenlandschaft überschaut. Einen großartigen Überblick erlangt man von dem Berg hinter dem Kloster. Die von einer roten Mauer (207 × 175 m) umgebenen Gebäude liegen an einem Berghang in 2000 m Höhe. Vor dem Haupteingang öffnet sich das Tal über 4 km Breite und 30 km Länge. Den Platz hat der erste Bogd Khan noch selbst ausgewählt, doch mit dem Bau wurde erst nach dem Tode Zanabazars (gest. 1723) im Jahr 1727 begonnen, der Schlußstein 1735 gelegt. 1789 überführte man den mumifizierten Leichnam Zanabazars aus Peking nach Amarbajasgalant. Um das Jahr 1900 lebten mehr als 8000 Menschen im und um das Kloster. Östlich und westlich standen große Jurtensiedlungen. Bei der Zerstörung 1937 waren es nur noch 900 Mönche. Überdauert haben die Zerstörungen 27 Gebäude, die seit 1977 Schritt für Schritt mit Hilfe der UNESCO restauriert werden. Das Bauwerk wurde in die Liste des Weltkulturerbes aufgenommen. Kunstschätze unermeßlichen Wertes gingen jedoch verloren.

Der Bauplan des Klosters ist sowohl in Anlage, statischer Ausführung und

Das Selenge-Orchon-Bergland

Kloster Amarbajasgalant

Ausgestaltung der Fassaden chinesisch, weist aber auch zahlreiche mongolische Elemente auf. Die Gebäude folgen einer Nord-Süd-Achse und stehen alle auf einem Ziegelfundament. Über dem Erdgeschoß schwingen sich Pagodendächer in die Höhe.

Im Zentrum steht der zweigeschossige Haupttempel Dsogchijn Dugan mit seiner großen Halle, deren gewaltige rote Holzsäulen beeindrucken. Tief überhängende Dachkanten kennzeichnen alle vier Seiten. Ein nur eingeschossiger Portiko führt zum Haupteingang mit einem darüber liegenden Balkon. Auf beiden Etagen läuft eine Galerie um das Gebäude. Die Kassettendecke ist mit goldenen Drachen auf grünem Grund verziert, Blumenmotive in den Ecken vervollständigen die Deckengestaltung. Die Säulen, Türen und Rahmen des Haupttempels waren rot oder grün lackiert. Die Stützbalken sind mit Drachen, Blumen- und geometrischen Mustern verziert. Hervorzuheben ist ein kleiner Pavillon in der Mitte über der zweiten Etage, über den Licht in das Innere des Tempels gelangt. Über die Malereien wurde vermutlich eine Schutzschicht aus Öl und Fett gelegt. Diese Technik ist in der Mongolei seit dem späten 16. Jh. (Erdene Zuu bei Karakorum, 1586) bis zum frühen 20. Jh. (Bogd Khan-Palast, 1893–1903, und Tschojdshin Lama-Kloster, 1904–08 – beide Ulan Bator) nachweisbar und bot Schutz für Malereien, die besonders dem Wetter ausgesetzt waren. Die Malereien, die dem europäischen Auge oft zu bunt scheinen, sind fester Bestandteil der Architektur und ein traditionelles Gebäude ohne sie wäre in der Mongolei undenkbar.

Um von Amarbajasgalant nach Darchan zu gelangen, sollte man nicht den Hinweisen mancher Einheimischer folgen, die gelegentlich zu einer Abkürzung quer durch die Steppe raten. Man müßte den Orchon überqueren und wäre darauf angewiesen, daß eine kleine Fähre in Betrieb ist. Zudem ist die Piste sumpfig. Ist man hingegen auf der Hauptpiste, sind es nur 60 km auf einer soliden Schotterstrecke.

Darchan 6 (S. 227) hat sich neben Ulan Bator zur wichtigsten Handels- und Industriestadt, insbesondere für die Kontakte zu Rußland, entwickelt und genießt den Status eines eigenen Aimag. Mit 16 Stockwerken ragt hier das höchste Gebäude der Mongolei empor – ebenso Zeichen für die Industrie- und Zukunftsgläubigkeit der späten 80er Jahre wie das kleine Stahlwerk, dessen hoher Energieverbrauch in keinem Verhältnis zum Nutzen steht. Die Lage an der Transmongolischen Eisenbahn und die Nähe der Kohlegrube Scharyn Gol waren 1961 ausschlaggebend für die Gründung der heute 80 000 Einwohner zählenden Stadt. Die Nähe zu Rußland begünstigt sie als Handelsposten.

Bis zur Grenzstadt Suchbaatar 7 (S. 228), deren Name an den jungen Revolutionshelden erinnert, sind es noch 90 km. Ein großes Sägewerk ist das wichtigste Unternehmen in Suchbaatar. Hier ist der Eisenbahnübergang nach Rußland, während Autofahrer in das 25 km östlich gelegene Altanbulag 8 (›Goldene Quelle‹) fahren müssen, einem verlassenen und düsteren Ort, in dem zweireihiger Stacheldrahtzaun, Gruben und Spiegel, um die Fahrzeuge auch von unten zu inspizieren, in eigenwilligem Kontrast zur Friedensbekundung ›Mir‹ – auf einem Bogen über der Straße – stehen. Der Übergang steht nur mongolischen und russischen Staatsbürgern offen, während es für Angehörige anderer Nationalitäten in der ganzen Mongolei keinen Straßengrenzübergang gibt. Als Maimantschen hatte die Ortschaft unter chinesischer Herrschaft eine größere Vergangenheit als Stützpunkt am Karawanenweg von Rußland nach Peking.

Jenseits der Grenze weist die Ruine einer russisch-orthodoxen Kirche auf die jahrhundertealte Besiedlung der Grenzstadt Kjachta in Süd-Sibirien hin. Kjachta mit seinen baumbestandenen Alleen und seinen alten Holzhäusern erinnert schlagartig an Europa. Die politische und ethnische Grenze stimmen hier überein, auch wenn sich die Burjaten auf russischer Seite zu den mongolischen Völkern zählen. In Kjachta wurde im März 1921 die Mongolische Volkspartei gegründet, und von hier begann im selben Monat auch die Eroberung der Mongolei durch Revolutionstruppen. Als erste Siedlung fiel Amgalanbaatar, das heutige Altanbulag, in die Hände der Truppen Suchbaatars.

Ein landschaftlich reizvoller Abstecher führt nördlich des Selenge in das Selenge-Orchon-Bergland. Kurz vor Suchbaatar überspannt eine Brücke den Orchon und etwa 20 km weiter eine zweite den Selenge. Im Norden des Selenge zieht sich hier eine nur selten befahrene Piste via Chutag bis Mörön. Die Berghänge mit ihren bis weit in die Täler reichenden Wäldern erinnern an Szenen aus dem Schweizer Jura. Wer Zeit hat, sollte zumindest ein Stück auf dieser Piste fahren und sich dieses etwas andere Bild der Mongolei nicht entgehen lassen.

Wer so weit in den Norden des Landes vorgedrungen ist, sollte eine Tour nach Bugant, in das nördliche Chentij-Gebirge, in Erwägung ziehen. Fährt man von Suchbaatar aus zurück Richtung Ulan Bator, so zweigt 2 km vor der Brücke über den Jeröö eine gut ausgebaute Piste nach Osten ab (von Ulan Bator aus bei Kilometer 288, gezählt ab Suchbaatar-Platz). Die landschaftlich schöne Strecke führt durch sibirische

Taiga, und der Fluß mit seinen zahlreichen Stromschnellen ist für manches Fotomotiv gut. Nach 35 km erreicht man den Ort Jeröö, nach 106 km **Bugant** 9, wo die Straße endet. Ein russisch-mongolisches Bergbau-Unternehmen durchwühlt hier über viele Quadratkilometer die Landschaft auf der Suche nach Gold. Im weiter westlich gelegenen Scharyn Gol wird in einer der größten Gruben der Mongolei Braunkohle abgebaut: Im Tagebau wird hier der Brennstoff für die Zentralheiz- und Kraftwerke von Ulan Bator und Darchan gewonnen. Nahezu in jedem größeren Tal in Richtung auf die Eisenbahnstrecke liegen auf den Westhängen große Farmen mit kilometerlangen Feldern. Viele der hier zugänglichen Hänge wurden abgeholzt, Erosionsschäden sind die Folge.

Zum Chöwsgöl-See

Die Region um den Chöwsgöl-See ist für Touristen schwer zugänglich. Ausgangspunkt für alle Touren in dieses Gebiet ist **Mörön** 1 (S. 228), das Aimag-Zentrum im Süden des Regierungsbezirks. Von Bulgan aus sind es bis hierher 350 km. Eine andere Variante führt über Tsetserleg und Tosontsengel, von wo noch 270 km bis Mörön zurückzulegen sind. Alle Pisten sind außerordentlich schlecht und versinken im Sommer in Schlamm und im Winter in Schnee. Die Stadt – mit einer der wenigen geteerten Landebahnen der Mongolei – wird aber regelmäßig von Inlandsflügen der MIAT angeflogen und bildet einen wichtigen Tankstopp auf dem Weg nach Westen. So ist der Luftweg praktikabel und empfehlenswert.

Das Denkmal auf dem zentralen Platz von Mörön erinnert an einen Teilnehmer der Schlacht am Chalchyn Gol (1939; s. S. 217ff.), Davadordsh. Er muß damals noch ein Kind gewesen sein, denn er starb 1948 unter mysteriösen Umständen im Alter von nur 22 Jahren. Das Museum der Stadt trägt mit zahlreichen ausgestopften Tieren dem großen Wildreichtum der Region noch mehr als andere Heimatmuseen Rechnung. Beeindruckend sind die Fotos von den Rentierzüchtern, den Tsaaten, im Norden des Aimag (s. S. 170). Besucht werden sollte das Museum aber wegen einer anderen, einer erschütternden Abteilung: ein BBC-Team entdeckte 1991 ein Massengrab direkt vor den Toren der Stadt. Tausende von Lamas waren dort in den 30er Jahren im Auftrag der Regierung regelrecht abgeschlachtet worden. Nun erinnern die sterblichen Überreste der ermordeten Mönche an dieses dunkle Kapitel der mongolischen Geschichte. Zahlreiche Schädel mit Einschußlöchern werden ausgestellt.

Von Mörön bis zum Chöwsgöl sind es 100 km, eine Tagestour. Am Flughafen von Mörön warten meistens Autobesitzer, die ihre Dienste als Guide und Fahrer anbieten. Ziel ist Chatgal, eine Siedlung am Südende des Sees, die mehr und mehr zur Geisterstadt verfällt; doch um einen kleinen Eindruck von der Größe des Sees zu erlangen, sollte man auf jeden Fall noch 20 km weiter nach Norden fahren. Bis zum Beginn der 90er Jahre war Chatgal ein wichtiger Hafen

Der Chöwsgöl-See

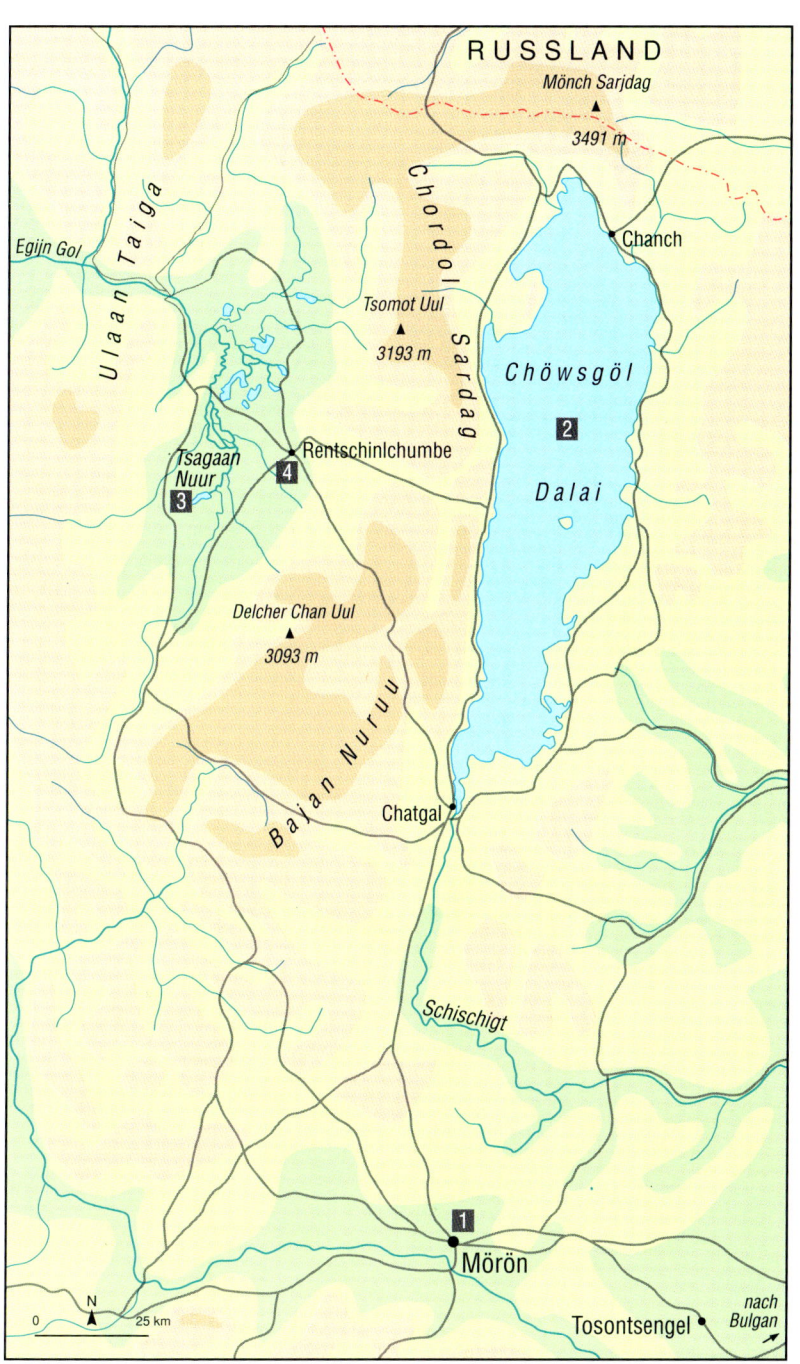

für den Fährbetrieb (Juni bis September) mit Chanch (gelegentlich als Turt in Karten eingezeichnet) an der Nordspitze des Sees und damit nach Rußland. Wegen der wirtschaftlichen Situation ruht der Betrieb in den letzten Jahren, und es scheint fraglich, ob das Schiff seinen Pendeldienst zwischen dem Süd- und Nordende des Gewässers je wieder aufnehmen wird.

Im Sommer hängen oft tagelang dichte Regenwolken über dem **Chöwsgöl-See** (S. 227), das gegenüberliegende Ufer ist dann fast nicht mehr zu erkennen. Straßen oder Wege sind entweder kaum vorhanden oder aber nicht passierbar. Gebirgsbäche müssen oft überquert werden. Die Nächte im Zelt können kalt und klamm sein, und über eine dünne Eisschicht auf dem Wasser in der Thermoskanne sollte man sich auch im Hochsommer nicht wundern. Sind die Temperaturen in der Mongolei schon selten freundlich einladend, so zeichnet sich das Chöwsgöler Bergland durch besonders lange Winter und hohe Schneefälle aus. Noch Ende Juni kann mit Frost und Schnee gerechnet werden, und im Winter werden hier Minusgrade jenseits –50 °C gemessen.

Der Chöwsgöl-See ist noch nicht das Ende der Welt, doch man kann es von hier bereits sehen. Für die Unbilden der Natur und die mühsame Reise wird der Besucher aber durch eine unvergleichlich schöne und unberührte Landschaft entschädigt. ›Die blaue Perle der Mongolei‹, ja ›Die Schweiz der Mongolei‹ wird diese Landschaft gerne genannt. Die Gebirgszüge erinnern in der Tat an die Alpen oder an die norwegische Fjordlandschaft: So erreicht das Hochgebirgsmassiv Mönch Sarjdag nördlich des Sees an der russischen Grenze eine Höhe von 3491 m. Es weist kleine Hängegletscher und Firnfelder auf, und seine

In Mörön

Der Chöwsgöl-See Ende Mai

Hänge fallen steil in den See ab. Doch die Lebensfeindlichkeit des Klimas und die Einsamkeit verbieten solch einfache Vergleiche. Vorerst wird die Region in erster Linie von Bär und Wolf bewohnt.

Der See prägt die gesamte Region, ein 136 km langes, 23 km breites und durchschnittlich 139 m tiefes Becken, dessen tiefster Punkt bei 262 m liegt. Die Ufer des Chöwsgöl liegen 1645 m über dem Meeresspiegel, die Wissenschaft spricht von einer ›Depression in submeridianaler Richtung vom Baikalischen Typ‹, die mit Wasser gefüllt ist. Nach seinen Süßwasservorräten ist er mit 383,3 km^3 der größte, nach seiner Fläche mit 2760 km^2 der zweitgrößte See der Mongolei. Zwar könnten über 14 Fischarten genutzt werden, doch die Ablehnung der Bevölkerung verhindert den Erfolg jeglicher Fischwirtschaft und damit eine Anreicherung des Nahrungsangebots. Forstwirtschaft zählt zu den Haupteinnahmequellen der Region. Dabei geschieht erheblicher Raubbau, denn in der nur zweimonatigen Vegetationsperiode kann die Natur den Einschlag nicht ausgleichen. An den Berghängen am See wurde früher Phosphat abgebaut.

Taiga kennzeichnet das westlich des Sees liegende wellige Bergland. Ein Einschnitt in den Bergen am westlichen Ufer, etwa auf halber Höhe des Sees, gestattet es, in das Darchad-Becken zum **Tsagaan Nuur** 3, dem ›Weißen See‹, zu gelangen. Transportmittel sind das Pferd oder ein extrem geländegängiger Wagen, wobei man sich auf eine mehr-

Blick auf das Darchad-Becken westlich des Chöwsgöl-Sees ▷

Die Rentierzüchter

Die Chöwsgöl-Region zählt, ungewöhnlich für die ansonsten weitgehend ethnisch homogene Mongolei, ca. 30 Minderheiten. Etwa ein Drittel der Bevölkerung machen Burjaten, Darchaten und Urianchai aus, die den Chalcha-Mongolen kulturell und sprachlich relativ nahe stehen. Zu den Turkvölkern wird hingegen die kleinste Minderheit gezählt, die Tsaaten (*tsaa* ist das mongolische Wort für Rentier), ein Völkchen nomadisierender Rentierzüchter, verwandt mit den Tuwinern. Weniger als 100 Menschen gehen noch der ursprünglichen Lebensweise nach, der Rest des Volks paßte sich den Mongolen an und wurde – nicht ganz freiwillig unter der kommunistischen Herrschaft – seßhaft. Die Tsaaten sind auch wegen ihres immer noch praktizierten Schamanismus (s. S. 69), der ihre Verwandtschaft zu den sibirischen Völkern aufzeigt, ein Anziehungspunkt für Wissenschaftler. Ihr Siedlungsgebiet liegt im äußersten Nordzipfel der Mongolei am Oberlauf des Flusses Tengis. Kein Weg oder Steg scheint hier noch weiterzuführen. Der Dauerfrostboden hat die Landschaft aufgeworfen, ein Moor scheint an den nächsten Sumpf zu grenzen. Moose und Flechten leuchten von den mit lichtem Wald bestandenen Hängen. Im Norden Norwegens oder Schwedens wären vergleichbare Landschaften zu sehen, Rentierland. Nirgendwo auf der Welt wird so weit südlich das Ren gezüchtet.

Doch gerade die extremen klimatischen Bedingungen mit dem Tundra-Boden sind die Grundlage für eine erfolgreiche Rentierzucht. In den Höhenlagen der Berge, jenseits der Grenze von 2500 m, weicht der grüne Wiesenteppich aus Gräsern und Kräutern einem spärlichen Bewuchs aus Moosen, die mühsam die grauen Felsen bedecken. Eigentlich ist das Klima dieser Region für die Rentiere schon zu warm, so daß sie – im Vergleich zu ihren nördlichen Nachbarn – ein wenig klein und schwächlich wirken. Im Winter bleiben die Viehzüchter in der Waldzone, im Frühjahr ziehen sie mit ihren Tieren bis in die Ebenen, wo die Kühe kalben. Schon im Juli geht es, auf der Flucht vor Myriaden von Fliegen und Mücken, wieder in die Berge, jenseits der Baumgrenze. Die Erbarmungslosigkeit des Klimas bestimmt das Leben der Tsaaten, hat ihre Gesichter vielleicht noch stärker zerfurcht als die der meisten mongolischen Hirten in den Steppen. Die Tsaaten nutzen das Rentier nicht nur für die Milch-, Fleisch- und Fellproduktion, sondern auch als Fortbewegungsmittel. Dabei zockeln die Rentiere im langsamen Trott von Ochsen über die Wiesen, und die Gangarten erfordern eine leidensfähige Kehrseite des Reiters. Im Gebirge erst wird die Qualität klar, kein Gletscher, kein noch so felsiges Gelände verwirrt die Tiere. Die Tsaaten leben in Spitzzelten, die in jeder Weise an die Tipis der nordamerikanischen Indianer erinnern und derer sich alle subarktischen Nomadenvölker zwischen Sibirien und Nordamerika bedienen.

Beste Verkehrsmittel in der Mongolei: Hubschrauber und Pferde

tägige Tour einstellen muß. Empfehlenswerter ist allerdings die Anreise per Flugzeug, zumal das Sum-Zentrum Rentschinlchumbe eine Landepiste besitzt. Aus der Luft bietet sich ein hinreißender Blick auf hohe Gebirgszüge in allen Himmelsrichtungen, während bei einer Autofahrt die unzähligen Bäche und Flüsse, die frei durch die Taiga-Landschaft mit ihren Mooren und Birkenwäldern zwischen den über 200 Seen mäandern, zu unerquicklichen Hindernissen werden. Der einzige Abfluß dieser Senke ist der Schischigt, der nach Westen in den Kleinen Jenissei mündet. In **Rentschinlchumbe** 4 haben Blockhäuser mit bunten Fensterläden die Jurten verdrängt, man spürt, Sibirien ist nicht weit. Schlanke Birken neigen sich über die Holzhäuser, wie in Rußland fehlen auch nicht die Geranientöpfe hinter den Fenstern. Hier siedeln Darchaten, ein kleiner mongolischer Volksstamm. Aus den Bergen rings um die Ebene ergießen sich wilde Bergbäche und Flüsse. An den Stromschnellen verlocken die zum Laichen flußaufwärts ziehenden Fische, insbesondere der Baikal Omul, zum Angeln. Schneebedeckte Berge stehen am Horizont. Urtümlicher, wilder kann eine Landschaft kaum sein. Überfliegt man die Gebirgskette im Süden der Ebene auf dem Weg nach Mörön, wird die Abgeschiedenheit noch deutlicher. Fast bis auf 3000 m erheben sich die von ewigem Schnee bedeckten schroffen Gipfel und riegeln die Senke hermetisch ab.

Abenteuer Altai – Zwischen Gletscher und Wüste

Der Altai

Die Ost-West-Durchquerung von Ulan Bator bis in das Altai-Gebirge gehört zu den großen Abenteuern der Mongolei. Das historische Zentrum, die endlose Weite der Steppe, erste Berührungen mit der Wüste, die verkarsteten Gebirge des Altai und vor allem die abenteuerlichsten Pisten, lassen sich auf dieser Strecke vereinen. Ein besonderer Tip: arrangieren Sie mit einem Reiseveranstalter eine Kombinationsreise, hin mit dem Jeep, zurück per Flugzeug. Kalkulieren Sie aber mindestens 14 Tage ein und buchen Sie den Heimflug aus Ulan Bator nur mit einer weiteren Sicherheitsreserve. Jede Route von Ulan Bator in die West-Mongolei führt durch das Changai-Gebirge. Beliebt bei den Fernfahrern ist die Südroute über Arwaicheer (430 km), Bajanchongor (630 km) und Altai (830 km) nach Chowd (1250 km), da die ersten 430 km geteert sind und auch die restliche Piste durch relativ trockene Gebiete führt (Arwaicheer ist problemlos in einer Tagesreise zu erreichen; die Weiterfahrt nach Chowd dauert weitere zwei Tage). Außer der Zweckmäßigkeit spricht allerdings wenig für die Südroute. Landschaftlich schöner ist die Nordroute, die nach Tsetserleg in Richtung Chowd gewählt wird und die meisten historischen Sehenswürdigkeiten berührt. Von Ulan Bator aus könnte man statt dessen auch zunächst Bulgan im Norden ansteuern. Allerdings ist diese Piste besonders schwierig. Auf der Strecke zerstörte Hochwasser in den letzten Jahren einige Brücken, die nur zum Teil repariert wurden, und auch die Piste selber löst sich allmählich auf. So ist der kürzeste Weg nicht der beste. Daher unbedingt die Route über Char Chorin wählen! Pro-

Entenjagd im Altai

bleme bereiten hierbei – wie auf jeder Fahrt entlang der Nordhänge des Changai-Gebirges – die Flußüberquerungen. Regelmäßig werden während der Sommermonate Brücken weggeschwemmt, und die reißenden Wasser in Furten zu durchqueren, erfordert großes Vertrauen in die örtlichen Traktorfahrer, die den Geländewagen durch den Fluß ziehen. Bedenken gegen einen Wasserstand bis unter das Kabinendach sollte man nicht haben. So ist die Wahl der Nordroute nur bis zum Ende des Frühjahrs (Mitte April bis Ende Juni) ratsam. Doch selbst bei guter Piste ist eine reine Fahrzeit von Ulan Bator über Char Chorin (365 km), Tsetserleg (490 km), Tosontsengel (840 km) nach Chowd (1425 km) mit vier bis fünf Tagen anzusetzen.

Trockene, karstige Berge, baumlos, oft in ihrem Schutt versinkend, das ist der Altai mit den höchsten Gipfeln der Mongolei. Der Tawan Bogd (›Fünf Heilige‹) mit seinen 4374 m ist gleichzeitig die Grenze zwischen China, Rußland und der Mongolei. Kasachstan ist nur 50 km entfernt. Mehrere große Gletscher ziehen sich die Berghänge hinab. Das Massiv erstreckt sich entlang der gesamten Westgrenze der Mongolei und gestaltet als Gobi-Altai auch weite Teile des Südens.

Die Wildtiere des Altai sind ein besonderer Anziehungspunkt für Jäger aus aller Welt. Nur wenige Lizenzen, für die bis zu 30 000 US-Dollar gezahlt werden, werden pro Jahr für die Jagd auf das auch Marco-Polo-Schaf genannte Argali ausgestellt. Widder werden im Widerrist bis zu 120 cm hoch und bis zu 200 kg schwer, ihre Krucken (Hörner) winden sich mehrfach spiralförmig. Jahrhundertelanger Jagddruck (es gibt kaum einen Mongolen, der die Jagd nicht für ein natürliches Recht hält) hat die Tiere aber extrem scheu werden lassen. Wildbiologen vertreten die Theorie, daß sie einst in der flachen Steppe lebten (vereinzelt findet sich das etwas kleinere Gobi-Argali noch in diesem Habitat) und die Berge an der Schneegrenze nur ein Rückzugsgebiet sind. In den Schluchten des Gebirges ist daneben regelmäßig der Steinbock anzutreffen. Jagdeifer macht leider auch vor streng geschützten Tieren nicht Halt. Immer wieder werden Felle vom Schneeleoparden angeboten. Käufer sollten nicht nur bedenken, daß sie sich bei der Einfuhr in ihre Heimat strafbar machen, sondern auch, daß sie durch den Kauf den Abschuß eines weiteren Tieres provozieren, denn für den Jäger hat sich das Geschäft ja gelohnt.

Kasachenland – Der Bajan-Ölgij-Aimag

Bajan-Ölgij, der kasachische Aimag, liegt im äußersten Westen. Der Name steht für ›Reiches Land‹, doch die Region gehört heute mit hoher Arbeitslosigkeit zu den ärmsten der Mongolei. Hinzu kommt eine starke Migrationsbewegung. Seit 1990 zieht es die Kasachen zurück in das Land ihrer Väter und es sind vor allem die dynamischeren, die aktiveren Menschen, die einen Neuanfang jenseits der Grenze suchen (s. S. 20). 95 Prozent der Bevölkerung sind kasachischer Volkszugehörigkeit, eine kleine Gruppe stellen die turkstämmigen Tuwiner, deren Hauptverbreitungsgebiet ebenfalls jenseits der Grenze

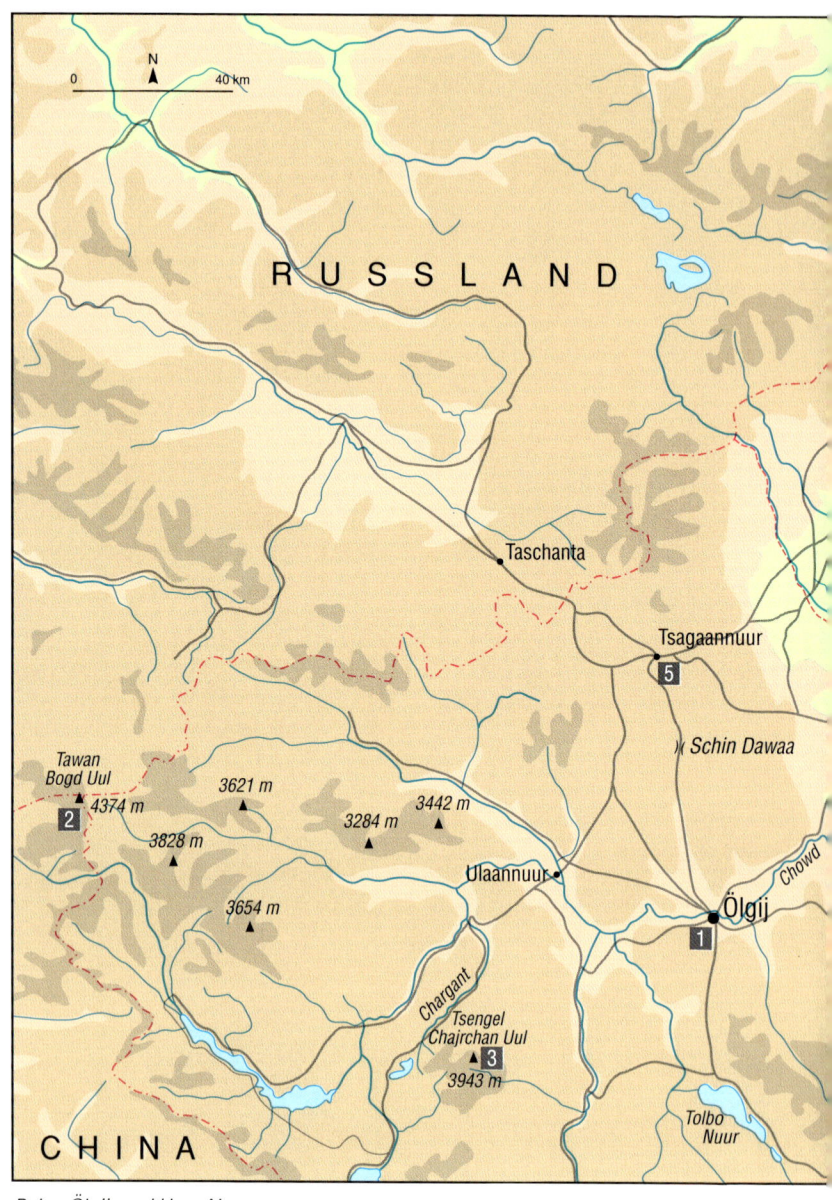

Bajan-Ölgij- und Uws-Aimag

liegt, die aber im Unterschied zu den Kasachen Buddhisten sind. Tuwa ist etwas für Liebhaber historischer Karten: ehemals zum Qing-Reich gehörend (Karten aus Taiwan zählen das Land heute noch zu China), erfreute sich Tannu Tuwa mit seiner Hauptstadt Kisil in den 20er Jahren einer kurzen Unabhängigkeit, bevor

es von der Sowjetunion vereinnahmt wurde.

Im Aimag Bajan-Ölgij können fast nur die mittleren Höhenlagen bewirtschaftet werden, die tieferen Gebiete sind weitgehend trocken und felsig, die Gipfel zum Teil von Schnee und Eis bedeckt. Bäume halten sich angesichts einer

Kasache mit Jagdfalken

mittleren Höhe von über 2500 m nicht mehr. In den Tourismus werden auch hier große Hoffnungen gesetzt, doch bislang fehlt jede Infrastruktur, so daß Touren hierher Spezialisten (Jagdreisen, Reiterreisen) vorbehalten bleiben. Von **Ölgij** 1 (S. 228), dem Aimag-Zentrum, bestehen regelmäßige Flugverbindungen nach Alma Ata in Kasachstan, mit der Möglichkeit von dort nach Deutschland weiterzufliegen. Die Nutzung dieser Verbindung durch Drittstaatler sollte aber vor Reiseantritt mit den jeweiligen Behörden genau überprüft werden. Ulan Bator, 1700 km entfernt, ist hingegen weit, mit den Propellermaschinen der MIAT sind es noch fünf Stunden, so daß die Aimag-Verwaltung ihre eigene Politik macht. Ölgij (18 000 Einwohner) ist eine ausschließlich kasachische Stadt mit einem florierenden Kleingewerbe, das den Charakter des Ortes deutlich von der Behäbigkeit mongolischer Siedlungen abhebt.

Die Kasachen, sunnitische Muslime, errichteten 1992 wieder eine Moschee, und finanziert von reichen Ölstaaten machten sich die ersten Bewohner bereits auf zur Hadsch nach Mekka. Und noch mehr Unterschiede gibt es zu den Mongolen; so unterscheidet sich etwa die kasachische Küche von der mongolischen durch die Verwendung von Pferdefleisch. Die Jurten sind höher, und ihre Dächer runden sich leicht in der Höhe des Scherengitters. Regenwasser und Schnee können so besser abfließen als bei einer mongolischen Jurte. Auch die Inneneinrichtung weicht von der mongolischen ab: Im Gegensatz zu Schemeln bevorzugen die Kasachen höhere Stühle und Tische. Farbenfroh sind die aufwendigen geknüpften Teppiche. Winterquartiere haben oft feste Bauten und Lehmhäuser.

Im Gegensatz zu den meisten anderen Gipfeln der Mongolei, die auch ohne bergsteigerische Kenntnisse erklommen werden können, ist der steile **Tawan Bogd Uul** 2 (4374 m) mit seinen Gletschern anspruchsvoll und bei Bergsteigern beliebt. Eine Piste führt bis zu 15 km an den ersten Gletscher heran. Ein Polizeiposten kontrolliert, ob die entsprechenden Sondergenehmigungen erworben wurden. Weitere 25 km geht es über das Eis. Nur Profis sollten einen Gipfelsturm in Angriff nehmen.

Eher zugänglich für Durchschnittsabenteurer ist der **Tsengel Chajrchan** 3 (3943 m) im Ulanchus-Sum. Vom Sum-Zentrum aus wandert man das Bett des Charganat hinauf. Offiziell nur mit einer Genehmigung darf der Gipfel des **Tsam Uul** 4 (4193 m) im Bajannuur-Sum an der Grenze zum Chowd-Aimag bestiegen werden. Auch hier können Laien den Aufstieg wagen.

Vereinzelt versuchen Abenteuerreisende über den Bajan-Ölgij-Aimag in die Mongolei einzureisen. Sofern man nicht eine schriftliche Genehmigung der mongolischen und russischen Behörden zur Nutzung dieses Übergangs besitzt, ist davon dringend abzuraten. Der Übergang ist nur für russische und mongolische Staatsangehörige zugelassen und gelegentlich stranden unerwünschte Grenzgänger im Gewahrsam der Grenzbehörden, und manchen gelang es erst nach Tagen, einen Kontakt zur Außenwelt herzustellen.

Wendet man sich von Ölgij nach Norden in Richtung Grenze, so gelangt man nach etwa 70 km nach **Tsagaannuur** 5 (›Weißer See‹), einem Örtchen, das seinen Namen von drei kleinen Seen in seiner näheren Umgebung ableitet. Die offiziell als Hauptstraße bezeichnete Strecke schlängelt sich auf besseren Feldwegen entlang zumeist ausgetrockneter Flußläufe und über einen kleinen Paß, den Schin Dawaa (›Neuer Paß‹). Die Vegetation, zumeist gelbes Steppengras, ist karg. Wirtschaftlich bedeutend sind ein Öllager und eine Großhandelsgesellschaft in Tsagaannuur, die als Umschlagplatz für den Handel mit Rußland und den westlichen Aimag diente. 30 km nordwestlich befindet sich die mongolische Grenzstation, 5 km später markiert ein Bogen die Grenze. Die russische Siedlung Taschanta liegt weitere 20 km entfernt.

Der Uws-Aimag

Karte S. 176/177

Im Nordosten schließt der Uws-Aimag an Bajan-Ölgij an. Er führt ein relativ selbständiges Wirtschaftsleben und praktiziert einen regen Grenzhandel mit den nahen russischen Provinzen. Die Besonderheiten der Region lassen sich in kurzer Zeit erfassen. Uws (95 000 Einwohner) besitzt die geographisch nördlichsten Wüstenregionen der Erde, immerhin auf derselben Höhe wie Stuttgart. Seine Salzseen sind mit denjenigen des südlichen Chowd-Aimag vergleichbar. Namensgebend für den Aimag Uws ist der größte Salzsee (3350 km^2) der Mongolei, der **Uws Nuur** 6, dessen Salzkonzentration 19 Promille beträgt. Fische weist das Gewässer nicht auf, für Zugvögel ist es aber ein beliebter Aufenthalts- und Nistplatz. Der Uws Nuur gehört zu den kältesten Orten im Lande mit Extremen von bis zu –57 °C, so daß trotz des Salzgehalts das

Wasser gefriert. Weitere Salzwasserseen sind der Chjargas Nuur, der Char Us Nuur, der Ölgij Nuur und der Örög Nuur. Süßwasser weist hingegen der Atschit Nuur auf.

Die Stadt **Ulaangom** 7 (S. 228; ›Roter Sand‹), ist ein typisches Aimag-Zentrum mit etwa 25 000 Einwohnern. Die Statue auf dem Hauptplatz des Ortes erinnert an einen mongolischen Leutnant, Givaan, der in einem Grenzdisput mit chinesischen Soldaten der Guomindang 1948 fiel.

In der Nähe der Stadt wurde ein – heute nicht mehr zu besichtigendes – *Gräberfeld* aus dem 5.–3. Jh. v. Chr. entdeckt. Die Toten wurden in quadratischen Holzkammern, in denen bis zu zehn Personen lagen, bestattet. Streitäxte, Messer, Dolche, Schmuck und keramische Gegenstände als Grabbeigaben sind heute im Museum von Ulaangom ausgestellt und vermitteln einen kleinen Eindruck dieser Epoche.

Südlich der Uws-Senke, abgetrennt durch einen schmalen Gebirgsstreifen, liegt die Chjargas-Senke. Trotz zahlreicher wasserreicher Flüsse, insbesondere des Chowd und Zawchan, trifft man auch hier auf eine Wüstenlandschaft, in der kaum mehr als 100 mm Niederschlag im Jahr fallen.

Von Ölgij im Norden via Chowd nach Altai

Die 210 km lange Strecke von Ölgij nach Chowd ist in sehr schlechtem Zustand. Es sollten etwa sieben Fahrstunden einkalkuliert werden. Die Piste führt im ersten Teilstück am Tolbo Nuur (s. Karte S. 176) vorbei, ein Bad ist aber nur besonders erfrischungssuchenden Reisenden empfohlen. Nicht entgehen lassen aber sollten sich Wildwasserfreunde die **Tschigdshid-Schlucht** 1. Der Fluß Chowd, der sich hier durch die Berge zwängt, erreicht an dieser Stelle auf der internationalen sechsteiligen Skala die Stufe 4+ (1 bedeutet stehendes Wasser, 6 ist unbefahrbar) und verspricht weißes Wasser. Die Piste führt dann nicht weit an Erdeneburen – auf dem Bürgersteig dieser kleinen Siedlung steht ein großer Hirschstein (s. S. 30) – vorbei nach Chowd.

Chowd 2 (S. 227) mit seinen 25 000 Einwohnern ist eine grüne Oase inmitten eines karstigen Felskessels. Wählt man den Luftweg, so führt der Anflug durch einen tiefeingeschnittenen Paß, die Schwingen des Flugzeuges scheinen die von Hitze und Kälte gesprengten roten Felsen fast zu berühren. Die alten Platanen an den Straßen des Städtchens geben bereits einen Eindruck von seiner Geschichte. Chinesen unter der Qing-Dynastie bauten das 1731 am Ufer des gleichnamigen Flusses gegründete Chowd als Hauptstadt der West-Mongolei aus. Nach einer Überschwemmungskatastrophe wurde die Siedlung im Jahr 1763 20 km in das Hinterland verlegt. Am nördlichen Ende des heutigen Orts errichteten die Chinesen das Fort Sangijn Cherem. Heute bestehen nur noch Reste von Grundmauern und Befestigungswällen. Etwa 3 m hoch und 2 m breit war der Wall, der früher noch durch einen davor gelegenen Graben unterstützt wurde und einen Distrikt von

Von Ölgij Richtung Altai

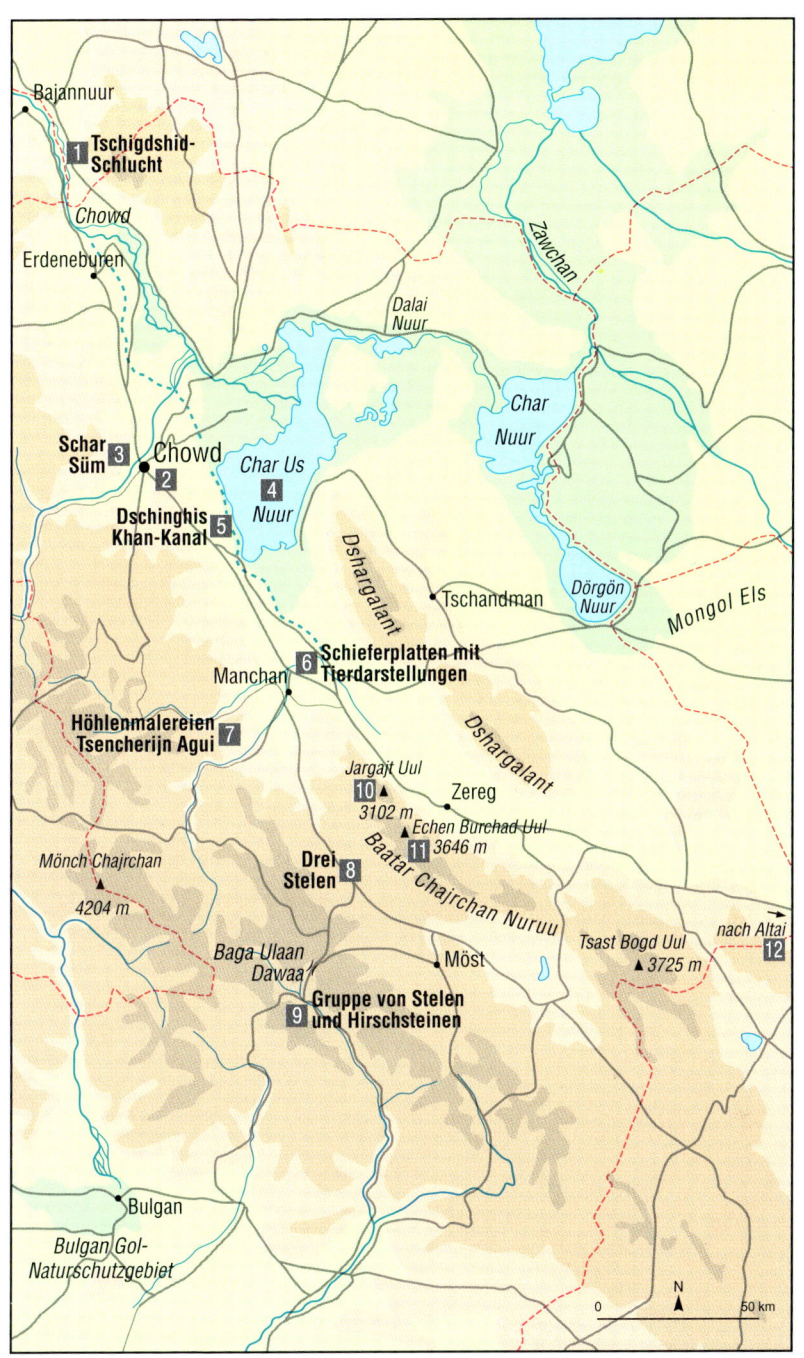

4 ha umgab. Im Zuge der einseitigen Unabhängigkeitserklärung wurden die Chinesen 1911 gewaltsam aus Chowd vertrieben, wobei die Stadt fast vollständig zerstört wurde. Auch die Reste der alten Anlage verfallen zusehends. Jurten haben sich zwischen den Mauern breit gemacht. Bis zum Ende der Mandschu-Herrschaft war Chowd ein kleines Zentrum an der nördlichen Seidenstraße. Hier begann der Handelsweg nach Xinjiang, hier führten Verbindungsstrecken nach Rußland. Heute wirkt das Örtchen eher verschlafen. Aus der chinesischen Epoche hat sich die Tradition des Gemüseanbaus erhalten, so daß in diesem Aimag dank der Bewässerungstechnik auch Melonen und anderes Obst gedeihen. Der Gartenbau liegt zumeist in den Händen der Kasachen, weil Mongolen traditionell nie Akkerbau betrieben haben.

Auf dem Denkmal am zentralen Platz wird des im Aimag gebürtigen Helden Ajusch (1859–1939), eines Mannes von nationaler Bedeutung, gedacht. Schon 1903 wandte er sich in einer Petition öffentlich gegen die Steuergesetzgebung der herrschenden Mandschuren, nach deren Sturz richtete er sich gegen die mongolischen Feudalherren, wurde verhaftet und gefoltert. 1921 schloß er sich den sozialistischen Revolutionären an und wurde Chef einer kleineren Verwaltungseinheit (Tsetseg-Sum) im Chowd-Aimag.

Vor dem örtlichen Museum stehen zwei Hirschsteine und große Kupferschüsseln aus dem ehemaligen Kloster Schar Süm. Beachtenswert ist der Überblick über die zehn verschiedenen Volksgruppen des Aimag. Neben den Mongolen sind die kleinere Kasachen-Gruppe im Norden und die Tuwiner in der Nähe von Chowd hervorzuheben – die Volkszugehörigkeit ist wichtig: sie wird im Personalausweis ausdrücklich genannt. Zu sehen sind im Museum auch Fotos

Chinesische Ruinen in Chowd

Schar Süm

von Felszeichnungen, insbesondere die Nachbildung der Höhlenmalereien aus den Tsencherijn Agui (›Drei Blaue Höhlen‹; s. S. 181).

Besuchenswert ist schließlich noch der einige Kilometer nordwestlich gelegene **Schar Süm** 3 (›Gelber Tempel‹), die Neuerrichtung eines ursprünglich 1770 gegründeten Klosters. Die Anlage thront über der Stadt. In den Wüstenstaub gelegte Markierungen geben einen Eindruck von der Größe der ursprünglichen, in der mongolischen Kulturrevolution zerstörten Bauten.

Prägend für die Umgebung von Chowd ist der **Char Us Nuur** 4, ›der Schwarz-Wasser-See‹, 30 km östlich der Stadt. Der zweitgrößte Süßwassersee der Mongolei (60 km²) wird von dem Fluß Chowd gespeist und bietet einschließlich seines großen Deltas am Nordwestufer einer Vielzahl von Vögeln ein ideales Biotop. Im Nordosten strömt das Seewasser durch einen etwa 30 bis 50 m breiten Kanal über den Dalai Nuur weiter in den Char Nuur (›Schwarzer See‹), der seinerseits im Süden in den Salzwassersee Dörgön Nuur mündet. Besonders der Verbindungskanal der drei Süßwasserseen, nur leicht mit Schilf bestanden, ist ein beliebtes Angelgewässer. Während die Ufer der beiden Süßwassergewässer dicht mit Schilf bestanden sind und aus einer satten grünen Sumpflandschaft in die Wüste übergehen, reichen die Sanddünen unmittelbar an den Dörgön Nuur heran. Die etwa 2050 m hoch gelegenen Seen sind in Gletscherzungenbecken entstanden. Moränenwellen umgeben sie und ordnen sich wie ein Amphitheater hangaufwärts.

Faszinierend ist die Strecke nach Altai (420 km von Chowd aus) entlang dem Südwestufer des Char Us Nuur, die streckenweise durch Wüste und Halbwüste führt. Aus Chowd führt die Straße zunächst über eine Paßhöhe aus dem Felskessel und erlaubt an einem *owoo* den Blick auf den See und die Stadt im Rücken. In der Nähe des Sees wird ein alter Kanal, der **Dschinghis Khan-Kanal** 5 gekreuzt, von dem heute nur noch leichte Erdaufwerfungen zu erken-

Tal der Drei Stelen

nen sind. Große Kamelherden stehen vor den schneebedeckten Altai-Gipfeln. Bei Manchan, etwa 100 km südlich, führt die Piste an einer Reihe von Süß- und Salzwasserseen entlang, die zwischen bis zu 4000 m hohen Bergmassiven im Westen (Baatar Chajrchan) und Osten (Dshargalant) eingezwängt sind.

Am Abzweig von Manchan nach Südwesten sieht man zwei einsam stehende Hügel am Straßenrand. Auf dem Gipfel des einen sind zahlreiche, vermutlich steinzeitliche **Tierdarstellungen** 6 (47°27′99″N, 92°13′23″O) in die Schieferplatten gemeißelt.

Verläßt man hier die Hauptpiste und biegt nach Südwesten ab, kann man die Tsencherijn Agui 7 (47°20′81″N, 91°57′35″O) besuchen, wo sich 15 000 Jahre alte Felszeichnungen finden. Touristisch sind die ›Drei Blauen Höhlen‹ nicht erschlossen (Taschenlampe); man sollte über Höhlenerfahrung verfügen.

Über Manchan gelangt man auch nach Möst, der Region mit den meisten Hirschsteinen (s. S. 30) und türkischen Stelen. Oberhalb der guten Piste, die sich zeitweise malerisch durch eine enge Schlucht windet, stehen **Drei Stelen** 8 (46°57′07″ N, 92°26′80″ O). Ein ganzes Tal mit etwa 50 verschiedenen **Hirschsteinen** 9 ist etwa 10 km jenseits des Bagahlaan Dawaa (›Kleiner Roter Paß‹; 2845 m) zu bewundern (46°35′37″ N, 92°17′39″ O). Möst liegt in einem extrem trockenen Kessel, so daß die Viehzüchter auch in den Wintermonaten gezwungen sind, auf den Berghängen zu bleiben. Hinter der Stadt erhebt sich mit seiner runden Schneekuppe auf 4090 m der Tsast Bogd Uul im Sutaj-Gebirge. Als zweithöchster Berg der Mongolei gilt der Mönch Chajrchan im Westen des Aimag, dessen Höhenangaben zwischen 4204 und 4362 m schwanken. Lokalpatrioten wollen sogar größere Höhen gemessen haben als am Tawan Bogd im benachbarten Bajan-Ölgij-Aimag. Wie viele der Altai-Berge ist auch er von einer Seite über Hochtäler und Schuttfelder (von Norden aus) über weite Strecken zunächst mit dem Jeep und anschließend mit Wanderstiefeln bezwingbar. Wer im Altai die spitzen Gipfel der europäischen Alpen sucht, wird enttäuscht werden und sollte eher in das Chöwsgöler Bergland reisen. Die Berge sind extrem karstig, mit weiten Hochtälern, auf denen eine spärliche Vegetation die Viehzucht erlaubt.

Auch zurück auf der Hauptstrecke Chowd–Altai bieten sich grandiose Blicke von Berggipfeln.

Für eine Jeeptour bieten sich der **Jargajt Uul** 10 (3102 m) und der **Echen Burchad Uul** 11 (3646 m) westlich der Piste an, da ihre flachen Nord- und Westhänge bis auf über 3000 m Höhe mit dem Fahrzeug zu erklimmen sind. Schroff fallen hingegen die Osthänge fast unmittelbar in das auf etwa 2000 m Höhe liegende Tal ab. Von den Gipfeln schweift der Blick wie über eine Musterstudie für den Geologieunterricht: über karstige Felsschluchten in die mehrere Kilometer breiten Schotterebenen am Fuß der Berge zu den Sandflächen in der Nähe der Seenplatte. Von Grün über Gelb und Braun ziehen sich die Farben der ufernahen Sumpflandschaften, bis das Auge die türkis-, weißlichblau- und stahlblaufarbenen Seen erreicht. Dazwischen zieht sich das Band der Piste, der Hauptverbindung der West-Mongolei mit der Hauptstadt Ulan Bator, über die sich allenfalls ein Auto pro Stunde zu quälen scheint. Die klare Gebirgsluft erlaubt, jedes Detail zu erkennen. In den beiden Dshargalant-Bergketten, die sich isoliert aus der Ebene gegenüber erheben und das Tal nach Osten abgrenzen, ist der Schneeleopard noch beheimatet. Jenseits, bei Tschandman, liegt die Heimat der mongolischen Kehlkopfsänger. Der Wind, der hier durch die Berge bläst, soll die Menschen zu dieser eigenwilligen Gesangsform inspiriert haben. Meiden sollte man – wegen der Moskitos – den weiter südlich gelegenen Tsereg-Sum.

Weiter Richtung Süden geht der Mongolische Altai allmählich in den Gobi-Altai über. Der bis dahin geschlossene Gebirgskamm löst sich in einzelne, durch Senken getrennte Bergketten auf. Schnittpunkt zwischen den beiden Gebieten ist der Gow-Altai-Aimag mit seinem Zentrum **Altai** 12 (S. 226), ein verlassenes Provinznest mit 15 000 Einwohnern. Chowd ist 420 km entfernt, Ulan Bator 1000 km.

Altai

Unwirtliche Gobi – Von Dinosauriern und Wildpferden

Die Wüste Gobi

Saxaul-Baum

Gobi – bei vielen Deutschen entstand dank der meisterhaften Reiseberichte des schwedischen Forschers Sven Hedin eine geradezu mystische Vorstellung dieser zentralasiatischen Wüste. In kühnen Einzelreisen durchzog Hedin als einer der ersten Europäer der Neuzeit weite Gebiete Innerasiens. Er verstand es, seine Reiseergebnisse nicht nur in wissenschaftlichen Untersuchungen, sondern auch in populären Abhandlungen darzustellen. »Durch Asiens Wüsten« steht nur beispielhaft für seine vielen Schilderungen, die mehrere Generationen von Lesern fesselten. So kann sich kaum ein Tourist eine Reise in die Mongolei ohne einen Besuch der Gobi vorstellen. Doch vielleicht sollten die hohen Erwartungen ein wenig gedämpft werden, zumal Sven Hedin sich bei seinen Forschungen überwiegend auf die Innere Mongolei in China konzentrierte. Und wer sich nicht nur mit dem Rand der Gobi begnügen will, muß sich auf expeditionsmäßige Vorbereitungen einstellen. Überprüfen Sie Ihre Vorstellungen, denn die Gobi ist nur zum kleinen Teil eine Sandwüste (3 % des mongolischen Teils), scheinbar endlose Strecken sind hingegen flach bis zum Horizont und bedeckt mit Schotter und Granitfelsen. Tiefschwarze Schieferebenen und rissige, ausgedörrte, aber gelegentlich von Wasser überflutete Lehmsenken ziehen sich über Kilometer.

Etwas verallgemeinernd lassen sich die Gebiete südlich und westlich des Changai-Gebirges bis weit in die östlichen Ebenen zur Gobi zählen. Sie umfaßt damit fast ein Viertel des Landes. Der größte Teil wird zur Viehzucht genutzt, denn zumindest in der Äußeren Mongolei sind die meisten Regionen noch in eingeschränktem Maße fruchtbar, wachsen hier und da noch ein paar Grasbüschel, handelt es sich im strengen Sinn doch nur um eine Halbwüste. Im Sommer wird es stellenweise bis über 45 °C heiß, und im Winter sinkt die Temperatur um 90 °C. Doch nahezu überall gibt es noch besiedelte Flecken, wenn auch die Jurten bis zu 50 km voneinander entfernt stehen, entsprechend den ausgedehnten Weidegebieten, die für ein Überleben der Herden benötigt werden. Die Übergangszonen von der grünen Steppe im Zentrum des Landes zur Gobi im Süden ziehen sich über viele hundert Kilometer und sind keineswegs abrupt.

Die Gobi ist Heimat einiger der seltensten Wildtiere der Erde, so der fast ausgestorbenen Gobi-Bären und der Schneeleoparden. Das Wildschaf oder Marco-Polo-Schaf (Argali) ist noch in größeren Rudeln anzutreffen. In einem Rückzugsgebiet im Südwesten, im Gow-Altai, finden sich die Stammväter einiger Haustiere, die den Menschen seit Jahrtausenden begleiten: Wildpferd, Wildkamel und auch Wildesel.

◁ *Die Oasen von Tsulganaij*   *Die Sanddünen Chongoryn Els*

Das Projekt ›Prżewalskij-Pferd‹

Auf einer Forschungsreise in die Mongolei anno 1878 erhielt der russische General und Forschungsreisende Oberst Nikolai Prżewalskij den Schädel und das Fell eines Pferdes geschenkt, das einem Kameljäger in der Gobi unverhofft vor die Büchse gelaufen war. Die Belegstücke brachte er an den Zarenhof, wo der Zoologe J. S. Poliakow die Trophäe einer eigenen Spezies von Wildpferden zuordnete und zu Ehren seines Entdeckers *Equus prżewalskij* benannte. Gegen Ende der letzten Eiszeit lebten diese Urpferde im gesamten Steppengürtel Europas und Asiens, der damals von der Iberischen Halbinsel bis nach Ostasien reichte. Klimatische und ökologische Umstellungen brachten sie an den Rand des Aussterbens, und lediglich durch die Übernahme als Haustiere erlebten sie weltweite Ausbreitung. Doch die eigentlichen Wildpferde verloren an Lebensraum. Die Wüsten der Mongolei waren die letzten Gebiete, in die sie sich aufgrund des zunehmenden Weidedrucks und der menschlichen Besiedlung zurückzogen. Doch auch hier wurde das Prżewalskij-Pferd – vermutlich spätestens in den 50er Jahren – ausgerottet. Als Nahrungskonkurrent zu den weiter vordringenden Nomaden und ihrer Herden wurde das Prżewalskij-Pferd gejagt und erbarmungslos verfolgt. Das Überleben der Art ist dem Hamburger Tierhändler Carl Hagenbeck und dem Grafen Falz Fein, der in der Ukraine in Askania Nowa ein großes Freigelände unterhielt, zu verdanken. Hagenbecks Tierfänger brachten von Expeditionen 1901 und 1902 insgesamt 39 Wildpferde, die meist als Fohlen gefangen und mit Hilfe von mongolischen Ponystuten aufgezogen wurden, nach Europa. Von diesem Bestand waren nach dem Zweiten Weltkrieg jedoch nur 13 für die Zucht geeignet. Sie sind die Stammeltern aller heute noch lebenden Prżewalskij-Pferde. Die Nachzüchtungen waren so erfolgreich, daß von etwa 1500 Tieren weltweit ausgegangen wird. Das ponygroße Tier von etwa 1,40 m Schulterhöhe mit dem beigefarbenen Fell, dem wie mit Mehl gepuderten Maul, zu dessen Kennzeichen auch die kurze Bürstenmähne, der dunkle Aalstrich entlang der Wirbelsäule und die meist schwarzbraun gestiefelten Beine gehören, gilt als Urahn aller heute bekannten Pferderassen. Verschiedene Forscher- und Sponsorengruppen bemühen sich um die Wiedereingliederung des Prżewalskij-Pferdes, das die Mongolen als *tachi* bezeichnen, in der Mongolei. Eine erste Herde konnte im Sommer 1992 – dank der finanziellen Unterstützung durch den deutschen Geschäftsmann Christian Oswald – in ein Auswilderungsgehege im Südwesten der Provinz Gobi-Altai (Gow-Altai) gebracht werden. Hier wurden vor einigen Jahrzehnten die letzten frei lebenden Tiere gesehen. Eine weitere Gruppe wurde von der holländischen Züchterfamilie Bouman in einem Gehege 150 km östlich von Ulan Bator angesiedelt. Ein drittes Projekt planen einige europäische Zoos.

Süd-Gobi

Für Reisen in die Gobi bildet **Dalanzadgad**  (S. 227) meist den Ausgangspunkt. Dalanzadgad wird mehr oder weniger regelmäßig angeflogen, Unterkunft bietet ein einfallsloses, streng geordnetes Touristencamp etwa 35 km nördlich der Stadt. Zahlreiche weitere Camps sind im Entstehen und liegen zum Teil günstiger zu den Sehenswürdigkeiten. Die Stadt (17 000 Einwohner) ist das Zentrum des Süd-Gobi-Aimag, in dem sich Beispiele für die meisten Höhepunkte der Gobi finden: Sanddünen, Canyons, Oasen und Dinosaurierfundstätten. Hinter der Stadt erhebt sich der Gurwan Saichan, ›der Gebirgsszug der Drei Schönen‹ bis auf 2800 m Höhe.

Die Gegend um Dalanzadgad ist ein Mekka der Paläontologen. Ein kleineres Dinosaurierausgrabungsgebiet liegt ca. 80 km nordwestlich der Stadt in Richtung des Ulaan Nuur und kann auf Tagestouren bequem erreicht werden. Chapman-Andrews, der zwischen 1922 und 1930 im Auftrag des American Museum of Natural History fünf verschiedene Expeditionen in die Wüsten Zentralasiens leitete, gab den **Sedimentfeldern bei Bajantsag**  den Namen Flaming Cliffs, da die untergehende Abendsonne die sandigen Klippen gelegentlich in flammendes Rot verwandelt. Der lokale Name lautet Ulaan Ereg (›Rotes Ufer‹). Hier entdeckte Andrews, dessen Auftrag gewesen war, nach den Spuren der ersten Menschen zu suchen, 1922 die Überreste von nahezu 100 Sauriern und stieß auf die spektakulären Gelege der Urweltechsen. Heute ist die Fundstätte weitgehend erschöpft. Bajantsag ist auch wegen seiner umfangreichen Saxaul-

Hoteljurten bei Dalanzadgad

Bestände bekannt. Nur an wenigen anderen Stellen der Gobi entwickelte sich ein ganzer Wald dieser kleinen, wie Bonsai wirkenden Wüstenpflanzen. Saxaul existiert nur in Zentralasien. Das harte, gedrehte Holz begünstigt die Windwiderstandsfähigkeit. Der Baum bildet gleichzeitig sehr tiefe und auch horizontale Wurzeln aus und kann mehrere hundert Jahre alt werden. Die Abholzung des eisenharten Holzes mit seinem hohen Brennwert, obwohl verboten, stellt jedoch eine ernsthafte Gefahr für den Bestand dar.

Etwa 45 km westlich von Dalanzadgad liegt die **Jolyn Am-Schlucht** 3 (›Geier-Schlucht‹) zwischen den Gipfeln des Gebirgszugs Gurwan Saichan. In 2700 m Höhe rauscht ein kleiner Fluß durch eine enge Klamm und baut über den Winter eine viele Meter hohe Eisschicht auf. Meist hält sich das Eis trotz der sommerlichen Hitze bis zum Beginn des nächsten Winters. Interessant ist die artenreiche Tierwelt (Steinböcke, Argali, Adler). Am Eingang der Schlucht bietet ein kleines Museum einen ersten Überblick über die Gegend. Etwas weiter

nordöstlich wird die Wanderdüne Moltsogi Els gerne besucht.

Interessanter ist es, etwa 200 km weiter nach Westen vorzustoßen. Nördlich des Sevri-Gebirgszuges liegt ein spektakuläres Band aktiver Wanderdünen. Die **Chongoryn Els** 4 (43°45' O, 102°20' N), denen die Einheimischen wegen der ständigen Windbewegung den poetischen Namen Duut Manchan (›Singende Dünen‹) gegeben haben, erheben sich unvermittelt mehrere hundert Meter aus der flachen Ebene. Der Wind bläst meist konstant aus Nordwesten, so

Jolyn Am-Schlucht

daß hier auch die Aufbauzone der aktiven Wanderdünen liegt, und der Sand sich besonders hoch auftürmt. Das etwa 180 km lange und nur wenige Kilometer breite Feld der Sicheldünen wandert allmählich von West nach Ost. Spektakulär sind die weißen Sandberge vor allem für Fotografen: Auf der Nordflanke reicht ein schmales grünes Band direkt an den Fuß der Dünen. Sumpfige Wiesen erklären die unverhofft reiche Vegetation. Jurten und Viehherden bieten einen zusätzlichen Blickfang.

Ausgewaschene rote Canyons, die die Flaming Cliffs weit in den Schatten stellen, liegen bei **Nemegt** 5 (43°35' N, 101° O). Aus der flachen Steppe fallen plötzlich die bis zu 30 m tiefen Schluchten herab. Hier liegen die aktuellen Saurier-Fundstätten der Paläontologen. Das

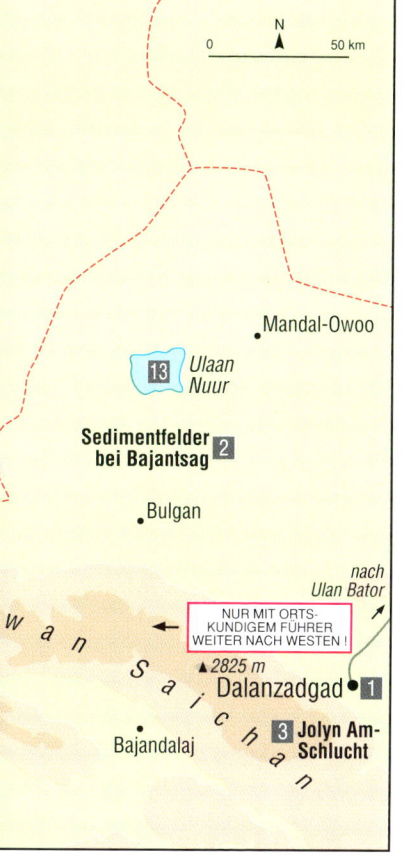

Wüste Gobi

Dinosaurier
Faszination Urzeit

Der Kampf fand vor 80 Millionen Jahren statt. Ein etwa mannsgroßer, auf zwei Füßen laufender Velociraptor überfiel den pflanzenfressenden Protoceratops, ein Tier von der Größe eines Kalbes, dessen Nackenpartie durch einen Knochenkragen geschützt war. Mit seiner sichelförmigen Kralle schlitzte Velociraptor den Bauch seiner Beute auf, doch in ihrem Abwehrkampf riß diese das Raubtier mit in den Tod. (Stellt man sich vor, daß ein Menschenleben von 60 Jahren auf eine Stunde komprimiert wäre, dann hätte der 80 Millionen Jahre zurückliegende Kampf vor 3652 Jahren stattgefunden – vor dem Bau der Pyramiden.) Für die Forschung glückliche Umstände bewahren die beiden Tiere im Todeskampf als Versteinerung – heute Prunkstück des Zentralmuseums (Naturkundliches Museum in Ulan Bator; s. S. 105).

Kopf des Entenschnabelsauriers

Sauriergelege

Die sensationelle Entdeckung gelang einem polnisch-mongolischen Forscherteam 1971 in der Wüste Gobi, die vor etwa 100 Millionen Jahren von einem weiten Seensystem mit reicher Vegetation bedeckt war. Es war nicht der erste bedeutende Fund, den Paläontologen aus dem Gestein der Gobi ausgruben. 1965 hatte gleichfalls ein polnisch-mongolisches Team die Schultern, oberen Gliedmaßen, Pranken und Fragmente der Rippen eines gigantischen Dinosauriers entdeckt. Allein die oberen Extremitäten waren bis zu 3 m lang, mit bis zu 60 cm langen Krallen, so daß das Tier Deinocheirus, die ›schreckliche Hand‹, getauft wurde. Der Aufbau der Pranken läßt vermuten, daß sie dazu geeignet waren, sehr große Opfer zu zerreißen. Vielleicht war er an die 9 m hoch und 15 m lang. Doch noch fehlt ein vollständiger Skelettfund, um dem Tyrannosaurus, einem sechs Tonnen schweren Raub-Dinosaurier, den ersten Rang zu nehmen.

Berühmt wurde die Mongolei in der Paläontologie durch die Funde von Dinosaurier-Eiern. Die amerikanische Expedition unter der Leitung von Roy Chapman-Andrews, ein wegen marodierender Banditen und aufgrund des extremen Klimas riskantes Unternehmen, entdeckte 1923 in der Gobi mehrere Nester mit versteinerten Dinosaurier-Eiern, deren Alter auf 95 Millionen Jahre geschätzt wurde. Die Funde erregten weltweites Aufsehen, weil die Entdeckung fossiler Gelege die Theorie bewies, daß Saurier Eier legten. Erst später erkannte man, daß schon 1896 in Südfrankreich gefundene Eier nicht, wie vermutet, von Vögeln, sondern ebenfalls von den Riesenechsen stammten. Die Zuordnung der in der Gobi gefundenen Eier wurde den Forschern hingegen leicht gemacht: Nicht nur, daß die Struktur der Schalen zu keiner bekannten Tierart paßte, vielmehr fanden sich Teile zweier Embryo-Skelette darin. Allerdings war lange Zeit unbekannt, welcher Gattung sie zuzuschreiben waren. Die meisten Eier, die etwa 12–15 verschiedenen Typen zugeordnet werden, sind bis zu 20 cm lang und außen noch von der ursprünglichen Kalkschale umgeben. Die Forscher gingen davon aus, daß das Muttertier sie in ausgescharrten Gruben deponierte und anschließend mit Erde bedeckte. Ausgehend von der Größe der Eier und der Häufigkeit der Gelege wurden sie zumeist dem kleinen Protoceratops zugeordnet, der uns bereits aus dem eingangs geschilderten Kampf bekannt ist. In dieses Bild fügten sich Funde von 8–10 Baby-Protoceratops ein, deren 12–14 cm großen Skelette – erstmals in der Geschichte der Paläontologie – in der Mongolei entdeckt wurden. Andere Überlegungen ordneten die Eier aber auch einem Hadrosaurier, also einem Saurier aus der Gruppe der ›Entenschnabelsaurier‹ zu, der in großen Gruppen auftrat.

Mutig ist die neueste Theorie: Ergebnisse einer amerikanisch-mongolischen Expedition aus dem Jahr 1994 legen nahe, Eier einem brütenden Oviraptor zuzuschreiben. Er galt bislang als Eierräuber, so auch sein Name. Ein früherer mongolischer Fund eines dieser Tiere, dessen Skelett einem Vogelskelett sehr nahe kommt und die Theorie unterstützt, daß die Vögel von den Dinosauriern abstammen, läßt sich so schlüssig einordnen: Es handelte sich um einen auf seinen Eiern brütenden Dinosaurier, der von einem Sandsturm überrascht wurde und so mit seinem Gelege versteinerte.

Expeditionen in die Gobi reißen nicht mehr ab. Als Ausgrabungsfeld bietet die Mongolei gemeinsam mit anderen Regionen Zentralasiens auch weiterhin die Hoffnung auf reiche Funde. Im Gegensatz zu weiten Teilen Europas wurde die Gobi, die während der Kreidezeit, also vor 140–70 Millionen Jahren, von großen Binnenseen durchsetzt war und ein feuchtwarmes Klima aufwies, seit schätzungsweise 100 Millionen Jahren nicht mehr vom Meer überflutet und zählt damit zu den am längsten trockenen Gebieten der Welt. Auch war sie zu keiner Zeit von den Gletschern der Eiszeiten bedeckt.

Die Artenfülle und die Vielzahl der Fundplätze sind bemerkenswert. Die Gesteinsschichten, in welchen die Gelege vorkommen, sind Teile der sogenannten Djadochta-Formation, einer Hunderte von Metern dicken Schichtenfolge feinkörniger Sand- und Silsteine. Sie ist in der oberen Kreide einzustufen, wobei es sich um festländische Ablagerungen handelt, die im ostasiatischen Raum in mehreren, voneinander durch Hochgebiete isolierten, kreidezeitlichen Becken auftreten. Ihre Rot- und Brauntöne sind an vielen Stellen der Gobi anzutreffen. Wichtige Entdeckungen wurden auch aus Regionen im Osten und Süden Chinas gemeldet. Eine weitere Gobi-Fundstätte liegt 300 km westlich von Dalanzadgad in den Nemegt-Bergen. Hamburger Forscher sind seit Jahren regelmäßig an dieser Stelle mit Schaufel und Spaten unterwegs. Gemeinsam mit der mongolischen Akademie der Wissenschaften haben sie die Zusammenarbeit mit den Mongolen auf eine neue Basis gestellt. »Bei früheren Expeditionen«, so ein mongolischer Wissenschaftler, »bestand die Kooperation darin, daß wir die Lastwagen fuhren und die anderen die Beute mit nach Hause nahmen«.

Touristen werden in Ulan Bator gelegentlich angebliche ›Dino-Eier‹ angeboten. Vom Kauf sei abgeraten. Erstens handelt es sich meist nur um Kristallstrukturen, die zufällig wie Eier aussehen, zweitens sind selbst die Schwarzmarktpreise übertreuert, und schließlich werden die mongolischen Zöllner die zwar hübschen, aber meist wertlosen Steine am Flughafen ersatzlos beschlagnahmen.

Nemegt

Wasser wäscht immer neue Versteinerungen der Urzeittiere frei. Allerdings klettert die Quecksilbersäule im Sommer weit über 40 °C, so daß die Kiesel an der Oberfläche von schwarzem ›Wüstenlack‹, einer chemisch nicht genau geklärten Lasur überzogen sind, die vermutlich durch die Lichteinstrahlung und Trockenheit entsteht. Die einzige größere Quelle in der Nähe ist **Naran Daats** [6] ($43°25'$ N, $100°25'$ O), wo auf einer kleinen Anhöhe kristallklares Wasser aus der Erde sprudelt. Die kleine grüne Insel inmitten der roten und okkerfarbenen Sandschichten wird von Viehzüchtern als Weidegrund genutzt. Die letzten besiedelten Stellen liegen noch weitere 100 km westlich, danach beginnt die ›Extremgobi‹, deren Besuch ohne professionelle Vorbereitung Lebensgefahr bedeutet. Hier liegen die trostlosen Schluchten von **Chermentijn Saw** [7] ($43°35'$ N, $99°55'$ O), wo man einen Eindruck von der Lebensfeindlichkeit dieser Wüstenabschnitte gewinnt. Im Gegensatz zu den Nemegt-Schluchten ist Chermentijn Saw stärker erodiert. In der gnadenlosen Hitze leben einige Exemplare des Gobi-Bären. Der Gesamtbestand wird auf nur 30 Tiere gezählt, und ihr natürliches Aussterben scheint nur eine Frage der Zeit zu sein. Ausnahmsweise ist es nicht der Mensch, der eine Tierart bedroht, sondern Naturwissenschaftler vermuten, daß dieser hochbeinige Braunbär Relikt einer fruchtbaren Epoche der Gobi ist und sich halbwegs an die veränderten Bedingungen zu adaptieren wußte. Bilderbuchmäßig schließen sich nur 20 km weiter im Norden die Oasen von **Tsulganaij** [8] ($43°40'$ N, $100°05'$ O) an. Kleine Dünenfelder umgeben schilfbestandene Teiche, aus denen sich ein Bach für etliche Kilometer durch die Wüste schlängelt, bevor er wieder im Nichts verschwindet.

Eine weitere bedeutende Oase ist **Echijn Gol** [9], im Süden des Bajanchongor-Aimag. Eine kleine Siedlung ist um die Wasserstelle entstanden, und es werden Obst und Gemüse angebaut. Eine dicke Lehmschicht auf Kiesuntergrund bildet einen guten Nährboden für mehrere Meter hohes Schilf und mächtige Pappeln. Das Wasser der Oase lockt viele Wildtiere an, und Dinosaurierausgrabungsstellen in der Nähe machen einen Besuch reizvoll.

Das Tal der Gobi-Seen

Karte S. 192/193

Wer vom Changai-Gebirge nach Süden in die Gobi fährt, muß an irgendeiner Stelle das Tal der Gobi-Seen durchqueren. Die meisten Gewässer besitzen keinen natürlichen Abfluß, und im Spätsommer bleiben oft nur Salzpfannen zurück. Die Seen speisen sich durch Oberflächen- und Grundwasser, das sich an diesen tiefsten Stellen der Senke sammelt. Die meist sehr flachen Gewässer sind von Salzablagerungen und Sumpfgebieten umgeben. Der größere Böön Tsagaan Nuur sowie der Adgijn Tsagaan Nuur, der Örög Nuur und der Ulaan Nuur sind Seen mit charakteristischen Merkmalen. Alle vier liegen südlich von Bajanchongor zu Füßen des Gobi-Altai. Die zahlreichen kleinen Zwischenseen künden davon, daß sie ursprünglich eine Wasserfläche bildeten.

Der westlichste See, der **Böön Tsagaan Nuur** [10] ist der größte Gobi-See mit 240 km² und nur etwa 15 m Tiefe. Der Wasserspiegel liegt 1336 m über dem Meer. Der Salzgehalt beträgt 5,7 g Salz pro Liter. Kies- und Sandebenen umgeben die Ufer, im Süden erheben sich nach einer trockenen Wüstenebene die Altai-Berge bis zu 700 m über den See. In besonders niederschlagsreichen Jahren werden in der südöstlichen Ecke die nur etwa 30 cm hohen Begrenzungswälle überspült, und das Wasser fließt in die Ebene ab. Südlich, am Fuß des Dund Chamar-Berges, weist eine Erdspalte auf die starke tektonische Aktivität der Region hin.

Von dem weiter östlich gelegenen **Adgijn Tsagaan Nuur** [11] (22 km², 9 km lang, 4 km breit) kündet oft nur eine Salzpfanne und selbst bei hohem Wasserstand ist das Wasser selten über 1 m tief.

Der schmale **Örög Nuur** [12] (130 km², 28 km lang, 8 km breit, 2–3 m tief), liegt als schmales, hellblaues Band zu Füßen des höchsten Gobi-Berges, des Großen Bogd (3957 m). Sein Wasser kommt über den Tuijn-Fluß aus dem Changai-Gebirge und ist nur schwach salzhaltig, so daß er fischreich ist und auch zahlreiche Wasservögel anlockt. Kleine Dünen treten dicht an die Ufer heran. Besonders fruchtbar ist das Delta am Zufluß, wo das frische Wasser auch zum Schwimmen einlädt. Zugvögel schätzen den See als Rastplatz.

Die Piste von Char Chorin oder Arwaicheer in die Süd-Gobi führt am **Ulaan Nuur** [13], dem östlichsten Gobi-See entlang. Sein Zufluß über den Öngijn Gol ist unbeständig, so daß der See häufig vollständig austrocknet und die meiste Zeit verschlammt ist. Charakteristisch sind die vielen kleinen Inseln, die sich aus den Erhebungen in niederschlagsreichen Jahren bilden. Obwohl er abflußlos ist, ist das Seewasser süß.

Naturschutzgebiet Gobi

Der große Gobi-Nationalpark (s. hintere Klappenkarte) – eines der größten heute noch weitgehend intakten Ökosysteme – erstreckt sich auch über die Grenzen in den Süden nach China, unter anderem in das Kalameili-Reservat in der Dzungarei, und nach Westen in das Tabargatai-Wildreservat in Kasachstan. Die gesamte Fläche hat gute Aussichten, von der UNESCO als Weltkulturerbe anerkannt zu werden.

Bereits seit 1990 ist die Gobi als Biosphärenreservat anerkannt. Nach dem Nord-Ost-Grönland-Nationalpark und dem Tassili-Nationalpark in Algerien ist sie mit 5 300 000 ha derzeit das drittgrößte Biosphärenreservat der Erde. Leider ist das Gebiet nicht zusammenhängend, sondern in zwei Teile, die 240 km auseinanderliegen, getrennt. Das Klima im östlichen Teil, dem Trans-Altai-Gobi-Park, ist milder als im westlichen Park, der Dzungarischen Gobi, so daß sich eine unterschiedliche Flora und Fauna in beiden Teile findet.

Der Trans-Altai-Gobi-Park, das mit 4 419 000 ha größere, aber trockenere Gebiet bietet den Wildkamelen und dem seltenen Gobi-Bären ein letztes Refugium. In der Dzungarischen Gobi finden sich noch das Dziggetai, eine Antilopenart, die Saiga-Antilope, und, seit der Wiederauswilderung 1992 (s. S. 190), eine erste kleine Gruppe von Przewalskij-Pferden. In beiden Parkteilen leben darüber hinaus der Altai-Maralhirsch, das Argali, die Kropf- oder Schwarzwedelgazelle und der Schneeleopard. Eine Besonderheit ist auch der Wildesel. Die Tiere ähneln einem zierlichen Maultier, haben fahlgelbes Fell am Rücken und einen weißen Bauch. Ihre Mähne ist dunkelbraun.

Der Gobi-Nationalpark hat spektakuläre Landschaften – mit Gebirgen von über 3000 m Höhe und Oasen, von denen die größte 15 km^2 groß ist und durch schmale, immer fließende Bäche gespeist wird. Die endlosen Flächen werden auch von Menschen genutzt. Nomadenfamilien weiden ihre Herden, wenn auch in weiten Abständen voneinander, und das Militär unterhält hier Pferde- und Kamelstationen, insbesondere in den Oasen an der Grenze zu China. Doch die Gobi-Halbwüsten oder Wüstensteppen sind extrem empfindlich. Forscher berichten bereits von einer Überweidung der Region und Wissenschaftler des WWF mußten entsetzt feststellen, daß für die riesige Region bislang nur eine Handvoll, zudem auch noch schlecht ausgerüsteter Ranger zur Verfügung steht. Ohne internationale Unterstützung kann die Mongolei die ausgedehnten Gebiete nicht wirkungsvoll schützen.

Mit Jeep und Guide von Ulan Bator in die Gobi

Eine der Strecken in die Gobi führt aus Ulan Bator über Arwaicheer nach Süden. Die ersten 430 km bis Arwaicheer sind geteert und bequem in einer achtstündigen Fahrt zurückzulegen. In Arwaicheer ist die letzte sichere Tankmöglichkeit. Die Strecke ist relativ gleichförmig, weite grüne Hügel, kein Wald, gelegentlich sumpfige Niederungen. Anschließend geht es über Steppenpisten die Changai-Hänge hinab nach Gutschin Us (›Dreißig Wasser‹) und weiter nach Bogd. Auf diesem Teilstück nimmt die Vegetation mehr und mehr ab. Bedecken zunächst üppige, grüne Wiesen, die im Juni über und über mit wilder Iris bestanden sind die Hänge, so schließen sich dann Halbwüstenlandschaften mit gelbblühender Caragana und endlich die ersten Sandstrecken an. Federgras, im Gegenlicht silbrig glänzend, bedeckt weite Weideflächen. Die Strecke führt durch das Ostende des Tals der Gobi-Seen, eine tektonisch aktive Region. Die letzten schweren Erschütterungen der Erdkruste ereigneten sich am 4. November 1957 und veränderten die Lage mehrerer Seen. Karten haben für diese Route sowieso nur eine marginale Bedeutung, besser ist es, regelmäßig an Jurten zu halten und die Einheimischen nach dem zur Zeit sinnvollen Weg zu fragen. Sonst kann man plötzlich mitten in einem vermeintlich trockenen See feststecken, vor einem unüberwindlichen Sumpf stehen oder den richtigen Einstieg in die nächste Hügelkette verpassen. Von Arwaicheer bis Bogd sind es 230 km, für die man etwa sieben Fahrstunden auf Pisten vom Charakter eines Feldweges benötigt. Ab Bogd sollte man unter allen Umständen nur noch mit ortskundigem Führer weiterfahren. Sobald man die Bogd-Berge (2399 m) überquert hat, beginnt die Wüste. Flache Salzseen mit sumpfigen Uferzonen liegen als Hindernisse auf der Strecke. Mühselig ist der Aufstieg in den Gurwan Saichan-Gebirgszug. Hier liegen weite Sanddünenfelder auf dem Weg und werden zu ernsthaften Hindernissen für die Wagen. Schließlich müs-

Von Ulan Bator in die Gobi

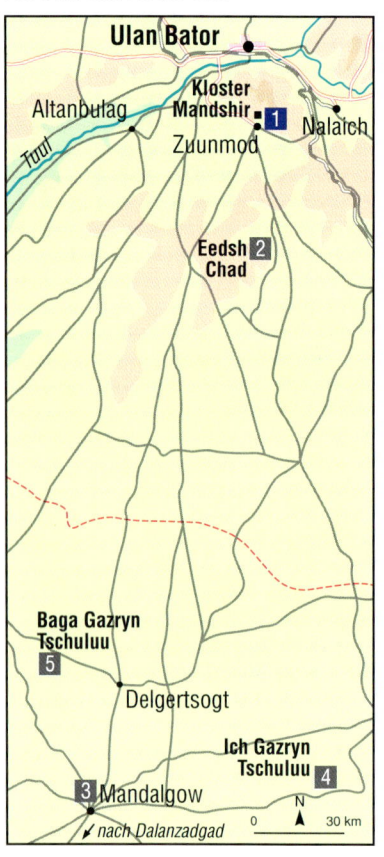

Eedsh Chad

sen die südlichsten Ausläufer des Gobi-Altai, dessen Gipfel hier immer noch fast 3000 m erreichen, überquert werden. Wenn die ausgedehnten Dünenfelder von Chongor (Chongoryn Els; s. S. 193) erreicht sind, ist man am Ziel. Diese letzten 250 km muß man sich von Jurte zu Jurte durchfragen und zur Sicherheit auch Kompaß oder GPS konsultieren.

Eine andere Möglichkeit in die Gobi zu fahren, bietet sich mit einem Übernachtungsstopp in Mandalgow; Ziel wäre Dalanzadgad. Wendet man sich in Ulan Bator direkt nach Süden, so endet die Teerstraße bereits nach knapp 30 km im Zentrum des Zentral-Aimag **Zuunmod** 1. Hier kann man das wiedererrichtete Kloster Mandshir (s. S. 117) in einem malerischen Seitental besichtigen. Danach führt die Piste durch eine baumlose, recht eintönige Graslandschaft, die gelegentlich durch Salzpfannen in den Senken unterbrochen wird.

Weitere 60 km südlich findet sich **Eedsh Chad** 2, ›der Mutterfelsen‹ (47°18'82" N, 106°58'61" O). In einem Halbrund türmen sich dort von Gläubigen geopferte Teeziegel mannshoch zu einer soliden Mauer. In der Mitte ist ein Felsen über und über mit Seidenschals bedeckt. Auf sämtlichen kleineren Felsen im Tal türmen sich Steinhaufen. Die Entstehungsgeschichte dieses heiligen Orts ist ungeklärt. Mongolen betrachten die Stätte mit gemischten Gefühlen, den Göttern mitgeteilte Wünsche sollen in Erfüllung gehen, nicht gehaltene Gelöbnisse aber auch deren Rache nach sich ziehen.

Im Mittelgobi-Aimag (Dundgow-Aimag) stößt man bereits auf semiaride Vegetation. Das Aimag-Zentrum Mandalgow 3 (S. 227), selbst ein Nest, ist kaum einen Stopp wert. Doch in seiner Umgebung sind einige ungewöhnliche Felsformationen sehenswert. Am bekanntesten ist ein 30 km langes und 20 km breites Gebiet von ausgefallenen Granit-Wollsackverwitterungen: **Ich Gazryn Tschuluu** 4 (45° 44' N, 107° 13' O). Es liegt etwa 70 km nordöstlich von Mandalgow. Die Region, die ein wenig an das Monument Valley in den USA erinnert, steht unter Naturschutz. Für Besucher, die lange in der Mongolei sind und noch ein neues Ziel für einen Wochenendausflug suchen, lohnt die Anreise aus Ulan Bator.

Nordwestlich von Mandalgow, im Adaatsag-Sum, finden sich die **Baga Gazryn Tschuluu** 5 (46° 12'N, 106° 02'O), ein Inselbergland aus Granit und Alaskit, das 100–200 m aus der flachwelligen Steppe herausragt.

Der ›wilde Osten‹

Schwierige Anfahrt ins Grasland

Karte S. 206

Der Osten der Mongolei gehört mit seiner einzigartigen Kombination von ausgedehnten Trockensteppen und großen Feuchtgebieten zu den biologisch interessantesten und ökologisch bedeutendsten Gebieten des Landes. Neben den Antilopen, Wölfen, Steppenfüchsen, Dachsen, Murmeltieren, Jungfernkranichen, Steppenadlern, Trappen und vielen anderen Tierarten gehören hierzu auch die ausgedehnten, scheinbar endlosen Federgrasmeere von Menengijn. Westliche Besucher wird die Weite der bereits deutlich mandschurisch geprägten Landschaft in ihrer Eintönigkeit beeindrucken. Auf Hunderten von Kilometern durchfährt man grünes Grasland, ohne daß eine Jurte auf menschliche Besiedlung hinweist. Wer nur wenig Zeit für die Mongolei hat, sollte wegen der weiten Entfernungen aber eher anderen Regionen den Vorzug geben.

Die Straßenbedingungen sind noch schlechter als im übrigen Land. Die Zentrale in Ulan Bator ist weit, und die Gouverneure der beiden östlichen Aimag Suchbaatar und Dornod versuchen aus der Grenzlage zu China Kapital zu schlagen. Während der nördliche Teil bewaldet ist und an Sibirien erinnert, ist der Rest zum Teil noch unberührte Steppe. So muß der amerikanische mittlere Westen ausgesehen haben, bevor er landwirtschaftlich erschlossen wurde.

Die Teerpiste aus Ulan Bator endet bereits kurz hinter Nalaich. Bis Bagannuur benötigt man mindestens drei Stunden; eine Brücke über den Cherlen ist für Reisende aus Ulan Bator (140 km) das Tor in den ›wilden Osten‹. Der Fluß ist mit 1254 km (1090 km in der Mongolei) der längste Strom des Landes, Hauptwassersammler aus dem Chentij-Gebirge, der gemächlich über den Dalai Nuur in China und – bei besonders starkem Zufluß – über ein Trockental in den Argun/Amur in den Pazifik fließt.

◁ *Blick vom Schilijn Bogd Uul*
 In der Menengijn-Steppe

Jenseits der Brücke geht es über die schlechteste Piste der Mongolei mit tief ausgefahrenen Spurrillen, Schlaglöchern und durch sumpfige Wiesen nach Öndörchaan. 20 km/h sind ein guter Durchschnitt! Und Vorsicht: Selbst mit Führer und Kompaß oder GPS ist die Wahrscheinlichkeit sich zu verfahren nicht gering: Immer wieder werden neue Pisten geschlagen. Öndörchaan 1 (S. 228), ist das Zentrum des Chentij-Aimag, liegt 1057 m hoch am Ufer des Cherlen. Die Stadt lebt in erster Linie von der Landwirtschaft, vor allem dem Getreideanbau. Ihre Entstehung verdankt sie dem Zweiten Weltkrieg, als sowjetische Soldaten hier stationiert waren. Daran erinnert neben den ansonsten in der Mongolei ungewöhnlichen Chausseebäumen, die einige Straßen säumen, noch das Heimatmuseum, ein Blockhaus im russischen Stil, das im Industriegebiet hinter dem Dieselkraftwerk steht.

Von Öndörchaan in den Suchbaatar-Aimag

Möchte man von Öndörchaan aus in den Suchbaatar-Aimag, so muß man hier den Cherlen überqueren (Brücke). Die Piste führt durch weitläufige, wenig genutzte Trockensteppe in das 180 km entfernte Baruun Urt **2** (S. 226). Für die Fahrt muß man etwa fünf Stunden veranschlagen. Das Aimag-Zentrum ist vielleicht noch deprimierender als der Durchschnitt seiner Vettern, aber von hier aus läßt sich in die südlich gelegene – und besuchenswerte – Grenzregion zu China vordringen. Scharfe Basaltklippen und einige Vulkankegel deuten auf die ›bewegte‹ Vergangenheit der Region im Quartär hin. In dem welligen Steppengelände findet man nur noch spärlichen Grasbewuchs, weite Sandflächen und Salzpfannen deuten auf die Nähe der Wüste hin. Neben den Chalcha-Mongolen siedelt hier im Dariganga-Sum **3** (S. 227) der gleichnamige Stamm. Die Dariganga sind mit Stämmen in der Inneren Mongolei verwandt und sprechen einen eigenen Dialekt. Östlich von Dariganga ziehen sich verfestigte Dünen in Grenznähe dahin, ein letztes Zeichen der nahen Gobi. Das Siedlungsgebiet des Stammes entlang der Grenze aber weist überwiegend üppige Weideflächen auf,

Im Osten

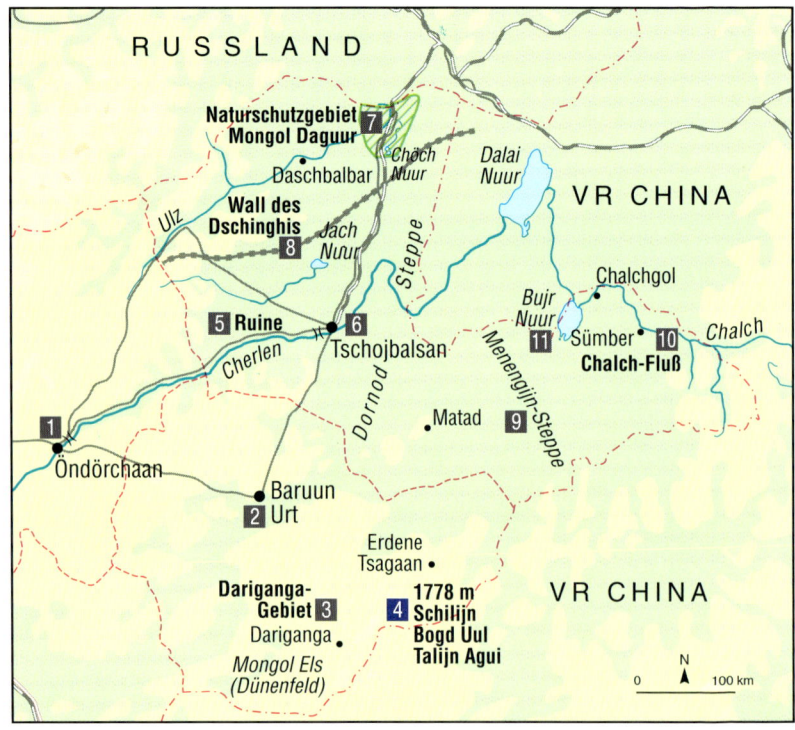

Owoo *bei Dariganga*

Anlaß für die mandschurischen Herrscher in Peking die Region für die eigene Pferdezucht zu nutzen und unter kaiserlichen Schutz zu stellen. Auch wurden besonders talentierte Viehzüchter hier angesiedelt. Die Privilegien der Vergangenheit, so heute die Bewohner, erwuchsen ihnen unter sozialistischer Herrschaft zum Nachteil. Die Region wurde vernachlässigt und hofft jetzt wieder an die ehemals guten Beziehungen zum südlichen Nachbarn anknüpfen zu können.

Alle drei Jahre ist Dariganga Mittelpunkt der Mongolei, wenn das Altan Owoo-Fest Ende Juli begangen wird. Auf einem kleinen Vulkankegel über der Ortschaft steht ein goldgelb gestrichener, 10 m hoher gemauerter *owoo,* der größte seiner Art im Osten. Mit den ersten Sonnenstrahlen begeben sich die Männer der Region auf den Berg, opfern reichlich Milch- und Fettprodukte, so daß der *owoo* nach einigen Tagen einen leicht säuerlichen Geruch verbreitet. Währenddessen umwandern die Frauen, denen der Zugang zum Gipfel verwehrt ist, singend den Berg. Wie bei allen mongolischen Festen begleiten die *naadam*-Sportarten (Reiten, Bogenschießen, Ringen; s. S. 79) die Feiertage.

Mit einem Ausflug zum knapp 50 km östlich von Dariganga liegenden **Schilijn Bogd Uul** 4, einem erloschenen Vulkan, der in der mongolischen Sage eine besondere Rolle spielt, wird der Tag fortgesetzt. Ehrbare Männer sollen sich dort geschworen haben, die Reichen zugunsten der Armen zu berauben, eine mongolische Variante von Robin Hood. Im Gegensatz zum Altan Owoo ist auf dem Schilijn Bogd heute auch Frauen der Zutritt gestattet. Von seinem Gipfel – bequem in einem fünfzehnminütigen Fußmarsch zu erreichen – hat man einen phantastischen Blick auf eine Landschaft voller erloschener Vulkane, deren Kegel meist noch sehr gut erhalten sind und die sich über die Grenze in die Innere Mongolei fortsetzen. Die Berge sollen noch vor wenigen tausend Jahren aktiv gewesen sein. In jedem Fall handelt es sich um Beispiele des jüngsten Vulkanismus der Mongolei. Die beschwerliche Fahrt über selten passierte Wege lohnt sich. Sattes Grün überzieht die Kessel. Hier erinnert die Landschaft an die Eingangsszenen des Films »Urga« (s. S. 243) von Nikita Michalkow, auch wenn der Film in der Inneren Mongolei gedreht wurde. Vom Schilijn Bogd aus ist in der Ferne die chinesische Grenze zu erkennen. Ein schmales Band dunklerer Vegetation deutet noch an, daß dort bis vor wenigen Jahren alljährlich der Grenzstreifen gepflügt wurde. Der Besuch der Grenzschutzregion ist nur mit einer Spezialerlaubnis möglich, die bei der letzten Kontrolle kurz hinter Dariganga zu erlangen ist. Da die Grenzregion kaum zur Viehwirtschaft genutzt wird, steht das Gras gegen Ende des Sommers gut einen Meter hoch in sattem Grün. Wenige Kilometer nördlich des Schilijn Bogd Uul kann man in eine der vielen Höhlen der Gegend klettern: In der Talijn Agui, ›Steppenhöhle‹, ist auch mitten im Sommer der Boden mit Eis bedeckt, und von der Decke hängen Eiskristalle. Wer von hier aus in den äußersten Osten der Mongolei fahren möchte, muß sich auf dem Weg über Erden Tsagaan nach Matad auf Pisten von Feldwegcharakter einstellen, die unter meterhohem Steppengras fast unsichtbar sind, so daß weder Schlaglöcher noch auf der Piste liegende Felsbrocken erkennbar sind. Besser ist es, von Öndörchaan aus direkt eine andere Route zu wählen.

Von Öndörchaan in den äußersten Osten

Karte S. 200

Hinter Öndörchaan stößt man wieder auf den Cherlen mit seiner weitläufigen, ausgeprägten Flußaue. Weiden und Pappeln begleiten die Piste bis ins 360 km entfernte Tschojbalsan. Sie ist zumeist sandig und glatt und daher gut zu befahren. In acht Stunden kann man Tschojbalsan – erst hier führt wieder eine Brücke über den Fluß – erreichen. Hinter Öndörchaan wird die Landschaft offener. Erste Kropfantilopen sind als Vorboten der großen Herden etwa 500 km weiter östlich zu beobachten. Die Tiere ziehen besonders im Mai und September auf der Suche nach geeigneten Weiden und Wasser durch das fruchtbare Cherlen-Tal. Vereinzelt sind Fischadler zu sehen und – besonders im Herbst in größeren Ansammlungen – Jungfernkraniche.

Eine **Ruine aus der Kitan-Zeit** (10.–12. Jh.) 5, ein mächtiger Turm aus Ziegeln, steht nur 70 km westlich von Tschojbalsan an der Piste am Ufer des Cherlen (48° 03′21″ N; 113° 21′86″).

Tschojbalsan 6 (S. 228) mit seinen 50 000 Einwohnern zieht sich an einer einzigen, kilometerlangen Straße entlang. Namensgeber der Stadt, die zuvor Bajantumen hieß, war Staatschef General Tschojbalsan, ein ›mongolischer Stalin‹, der für die Lama-, Adels- und Intellektuellenverfolgungen der 20er und 30er Jahre verantwortlich war. Aufbruchsstimmung herrscht auf dem *zach,* dem Markt, wo fliegende Händler Ware aus China und lokale Produkte feil bieten, während die Geschäfte gähnend leere Regale aufweisen. Über einen der größten Schlachthöfe des Landes wurde lange Zeit Fleisch direkt in die Sowjetunion exportiert, ein Handel, der weitge-

Die Kropfantilope oder Mongolische Gazelle

Ein außergewöhnliches Naturschauspiel läßt sich in der Ost-Mongolei bewundern. Die weltweit letzten Bestände der Kropfantilope oder Mongolischen Gazelle ziehen in Herden von gelegentlich mehreren zehntausend Tieren über die menschenleere Steppe. Die ersten größeren Herden finden sich etwa 450 km östlich von Ulan Bator im Grenzgebiet zwischen Chentij- und Dornod-Aimag. In dieser Region kann man im gesamten Jahresverlauf Antilopen beobachten.

Die zyklischen Wanderungen stellen auch für Wissenschaftler ein weitgehend unerforschtes Phänomen dar. Noch existieren Herden von über 40 000 Tieren, und der Gesamtbestand wird auf 250–300 000 geschätzt. Doch obwohl weite Gebiete im Osten sich aufgrund der Wasserarmut nicht für menschliche Nutzung eignen, handelt es sich keineswegs um ein Tierparadies. Es steht außer Zweifel, daß die Bestände der Kropfantilopen dramatisch zurückgehen. Es gibt bereits deutliche Zeichen von lokaler Überweidung, wüstenhafter Degradierung und ausgeprägter Wildtierarmut. Jahrzehntelang exzessive kommerzielle Abschüsse ließen die Bestände der Kropfantilopen in kurzer Zeit auf einen Bruchteil ihrer einstigen Größe zusammenschrumpfen, und ungeachtet dieser Entwicklung ließen die Behörden auch in den letzten Jahren jeden Winter bis zu 15 000 Tiere abschießen. Die Antilopen werden in der Regel nachts gejagt, wenn die Fluchtdistanz geringer ist. Ein oder zwei mit Scheinwerfern ausgestattete Jeeps kreisen zu diesem Zweck die vorher ausgemachten Gruppen ein. Im aufgeblendeten Licht wird anschließend u. a. mit automatischen Waffen in die Herden geschossen. Die Art gehört heute zu den am stärksten gefährdeten Gazel-

len überhaupt. Parallelen drängen sich hier auf, u. a. zu den kasachischen Saigas, die einst zu Millionen die Kalmükkensteppen bevölkerten und durch Massenabschüsse binnen kürzester Frist an den Rand des Aussterbens gebracht wurden. Zudem hat die Wilderei beängstigende Ausmaße angenommen und verläuft fast unbeeinflußt von staatlicher Kontrolle. Kohle- und Ölvorkommen, deren Abbau geplant ist, und die Erweiterung des bestehenden Schienennetzes bedrohen den noch bestehenden Verbund der letzten großflächig intakten Steppen der Mongolei.

Die Mongolische Gazelle ist ein Charaktertier der zentralasiatischen Federgrassteppen und Pfriemengras-Halbwüsten, meidet aber aride Regionen und ausgesprochene Feuchtgebiete. Sie ernährt sich von wenigen Pflanzenarten, ihr Wasserbedarf wird weitgehend durch den Wassergehalt des aufgenommenen Grüns gedeckt. Die Tiere leben während des ganzen Jahres in Herden, die in Abhängigkeit vom Weidezustand und von Witterungseinflüssen zum Teil beträchtliche Entfernungen zurücklegen. Im Winter meiden sie Schneelagen von mehr als 20 cm, weichen Schneesturmgebieten aus und können dabei bis zu 200 oder 300 km/Tag zurücklegen. Die Kropfantilope gehört damit zu den schnellsten bzw. ausdauerndsten Antilopen überhaupt. Für die ausgedehnten Wintermigrationen schließen sich die Tiere zu riesigen Herden zusammen und ziehen dann in die nördlichen Federgrassteppen sowie in östlicher Richtung bis zum Dalai Nuur in

China. Die Rückwanderung im Frühjahr erfolgt dagegen vergleichsweise unauffällig. Die Brunft findet während der großen Zusammenschlüsse von Dezember bis Anfang Januar statt. In dieser Zeit schwillt der Kehlkopf der Böcke auffällig an, und man hört in weiten Gebieten der Steppe ihre bellend-gutturalen Rufe. Die Trächtigkeitsdauer ist nicht genau bekannt, soll aber etwa sechs Monate betragen. Das Setzen der Jungtiere erfolgt im östlichen Verbreitungsgebiet Anfang Juli, im westlichen schon im Juni. Die Ricken suchen zu diesem Zweck die dichteren Federgrassteppen auf und bringen hier meist nur ein einziges Junges zur Welt.

Noch in den 60er Jahren war die Kropfantilope von der Senke des Uws Nuur (Nordwest-Mongolei) bis nach Nordost-China heimisch. Im Süden erreichte das Verbreitungsgebiet den südlichen Ching'an (China) und verlief dann wieder nordwestlich am Gurwan-Gebirge entlang zum Changal. Auch in Rußland existierte sie, doch die letzten kleinen Gruppen wurden dort in den 70er Jahren abgeschossen. Über die Bestände in China gibt es keine verläßlichen Berichte. Einer jüngsten Schätzung chinesischer Wissenschaftler zufolge sind es aber nicht einmal mehr 3000 Tiere. Ursachen hierfür sind ebenfalls die Jagd, aber auch großflächige Lebensraumveränderungen. Die letzten größeren Populationen finden sich heute nur noch in der östlichen Mongolei.

Als äußerst schwerwiegender Eingriff erwies sich der Bau der Eisenbahnlinie Irkutsk-Ulan Bator-Peking. Die von Stacheldrahtzäunen flankierte Spur führte zur Teilung des verbliebenen Bestandes und zur Ausdünnung der westlich von ihr lebenden Herden. Heute, nicht einmal 50 Jahre nach Fertigstellung der Trasse, kann man davon ausgehen, daß sich nur noch östlich der Bahnstrecke größere Antilopenherden befinden.

Der geplante Bau einer Linie von Tschojbalsan nach Harbin (China) würde ohne Ausgleichsmaßnahmen verheerende Folgen für die Tiere haben und das gesamte Steppenökosystem südlich dieser Linie ernsthaft gefährden. Ebenso bedenklich ist der jüngste Ausbau der Stacheldrahtverhaue und Zaunfelder im mongolisch-chinesischen Grenzgebiet.

In den letzten Jahren wurde zunehmend und mit wechselndem Erfolg versucht, Antilopenfleisch nach Europa zu exportieren. Meist scheiterten diese Aktivitäten an veterinärhygienischen Auflagen der Europäischen Union oder der schlechten Qualität der oft wochenlang unter extremer Trockenheit gelagerten Tierkörper. Der Hauptteil des Fleisches wird an die Fleischkombinate in Tschojbalsan und Ulan Bator verkauft. In den meisten Fällen werden die mit automatischen Waffen erlegten Antilopen noch im Feld aufgebrochen. Die wertvollen Innereien verbleiben vor Ort. Nur die meist sofort durchfrierenden Rümpfe werden abtransportiert und bis zur Verwertung irgendwo gestapelt. Veterinärhygienische Fragen finden hierbei keinerlei Berücksichtigung. Die oft frei zugänglichen Lagerstätten werden von Hunden und Wildvögeln geräubert. Die Felle werden – wenn überhaupt – unter so widrigen Umständen konserviert, daß an eine gewinnträchtige Weiterverarbeitung nicht mehr zu denken ist. Die grob zerlegten Fleischteile werden nach und nach zerhackt und auf lokalen Märkten angeboten bzw. in Tschojbalsan zu einer Billigwurst verarbeitet. Überhaupt ist das Antilopenfleisch in der Mongolei nicht sonderlich beliebt.

Die fetteren Haustierprodukte werden überall bevorzugt.

Wirksamer Schutz und nachhaltiges Management sind bei einer Tierart, die in nur 50 Jahren knapp zwei Drittel ihres Verbreitungsgebietes verloren hat, nicht mehr zu trennen. Ebenso reichen einfache Trendschätzungen in diesem Stadium nicht mehr aus, um die Art in einem immer weiter schrumpfenden Areal dauerhaft zu erhalten.

Die neben dem Jagddruck bei den Antilopen auftretenden natürlichen Verluste können nach bisherigen Erfahrungen ebenfalls beträchtlich sein. So verendeten bei einer Seuche unklarer Genese im Jahr 1986 mindestens 50 000 Antilopen. Als weitere mögliche Bestandsfaktoren wirken die in der Ost-Mongolei häufigen Steppenbrände. Obwohl die Feuer auf die Pflanzengesellschaften des Gebietes keine negativen Auswirkungen haben (vielleicht sogar eher fördernde Effekte durch anschließende Wachstumsschübe), können sie gewaltige Ausmaße erreichen und – wie im November 1994 – fünf Millionen Hektar Winterweideland innerhalb von ein bis zwei Tagen in Asche legen. Durch ihre ausgedehnten Wanderungen hatten die Herden früher die Möglichkeit, nach derartigen Katastrophen in andere Gebiete abzuwandern und den Nahrungsausfall zu kompensieren. Dies ist heute nicht mehr oder nur noch sehr eingeschränkt möglich. Folge wiederum ist eine Erhöhung der Mortalitätsrate, die oft noch mit einem geringeren Fortpflanzungserfolg im folgenden Jahr einhergeht.

Die vom Wolf ausgehende Bedrohung wird deutlich überschätzt. Wölfe erbeuten nur in Ausnahmefällen gesunde Tiere, da im Umfeld großer Herden genügend Auswahlmöglichkeiten bestehen. Die von allen Behörden vertretene Ansicht, daß eine zu stark angewachsene Wolfspopulation verantwortlich für den Rückgang der Antilopen sei, ist wissenschaftlich nicht haltbar. Alle verfügbaren Daten deuten eher auf einen umgekehrten Trend hin. Die Wolfsbestände haben in den letzten Jahrzehnten unter der Verfolgung kontinuierlich abgenommen. Hinzu kommt ein weiteres Problem. Mit der großflächigen Einwanderung einer die kurzgrasigen Weidesteppen bevorzugenden Wühlmaus werden in immer mehr Gebieten selbst für anspruchslose Haustiere (Ziegen, Schafe) die Existenzbedingungen schlechter. Die außerordentlich fruchtbaren Nager bevölkern die Steppen regional bereits zu Millionen. Ihr Pflanzenverbrauch ist so enorm, daß die Vegetationsdichte immer mehr abnimmt und die Steppe schließlich sandig degradiert. So sind die Halbwüsten im Süden des Suchbaatar-Aimag zum großen Teil durch zu starke Beweidung und anschließende Wühlmauseinwanderungen entstanden.

Von Henry Mix

Kiosk in Tschojbalsan

hend zusammengebrochen ist. Die kleine Teppichfabrik arbeitet sporadisch. Gepflegt sind nur die Kriegsdenkmäler in einer ansonsten in Schutt und Asche versinkenden Siedlung. Wo früher russische Truppen stationiert waren, verfällt nun alles. Die vielen leeren Kasernen, verwahrlosten Exerzierplätze und die Berge von Schrott geben noch heute einen Eindruck von der ehemals massiven Präsenz der Sowjettruppen. Eine Breitspurbahn führt nach Rußland (Tschitinskaya Oblastj, Transbakalien) und eine für mongolische Verhältnisse exzelente, unterschotterte Sandpiste nach Norden zur russischen Grenze durch die auf keiner Karte verzeichneten Uranabbaugebiete mit der Bergarbeiterstadt Mardai. Heute ist der Bergbau nicht mehr wirtschaftlich und daher praktisch zum Erliegen gekommen, doch in der Vergangenheit waren die Vorkommen den Kreml-Herrschern so wichtig, daß sie sich praktisch die Hoheitsrechte über die Region abtreten ließen und selbst Mongolen keinen Zutritt hatten. Die während des Zweiten Weltkrieges errichteten Schmalspurbahnen nach Osten wurden inzwischen weitgehend demontiert.

Der Norden des Dornod-Aimag weist eine für die Mongolei einzigartige Landschaft auf: die Daurischen Bergsteppen, sie sind die vielleicht artenreichsten Steppen überhaupt. Hier wachsen durchschnittlich mehr Pflanzenarten auf einem Quadratmeter als irgendwo anders in der Mongolei, und im Sommer sind die Daurischen Bergwiesen ein einziges Blütenmeer. Der etwa 50 km nördlich von Tschojbalsan liegende Jach Nuur ist ein reiner Salzsee, und die in vielen Karten ausgewiesene Wasserfläche ist inzwischen zugunsten von Salzsümpfen und trockenen Salzböden zurückgegangen. In der Zugzeit ist der See Rastplatz für viele sibirische Vogelarten auf ihrem Weg nach Südostasien.

In der Nähe der russischen Grenze liegt ein System von Süßwasserseen und Feuchtgebieten, das 1992 zum 103 000 ha großen **Naturschutzgebiet Mongol Daguur** 7 zusammengeschlossen wurde. Das in Zentralasien einmalige Feuchtgebiet setzt sich im benachbarten Rußland als Naturschutzgebiet Daurskij (etwa 50 000 ha) fort. Besondere Bedeutung hat diese Region neben ihrer Funktion als Rastplatz für jährlich Hunderttausende Zugvögel, auch als eines der letzten Rückzugsgebiete für die in Zentralasien endemische Reliktmöwe und für den Weißnackenkranich.

Am Chöch Nuur liegt mit 569 m der tiefste Punkt der Mongolei. Wendet man sich nach Westen, so geht es den Ulz-Fluß entlang in Richtung auf das Sum-Zentrum Daschbalbar durch eine eindrucksvolle Flußlandschaft, die besonders wegen der hier brütenden Weißnackenkraniche zum Teil unter Naturschutz steht. Durch ein schilfreiches Tal windet sich das Wasser in engen Mäandern. Auf den Feldern in der näheren Umgebung ist regelmäßig ein weiterer seltener Kranich zu beobachten, der Mönchskranich. Die Region ist Heimat von burjatischen Mongolen, und man sieht relativ wenig Jurten. Die Burjaten nutzen traditionsgemäß den Wald in der Umgebung zum Bau von Blockhäusern. Auch die Küche unterscheidet sich von derjenigen ihrer nomadisierenden Vettern durch größere Vielfalt, die Verwendung von viel Gemüse und Fisch.

Wie bereits durch den nördlichen Chentij-Aimag zieht sich über viele Kilometer der **Wall des Dschinghis** 8, ein deutlich sichtbarer, künstlicher Erdwall, der den Kitan zugeschrieben wird, ohne daß nähere Einzelheiten bislang erforscht werden konnten.

Nordöstlich von Tschojbalsan erstreckt sich, flach wie ein Teller, die Meningijn-Steppe 9, eine der letzten großflächig (Durchmesser über 200 km) intakten Hochsteppen der Erde. Hier fehlt jede Vertikalstruktur. Wer einmal sehen möchte, daß auch ein Grasland so einsam wie ein Ozean sein kann, hier ist er richtig aufgehoben. Die Pisten kämpfen sich nur mit Mühe durch Gras, Büsche und sumpfige Abschnitte. Über einem Streifen grünen Graslandes erstreckt sich ein scheinbar unendlicher, blauer Himmel. Himmel und Erde werden eins. Steppenbrände, denen kein Hindernis Halt gebietet, sind eine Dauergefahr, so daß die Ebene fast menschenleer ist. Gegen gemütliches Verweilen sprechen auch die Heerscharen von Moskitos, die sich dank der vielen sumpfigen Stellen prächtig vermehren und sich seltene Besucher ungern entgehen lassen. Die natürliche Fauna ist reich und noch fast unberührt. Steppenadler und Hochlandbussarde, Sakerfalken und Uhus, ange-

Raststätte im Grasland

zogen vom Nahrungsreichtum, brüten ganz gegen ihre Gewohnheit auf dem flachen Boden. Hier ist eines der Verbreitungszentren der großen Kropfantilopen, die besonders im Winter in diese Region kommen (s. S. 210 ff.). Der ständige Wind hält die Weiden schneefrei. Eine potentielle Gefahr für das Ökosystem stellen angebliche Ölvorkommen dar, die mit Hilfe ausländischer Investoren erschlossen werden sollen. Geplant ist u. a. eine Instandsetzung der alten Militär-Schienenverbindung nach Osten.

Das mit 30 m höchste und monumentalste Kriegsdenkmal der Mongolei steht im Sum-Zentrum Sümber und erinnert an die Schlacht am Chalch-Fluß (s. S. 217 ff.) am Vorabend des Zweiten Weltkrieges. Die Stadt scheint in ihrem eigenen Schutt unterzugehen und übertrifft an Trostlosigkeit alles bisher Gesehene. Am Chalch-Fluß **10** künden immer noch umfangreiche Befestigungsanlagen von dem Kriegsschauplatz inmitten der mongolischen Steppe. Hier kann, wer will, heute noch durch Schützengräben kriechen.

Aufgelöst ist unterdessen die nördlich flußabwärts gelegene Siedlung Chalchgol. Ohrenbetäubender Lärm kündet von Hunderten von Vögeln, die eine ehemalige Apfelbaumplantage und einen künstlich angelegten Pappelhain als seltene Nistgelegenheit in der flachen und baumlosen Steppe nutzen.

Westlich von Chalchgol, in Flußrichtung, liegt der Bujr Nuur **11**, ein flacher (11 m tief), fischreicher Steppensee, an der Grenze zu China, zu dem das nordwestliche Ufer mit einem schmalen Wasserstreifen gehört. Von dort aus wird er auch intensiv zum Fischfang genutzt – sehr zum Ärger der Mongolen, die sich über die Chinesen, die sich nicht um den ungewöhnlichen Grenzverlauf kümmern, heftig beklagen. Ein kleines Fischerdorf, ungewöhnlich bei den Fisch meist ablehnenden Mongolen, liegt in der Nähe des Zuflusses. Fang, meist Rapfen, Karpfen, Gründlinge, Welse und Hechte, der nicht frisch verkauft werden kann, wird eingesalzen oder getrocknet. Zum Überwintern erscheint auch der sibirische Lachs im See. Das Delta des Chalch-Flusses ist ein nährstoffreiches mit Rohrdickichten bedecktes Schwemmland, das Tausende von Reihern, Enten, Seeschwalben, Möwen, Kormoranen und Schwanengänsen beleben. Das Westufer kennzeichnet gutes Weideland, das zahlreiche Viehzüchter nutzen, während das Südufer sandiger ist. Hier liegt auch der kleine Bajan Nuur, ein 10 km^2 großer Salzsee, der wie zahlreiche kleinere Wasseransammlungen vom Hauptsee abgetrennt ist.

Der äußerste östlichste Zipfel der Mongolei ist wegen seiner Grenzlage zu China nur mit einer Ausnahmegenehmigung zu bereisen. Als Nomrog-Park soll das gebirgige Gebiet als Naturpark mit 311 000 ha ausgebaut werden. Hier tritt der von Norden nach Süden verlaufende Große Ching'an an die Grenze heran und überschreitet sie mit seinem Vorgebirge. Die Hänge sind meist flach, teilweise bewaldet und bilden stellenweise Hochmoore. Nur hier prägen mandschurische, d. h. ostasiatische Tier- und Pflanzenarten, die Region. Dazu gehört eine Unterart des Elches, der keine Schaufeln, sondern runde Geweihstangen trägt. Die 2 m lange, ungiftige Amurnatter kommt ebenso wie zahlreiche Kleinvögel und Pflanzen an keiner anderen Stelle der Mongolei vor. Die Pflanzenwelt trägt zum Teil bereits wieder alpinen Charakter. Mit Ausnahme der Grenzposten und vereinzelter Jurten in den Tälern der Bergsteppen-Übergangsregion ist die Landschaft unbesiedelt.

Die Schlacht am Chalchyn Gol

Europa hat diese Schlacht nie zur Kenntnis genommen. Doch am Vorabend des Zweiten Weltkrieges fiel in der ostmongolischen Steppe eine wichtige Vorentscheidung. Über 30 000 Soldaten fielen zwischen Mai und September 1939 in Kämpfen, die unter dem Oberbegriff ›Schlacht am Chalchyn-Gol‹ zusammengefaßt werden, zwischen der japanischen Kwantung-Armee des ›Kaiserreiches Mandschukuo‹ und sowjetisch-mongolischen Kräften an der Ostgrenze der Mongolei. Sie endete unter Führung General Georg Schukows mit einer zweiseitigen Umfassung und Vernichtung der japanischen Kräfte zwischen dem 20. und 31. August 1939.

Chalchyn-Gol hat weltgeschichtliche Bedeutung und ist nicht nur für Militärhistoriker von Belang. Eine Reise durch diesen leeren Winkel der Mongolei gibt Gelegenheit, über die Geschichte des 20. Jh. in Nordostasien nachzudenken. Es war die Zeit des japanischen Ausgreifens auf den Kontinent. Deutlich wird die Auswirkung von Allianzen auf das Ringen der Mächte. Was war der Plan Tokyos und hatte die Kwantung-Armee eigenständige Ambitionen gegenüber der Sowjetunion? Und werden Grenzziehungen, die über die Köpfe der heute Betroffenen gemacht wurden, auf Dauer Bestand haben?

Konfliktgegenstand war eine 70 km lange Grenzziehung im Osten. Bildete der Chalch-Fluß die Ostgrenze der Mongolei oder lag sie etwa 15 km weiter östlich bei der Ortschaft Nomonkan? Der Streifen wird im Westen vom Chalch-Fluß, im Osten durch eine mit dem Zollstock im bergigen Steppenland um den Ort Nomonkan gezogene Linie begrenzt. Mongolen, Russen und der Westen allgemein sprechen deshalb von der ›Schlacht am Chalchyn-Gol‹, Japaner, Chinesen und zum Teil die amerikanische Spezialliteratur vom ›Nomonkan-Zwischenfall‹.

Der Sturz der Qing-Dynastie 1911 in China befreite die Mongolei von der Pekinger Suzeränität. Japan schaltete sich in die Rivalität der Großmächte um diesen zentralasiatischen Raum ein und versuchte, sich die mongolische Unabhängigkeitsbewegung mit Waffenlieferung und Geld nutzbar zu machen. Tokyo unterstützte die panmongolische Bewegung. Die politische Entwicklung und vor allem die distanzierte Haltung der USA ließen diese Pläne jedoch ins Leere laufen. Nach Errichtung des Protektorats Mandschukuo 1932 nahm vor allem die Kwantung-Armee die Zielsetzung eines großmongolischen Schutzstaates wieder auf. Die zahlreichen Unklarheiten der mandschurisch-sowjetischen und mandschurisch-mongolischen Grenzziehung werden zur Auslösung von Grenzkonflikten unterschiedlichen Ausmaßes genutzt. Bereits 1935 kommt es auch im umstrittenen Grenzstreifen ostwärts des Chalchyn Gol zu ersten Zwischenfällen. Im März 1936 schließen Moskau und Ulan Bator einen Freundschafts- und Beistandsvertrag ab. Mit der im Sommer 1937 beginnenden Eroberung Nordost-Chinas wird die Mongolei auch im Südosten von Japan umschlossen. 1938 scheitern Angriffe der Kwantung-Armee gegen sowjetische Stellungen im Grenzgebiet nordwestlich von Wladiwostok. Die Japaner wenden sich deshalb wieder der mongolischen Grenze zu. Ab Herbst 1938 intensivieren sich die fast täglichen Zwischenfälle. Zunehmend werden auch Flugzeuge eingesetzt. Die Sowjets bauen eine Stichbahn von der Transsibirischen Eisenbahn nach Tschojbalsan, um den Aufmarsch der Kräfte gegen die Japaner zu beschleunigen. Im Sommer 1939 ist die Bahn betriebsbereit. Im Mai 1939 hatten japanische Kräfte den Streifen ostwärts des Chalchyn Gol besetzt. Angriffe und Gegenangriffe wechselten sich ab. Beide Seiten beginnen mit einem planmäßigen Aufmarsch ihrer Kräfte, um die Entscheidung herbeizuführen. Im Juli 1939 beginnt die sowjetische Seite, ihre Kräfte neu zu organisieren. Als operative Speerspitze wird eine Armee unter General Georg Schukow eingezogen. Die Mongolei erhöht gleichzeitig ihre Truppenstärke auf 80 000 Mann, gegliedert in acht Kavallerie-Divisionen. Davon werden zwei Divisionen der Armee Schukows als Flankenschutz zugeteilt. Mitte August steht man sich auf dem 30 km langen Frontabschnitt westlich des Chalchyn Gol gefechtsbereit gegenüber. Schukow hat zwei Infanteriedivisionen, eine MG-Brigade, zwei Kavalleriedivisionen, zwei Panzerbrigaden, eine Motschützendivision und zwei Schützenpanzerbrigaden zur Verfügung. Dazu kommen noch 200–250 Jagdflugzeuge und Bomber. Die Gesamtstärke beträgt ca. 57 000 Mann. Die Japaner verfügen über zwei Infanteriedivisionen mit insgesamt 30 000 Mann. Schon nach Zahlen sind sie unterlegen: sie haben 30 Prozent weniger Infanteriebataillone, 60 Prozent weniger Panzer und 25 Prozent weniger Flugzeuge. Während die sowjetische Aufklärung über die japanische Vorbereitung bestens informiert war und sogar den japanischen Angriffstermin, 20. 8., kannte, ist es der japanischen Seite nie gelungen, das wahre Ausmaß des gegnerischen Aufmarsches aufzuklären. Mangelnde Fähigkeiten und überhebliche Selbsteinschätzung waren die Gründe. Am 20. 8. abends holt Schukow präventiv aus. 150 Bomber zerschlagen die gegnerischen Ausgangsstellungen und Versorgungslinien. Der Schwerpunkt des sowjetisch-mongolischen Angriffs liegt auf der rechten, südlichen Flanke. Panzern und Motschützen gelingt es in rascher Bewegung die linke Flanke der Japaner zu umfassen und auf Nomonkan zurückzudrängen. Die weitausholende linke, nördliche Flanke kommt ebenso rasch voran. Nach drei Tagen schließt sich die Zange bei Nomonkan. Eine klassische beiderseitige Umfassung hat die Masse der japanischen ›Angreifer‹ neutralisiert. Verzweifelt und zum Äußersten entschlossen versuchen die Japaner auszubrechen und der Vernichtung zu entgehen. Die mongolischen Kavallerieverbände decken die sowjetischen Flanken erfolgreich nach Außen ab. Am 31. 8. gestehen die Japaner die Niederlage ein und am 16. 9. wird ein Waffenstillstand abgeschlossen. Auf japanischer Seite fielen etwa 18 000–20 000 Soldaten, 25 000 wurden verwundet. Die Sowjets beklagten ca. 10 000 Gefallene, die Mongolen 1130 Gefallene. Letztlich war die Schlacht bereits am 23. August entschieden. Die Sowjets machten an der Grenze bei Nomonkan halt und gruben sich ein. Warum waren sie nicht weitergestürmt, um die restlichen japanischen Kräfte ›auf dem Territorium des Gegners‹, wie es die Militärdoktrin vorschrieb, zu vernichten?

Zwischen Beginn und Ende der Schlacht hatten sich die weltpolitischen Rahmenbedingungen entscheidend verändert: Am 23. 8. 1939 wurde der deutsch-sowjetische Nichtangriffsvertrag geschlossen und am 1. 9. begann der Krieg in Europa. Ein sowjetischer Angriff auf Polen war vorgeplant. So war für Moskau unter allen Umständen ein Zwei-Fronten-Krieg zu vermeiden und Japan möglichst von Deutschland fern zu halten. In Tokyo war noch keine eindeutige Entscheidung für den künftigen Schwerpunkt der Kriegsführung gefallen: asiatischer Kontinent oder pazifischer Raum? Ende August 1939 beginnen Moskau und Tokyo zu verhandeln, am 16. 9. wird ein Waffenstillstand unterzeichnet und die Einsetzung einer gemeinsamen Kommission beschlossen, die die endgültige Grenze festlegen soll. Am 9. 6. 1940 unterzeichnen Mandschukuo und die Mongolei ein Grenzabkommen in Moskau. Schließlich verspricht Japan im Neutralitätsabkommen, das Tokyo und Moskau am 13. 4. 1941 treffen, die territoriale Integrität der Mongolei zu achten. Japan verhält sich während des gesamten Krieges vertragskonform, während sowjetische und mongolische Truppen am 10. 8. 1945 auch vom Chalchyn Gol aus in die Mandschurei einfallen. Die ›Schlacht am Chalchyn Gol‹ hatte für die japanische Kriegsplanung weitreichende Folgen. Die ›kontinentale‹ Denkschule verlor zugunsten der nach Süden gerichteten ›pazifischen‹ an Einfluß. Chalchyn Gol hatte ebenso wie alle Grenzfälle in den Jahren zuvor die der japanischen Heeresstruktur immanente Infanterieschwäche offengelegt.

Kriegshandlungen mit infanteriestarken Gegnern waren somit zu vermeiden. Für den Fall, daß sie Japan aufgezwungen würden, mußten andere Mittel eingesetzt werden. So setzt nach Chalchyn Gol die Entwicklung von biologischen und chemischen Kampfstoffen in großem Maßstab ein. Schließlich wirkt Chalchyn Gol auch auf einem anderen Gebiet bis heute nach: die Festlegung der strittigen Grenze zwischen der Mongolei und der Mandschurei erfolgte zwischen Russen und Japanern – für kritische Betrachter der Geschichte im heutigen China Anlaß zu der Frage, ob es denn überhaupt hinzunehmen sei, daß zwei fremdländische Mächte über territoriale Abgrenzungen in China zu befinden hätten?

All diese Gedanken und Überlegungen stellen sich bei der Betrachtung des Schlachtfeldes am Chalchyn Gol ein, Anlaß genug, die Strapazen einer Reise dorthin auf sich zu nehmen. Wem dazu Zeit und Lust fehlen, der kann in dem reichlich ausgestatteten Schukow-Museum (s. S. 116) in Ulan Bator in freilich noch etwas einseitiger Darstellung die Geschehnisse vor fast sechs Jahrzehnten nachvollziehen.

Eberhard Möschel

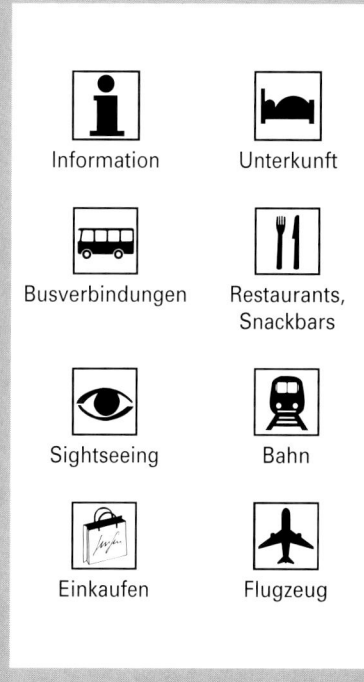

Serviceteil

Serviceteil

So nutzen Sie den Serviceteil richtig

▼ Das jeweils erste Kapitel, **Adressen** und **Tips von Ort zu Ort** bzw. **von Region zu Region,** listet die im Reiseteil beschriebenen Orte und Regionen in alphabetischer Reihenfolge auf. Zu jedem Ort bzw. jeder Region finden Sie hier Empfehlungen für Unterkünfte und Restaurants sowie Hinweise zu Verkehrsverbindungen, zu den Öffnungszeiten von Museen und anderen Sehenswürdigkeiten, zu Festen, Unterhaltungsangeboten etc. Piktogramme helfen Ihnen bei der raschen Orientierung.

▼ Die **Reiseinformationen von A–Z** bieten für die Mongolei eine Fülle an nützlichen Hinweisen – Antworten auf Fragen, die sich vor und während der Reise stellen.

▼ Dem Register vorgeschaltet finden Sie eine **Übersicht der wichtigsten Ortsnamen** in kyrillischer Schrift.

> **Bitte schreiben Sie uns, wenn sich etwas geändert hat!**
> Alle in diesem Buch enthaltenen Angaben wurden vom Autor nach bestem Wissen erstellt und von ihm und dem Verlag mit größtmöglicher Sorgfalt überprüft. Gleichwohl sind – wie wir im Sinne des Produkthaftungsrechts betonen müssen – inhaltliche Fehler nicht vollständig auszuschließen. Daher erfolgen die Angaben ohne jegliche Verpflichtung oder Garantie des Verlages oder des Autors. Beide übernehmen keinerlei Verantwortung und Haftung für etwaige inhaltliche Unstimmigkeiten. Wir bitten dafür um Verständnis und werden Korrekturhinweise gerne aufgreifen:
> DuMont Buchverlag, Postfach 10 10 45,
> 50450 Köln oder Mittelstraße 12–14, 50672 Köln.

Inhalt

Adressen und Tips von Ort zu Ort (in alphabetischer Reihenfolge) . 226
Reiseinformationen von A bis Z . 231

Anreise 231
   Mit dem Flugzeug 231
   Mit der Bahn 231
   Mit dem Auto 231
Auskünfte 231
   In der Mongolei 231
   In Deutschland 232
Ausrüstung 232
Autofahren/Motorradfahren 232
   Benzin 232
   Führerschein 232
   Geländewagen oder -motorrad . . 233
   GPS 233
   Leihwagen 233
   Pannenhilfe 233
   Straßen 233
   Tourguide 233
   Transport von Fahrzeugen 233
Bergsteigen 233
Camping 233
Diplomatische Vertretungen 234
   Mongolische Botschaften 234
   Ausländische Botschaften in der Mongolei 234
Dolmetscher/Übersetzungen 234
Entfernungstabelle 234
Essen und Trinken 236
Feiertage und Feste (Mondkalender) . 236
Fotografieren 236
Geld 237
Gesundheit 237
Hubschrauberflüge 238
Jagen und Fischen 238
Karten 238
Nachtleben 238
Nationalparks 239
Notfälle 239
Öffentliche Verkehrsmittel 239
Öffnungszeiten 239
Post 239
Radio und Fernsehen 239
Reisepapiere 239
Souvenirs 239
Sprache 240
   Landkartenbegriffe 240
   Umschrifttabelle 241
Stromspannung 241
Tabak und Alkohol 241
Telefonieren 241
Theater, Oper, Konzerte, Zirkus . . . 241
Trinkgeld 242
Wildwasser 242
Zeit 242
Zeitungen/Zeitschriften 242
Zollbestimmungen 242

Literatur- und Filmtips 243

Abbildungsnachweis 244

Namen der Orte und Provinzen in kyrillischer und lateinischer Schrift 246

Register 247

Adressen und Tips von Ort zu Ort

Allgemeines: In erster Linie wird der Reisende Unterkunft suchen. In allen Aimag-Zentren und auch vielen Sum gibt es Herbergen, deren Standard nur schwer zu beschreiben ist. Auf dem Lande handelt es sich meist mehr um Fernfahrerunterkünfte, bei denen Toiletten, Duschen und Heizungen nur selten funktionieren und Sauberkeit nicht sehr groß geschrieben wird.

Mein Tip: Nehmen Sie ein Zelt, und übernachten Sie weit außerhalb der Ortschaften. Sofern Sie auf Hotels angewiesen sind, bringen Sie Ihren eigenen Schlafsack mit. Es kann nicht nur empfindlich kalt sein, es ist einfach sauberer.

Im folgenden bezeichnen die in Klammern gesetzten Angaben den Aimag, in dem der jeweilige Ort liegt.

Altai (Gow-Altai)

 Unterkunft: *Zendmen-Hotel:* Eher eines der schlechteren Hotels.

 Innermongolische Flugverbindungen: Di, Do und Sa gibt es Flüge von und nach Ulan Bator.

Arwaicheer (Öwörchangai)

 Unterkunft: *Changai Hotel.*

Bajanchongor (Bajanchongor)

 Unterkunft: *Nomgon Hotel.*
Negdelschin Hotel.

 Innermongolische Flugverbindungen: Mo, Di und Fr gibt es Flüge von und nach Ulan Bator.

Baruun Urt (Suchbaatar)

 Unterkunft: *Scharga-Hotel*: Am Stadtrand gelegen; eines der etwas besseren Hotels der Mongolei.
Ganga-Hotel: Ca. 10–15 Min zu Fuß in östlicher Richtung vom Zentrum; ebenfalls eines der etwas besseren Hotels.

 Innermongolische Flugverbindungen: Mi und Fr gibt es Flüge von und nach Ulan Bator.

Bulgan (Bulgan)

 Unterkunft: *Central Hotel.*
Negdelschin Hotel.
Touristencamp Dshargalant: Im Sommer bietet dieses 12 km nordwestlich von Bulgan gelegene Camp Unterkunft.

Char Chorin (Öwörchangai)

 Unterkunft: *Orchon Hotel*: Im Sommer geöffnet; 2 km westlich der Stadt.
Jurtencamp: 5 km nordöstlich der Stadt; das Camp ist dem Hotel vorzuziehen.
Jurtencamp im Sum Burd: Auf dem Weg von Ulan Bator nach Char Chorin liegt 280 km westlich von Ulan Bator dieses Camp.

 Sehenswert: *Kloster Erdene Zuu:* 2 km östlich der Stadt, geöffnet Mo–Sa, 10–16 Uhr.
Kloster Schanch: Auf halber Strecke zwischen Char Chorin und Chudshirt.

Fernbusse: Es gibt unregelmäßige Verbindungen mit Ulan Bator.

Chowd (Chowd)

 Unterkunft: *Chowd-Hotel:* ein staatliches Hotel.
Bujant-Hotel: Die bessere Wahl.

 Sehenswert: Ein kleines *Museum* in Chowd bietet einen Überblick über die verschiedenen Volksgruppen der Mongolei und zeigt Nachbildungen der Höhlenmalereien von Tsencherijn Agui.
Schar Süm-Tempel: Einige Kilometer nordwestlich der Stadt.

 Innermongolische Flugverbindung: Di, Do und Sa gibt es Flüge von und nach Ulan Bator.

Chöwsgöl-Aimag

 Unterkunft: *Jurtencamp Toilogt:* 10 km nördlich von Chatgal am Ostufer des Sees.
Touristencamp Dshanchai: etwa 30 km nördlich von Chatgal am Westufer des Sees. Es verfügt sogar über eine kleine Landepiste.

Chudshirt (Öwörchangai)

 Unterkunft: *Jurtencamp* und ein namenloses *Hotel*.

Dadal (Chentij)

 Unterkunft: *Jurtencamp:* Angenehmes Camp des staatlichen Reisebüros Zhuulchin, am Waldrand gelegen.
Erholungsheim Gurwan Nuur.

Dalanzadgad (Ömnögow)

 Unterkunft: *Gurwan Saichan Hotel:* Einfaches Hotel in der Stadt an der Straße zum Flughafen.
Namenloses Hotel: Ein zweites einfaches Hotel, gegenüber dem Gurwan Saichan.
Jurtencamp: 41 km nordöstlich der Stadt.
Jurtencamp: Neueres Camp am Nordhang des Gurwan Saichan-Gebirgszuges auf dem Weg nach Jolyn Am.

 Innermongolische Flugverbindung: Di und Fr gibt es Flüge von und nach Ulan Bator.

Darchan

 Unterkunft: *Hotel Darchan:* Modernes Haus am Stadtrand von Neu-Darchan, ✆ 74 08, 74 47.

 Eisenbahn: Täglich außer Di gibt es je einen Zug von und nach Ulan Bator.

Dariganga (Suchbaatar)

 Veranstaltungen: Alle drei Jahre (zuletzt 1994) findet hier gegen Ende Juli das *Altan Owoo-Fest* statt (s. S. 208). Achtung: Frauen dürfen den Gipfel des Vulkans nicht besteigen!

Erdenet

 Unterkunft: *Selenge Hotel:* Etwas besseres Haus.

 Sehenswert: *Kloster Amarbajasgalant:* Von der Verbindungsstraße nach Darchan vor der Orchon-Brücke abzweigen, dann noch 55 km nach Norden. Kleines *Bergwerksmuseum* in der Stadt.

 Eisenbahn: Täglich gibt es je einen Zug von/nach Ulan Bator.

Mandalgow (Dundgow)

 Unterkunft: *Mandalgow Hotel.*

Mörön (Chöwsgöl)

 Unterkunft: *Hotel:* Namenloses schäbiges Haus nördlich des Hauptplatzes.
Fernfahrerunterkunft: Neben der Tankstelle (15 Betten im Schlafsaal).

 Sehenswert: *Heimatmuseum:* Fotos von Rentierzüchtern und zahlreiche ausgestopfte Tiere.

 Innermongolische Flugverbindungen: Di, Do und Sa gibt es Flüge von und nach Ulan Bator.

Ölgij (Bajan Ölgij)

 Unterkunft: *Tawan Bogd Hotel.*

 Innermongolische Flugverbindungen: So, Mi und Fr gibt es Flüge von und nach Ulan Bator.

Öndörchaan (Chentij)

 Unterkunft: *Cherlen Hotel. Negdelshin Hotel.*

Sajnschand (Dornogow)

 Unterkunft: *Altangow Hotel. Partei Hotel:* Das Hotel ist Eigentum der Revolutionären Volkspartei.

 Eisenbahn: Sajnschand liegt an der Strecke zur Chinesischen Grenze (Zamyn Uud); erkundigen Sie sich nach den möglichen Verbindungen.

Suchbaatar (Selenge)

 Unterkunft: *Selenge Hotel:* an der Eisenbahnstation.
Bahnhofshotel, Orchon Hotel.

Tereldsh (Töw)

 Unterkunft: *Jurtencamp:* Mit einem Restaurant in Beton.
Erholungsheim: Heruntergekommen.
Jurtenunterkünfte: Private Unterkünfte in der Nähe der Schildkröte.
Hotel Dschinghis Khan: Ca. 2 km vor der Schildkröte zwischen Nalaich und Tereldsh.

Tschojbalsan (Dornod)

 Unterkunft: *Cherlen Hotel. Negdelschin Hotel:* Toilette auf dem Hof.

 Innermongolische Flugverbindungen: So, Mo, Do und Sa gibt es Flüge von und nach Ulan Bator.

Tsetserleg (Archangai)

 Unterkunft: *Bulgan Hotel* und *Changai Hotel:* Beide gegenüber dem Hauptplatz an der Straße, die zum Kloster und zum Museum führt.

 Sehenswert: Kleines lebendiges buddhistisches *Kloster* mit einem *Museum* davor.

Ulaan Gol (Öwörchangai)

 Unterkunft: In einfachen *Hütten* in der Nähe des Wasserfalls.

Ulaangom (Uws)

 Unterkunft: *Chanchochij Hotel.*

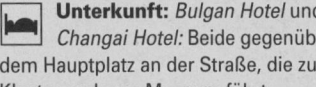 **Sehenswert:** *Museum* mit Gegenständen aus einem Gräberfeld (5.–3. Jh. v. Chr.) in der Nähe der Stadt.

Innermongolische Flugverbindungen: So, Mi und Fr gibt es Flüge von und nach Ulan Bator.

Ulan Bator

Es ist kein Problem, in Ulan Bator akzeptable Hotels zu finden. Der Standard liegt hier deutlich über demjenigen auf dem Land. Allerdings sollten Sie auch hier vorsichtig mit Ihren Papieren, Geld und anderen Wertsachen sein. Tragen Sie Ihren Reisepaß mit sich und lassen Sie nichts im Hotel.

Information: Zweigstelle von Zhuulchin im Bayangol Hotel; hilfsbereit: Tsolmon Co Ltd., Dschinghis Avenue 11 (in der Staatsbibliothek, Zimmer 213).

Unterkunft: *Star Hotel:* Nur zehn Zimmer, das modernste Haus der Stadt, Bajanzurch Duureg, Nähe Schukow-Museum, P O Box 13/93, ✆ 35 81 03, 35 81 37, Fax 35 81 03.
Hotel Bayangol: Ein großes renoviertes Stadthotel unter japanischem Management, oft von Gruppen ausgebucht, Dschinghis Khan Avenue, P O Box 43, ✆ 32 86 32, 32 67 81, Fax 32 90 68.
Dschinghis Khan Hotel: seit Juli 1995 in Betrieb, z. Zt. Ca. 50 Betten, Chöch Tengeryn 5, ✆ 31 33 80, 31 34 02, Fax 35 80 67.
Ulan Bator Hotel: Ehemaliger sozialistischer Prachtbau, Suchbaatar-Platz 14, ✆ 32 53 68, 32 02 30/37, Fax 32 44 85.
Hotel Amarbajasgalant: Erst 1994 eröffnet, Ench Tajwan Avenue 1SA-5, P O Box 104, ✆ 31 24 27/13, Fax 31 23 91.
Einfache Hotels sind:
Hotel New Capitol: Erst 1994 eröffnet, neben der Britischen Botschaft, P O Box 1029/46, ✆ 35 82 11/18/35, Fax 35 82 28.
Hotel Manduchai: Auf der Westseite des Ich Delguur die zweite kleine Straße, ✆ 32 22 04.
Hotel Zuchi: Dschinghis Khan Avenue 10, ✆ 34 30 01, Fax 34 30 01.
Hotel Youth: Baga Tojruu 10, ✆ 32 42 31.
Hotel Baigal: Teewertschid Straße, Nähe Bahnhof, einige Zimmer mit eigener Küche, ✆ 36 71 43, 36 68 81, 36 56 27.
Hotel Altai: Wird zur Zeit renoviert.
Hotel Nucht: Es liegt etwa 5 km vom Stadtzentrum entfernt auf dem Weg zum Flughafen, ehemaliges Gästehaus der Regierung, Ulan Bator 30, ✆ 32 54 17, Fax 32 56 30.
Jurtencamp Dschinghijn Örgöö: Originellstes Jurtencamp der Mongolei, gelegen in Flughafennähe im Bogd Uul-Naturschutzgebiet. Ein Geheimtip ist das Restaurant in der großen Prachtjurte.
Jurtencamp Öndördow: Ca. 20 km von Ulan Bator an der Straße nach Zuunmod gelegen.

 Restaurants: Als Geheimtip gilt das Restaurant im Camp Dschinghijn Örgij.

Sehenswert: *Gandan-Kloster:* Am westlichen Stadtrand, täglich ab 9 Uhr geöffnet.
Kloster des Tschojdshin Lama (Museum): Friedensstraße (Ench Tajwan Avenue), südlich des Suchbaatar-Platzes.
Palast des Bogd Khan: Auf der südlichen Dschinghis Avenue, Mo, Di, Fr–So 10–16 Uhr und Mi 10–13 Uhr, Do geschlossen.
Museum der Schönen Künste: Ecke Chudaldaanij/Baga Tojruu.
Zentralmuseum für Mongolische Geschichte: Ecke Chuwsgal Tschid Avenue/Suchbaatar Straße, Mi–So 10–16 Uhr und Mo 10–13 Uhr, Di geschlossen.
Stadtmuseum: Auf der Friedensstraße (Ench Tajwan Avenue) gegenüber der Britischen Botschaft.
Galerie des Mongolischen Künstlervereins: Ecke Friedensstraße (Ench Tajwan Avenue)/Dschinghis Avenue, gegenüber der Hauptpost.
Jagdmuseum: An der Zufahrtsstraße zum Gandan-Kloster, Mo–Fr 9–18 Uhr, Sa und So geschlossen.

Natsagdordsh-Museum: Neben dem Tschojdshin Lama-Kloster.
Marschall Schukow-Museum: In östlicher Richtung fast schon ein wenig außerhalb der Stadt an der nördlichen Seite der Friedensstraße.

Veranstaltungen: Teilweise leider nur im Winter.
Zirkus, ✆ 32 07 95.
Kulturpalast, ✆ 32 91 73.
Theater für Ballett und Oper, ✆ 32 28 54, 32 03 57.
Theater für Drama, ✆ 32 34 90, 32 38 61.

Souvenirs: Vor den Eingängen zum Gandan-Kloster und zum Bogd Khan-Palast werden – oft von den Künstlern persönlich – hübsche Aquarelle verkauft. Im obersten Geschoß des großen Kaufhauses (Ich Delguur) gibt es alles zwischen Kitsch und Kunst. In den Geschäften neben dem Ulan Bator Hotel werden neben Bildern auch Antiquitäten angeboten.
Auf dem ehemaligen Schwarzmarkt (Char Zach), ein wenig nordöstlich außerhalb der Stadt, können Sie vielleicht etwas Ungewöhnliches als Mitbringsel finden.

Stadtbus: Das Busnetz von Ulan Bator ändert sich oft; hier wiedergegeben ist der Stand Sommer 1995. Die Busse sind häufig überfüllt. Stadtbusse: Linie 11 und 22 zum Markt; Linie 9 zum Gandan-Kloster, dann allerdings noch ein wenig zu Fuß.
Fernbusse: Es gibt unregelmäßige Busverbindungen nach Zuunmod (etwa alle zwei Stunden), Nalaich, Baganuur, Char Chorin und anderen Städten vom Busbahnhof Ulan Bator.

Innermongolische Flugverbindungen: Von Ulan Bator gibt es regelmäßige Flüge nach (Stand Sommer 1995):
Dalanzadgad, Di und Fr;
Mörön, Di, Do und Sa;
Ulaangom, So, Mi und Fr;
Chowd, Di, Do und Sa;
Bajanchongor, So, Mi und Fr;
Altai, Di, Do und Sa;
Baruun Urt, Mi und Fr;
Ölgij, Mo, Mi und Fr;
Uliastai, Mo, Mi und Fr;
Tschojbalsan, Mo, Di, Do und Sa;
Tosontsengel, Mo, Mi und Fr;
und am gleichen Wochentag auch jeweils einen Rückflug.

Eisenbahn-Verbindungen: Ulan Bator liegt an der Linie Moskau-Peking. Es gibt nur zwei Verbindungsstränge durch das Land; täglich verkehren Züge von Ulan Bator nach:
Darchan und Erdenet, ab 18.20 Uhr;
Darchan, ab 15.50 Uhr (außer Mo);
Zamyn Uud (chin. Grenze), 12.10 Uhr;
Selenge, 10.30 Uhr (Stand Sommer 1995).

Uliastai (Zawchand)

Unterkunft: *Dajan Hotel* und *Uliastai Hotel:* Sie haben einen gemeinsamen Eingang, teilweise keine Fensterscheiben.

**Innermongolische Flugverbindungen:** So, Mi und Fr gibt es Flüge von und nach Ulan Bator.

Zuunmod (Töw)

Unterkunft: Es existiert ein Hotel-Restaurant, doch besser ist ein Tagesausflug von Ulan Bator.

Sehenswert: 2 km entfernt das *Kloster Mandshir:* 2 km vom Ort entfernt. Ein kleines *Heimatmuseum* im Ort.

Fernbusse: Es gibt unregelmäßige Verbindungen nach Ulan Bator.

Reiseinformationen von A bis Z

Anreise

Mit dem Flugzeug
Ulan Bator wird von MIAT (Mongolian International Air Transport), CAAC (Air China) und Aeroflot aus Peking, Huhot (Innere Mongolei), Moskau, Irkutsk und Alma Ata angeflogen; häufige Änderungen der Flugpläne; Flughafengebühr bei Abreise in Ulan Bator.

Buchungsmöglichkeiten in Ulan Bator
Air China, Bayangol Hotel, Block B, Zimmer 201, ☎ 2 88 38
MIAT im Nebenhaus der Zentralbank, von der Zentralpost in Richtung Westen (Kaufhaus), erste Seitenstraße nach rechts, nach ca. 200 m auf der rechten Seite, ☎ 32 02 21

Buchungsmöglichkeiten in Peking
MIAT, 19. Stock des CITIC-Gebäudes, Jianguomenwai, neben dem Freundschaftsladen, ☎ 5 00 22 55
CAAC; China International Travel Service (CITS) im Beijing International Hotel

Buchungsmöglichkeiten in Moskau
MIAT, Spaso Peskowskij per. 1/7, ☎ 2 41 07 54 oder am Flughafen Scheremetjevo II, 4. Etage, Raum 635, ☎ 5 78 27 59

Buchungsmöglichkeiten in Deutschland
MIAT über Lufthansa

Inlandsflüge
Nur die Flugplätze von Chowd, Mörön und Bajanchongor haben Teerpisten; Rückflüge können nicht vorab reserviert werden!

Mit der Bahn
Transsibirische Eisenbahn aus Moskau vier Tage, aus Peking 36 Stunden. Fahrplanmäßige Züge aus Rußland, der Mongolei und China mit äußerst beschränktem Komfort; verschiedene Zugklassen, die von erträglich bis schaurig reichen. Früherer Charme wurde durch Händlermassen und fehlenden Service in den Zügen zerstört.

Jeder Tourist sollte sich sehr sorgfältig überlegen, ob er über die ausreichende Konstitution für solch eine Tour verfügt. Als Alternative bieten sich Spezialreisen mit Eisenbahn-Luxussonderzügen an. Adresse siehe Reisebüros.

Fahrkartenverkauf für die normalen Züge in Peking: ab zwei Monate vor Abfahrtsdatum beim CITS-Büro im Beijing International Hotel (neben der Eingangshalle links).

Mit dem Auto
Ist nur unter Expeditionsbedingungen denkbar; offiziell gibt es keine Grenzübergänge, die von Drittstaatlern mit dem Pkw überquert werden dürfen. Daher ist Absprache mit russischer und mongolischer Botschaft unerläßlich. Einzige Möglichkeit dann: Kjachta, chinesische Grenze darf nicht mit dem Pkw überquert werden, es droht Verhaftung bei unerlaubtem Aufenthalt im Grenzbezirk.

Auskünfte

In der Mongolei
Verschiedene Reisebüros in der Mongolei geben detaillierte Informationen für individuelle Touren.

Tsolmon Co Ltd.
(D. Batdelger), ☎/Fax 31 03 23, Telex 7 92 32 ZOLRN MH (Partner von Lernidee Reisen), Dschinghis Avenue 11 (in der

Staatsbibliothek, Zimmer 213), Ulan Bator; sehr individueller Service und Tourgestaltung, besonders auf die Gobi und das Changai ausgerichtet: Reitertouren, Trekking, Foto-Safaris, ornithologische Reisen, Anglerreisen, Hubschrauber-Charter, internationale Flugbuchung; perfekt deutschsprachig.

Möchten Sie Tsolmon von Deutschland aus erreichen, so wählen Sie folgende Faxnummer: 0 09 76/1/31 03 23.

Nomads

(Sean Hinton), ✆ 32 81 46, Fax 32 28 52, Postfach 1008, Ulan Bator; auch in England, Castle Eaton, Swindon, Wiltshire SN6 6JU: Fax 00 44/2 85/81 06 93, ✆ 81 02 67, Telex 4 44 41 02 steppe g; insbesondere auf das Altai ausgerichtet: eigene Reitertouren mit westlichem Material, Erfahrungen mit Journalisten und Abenteuerreisen, englischsprachig.

Zhuulchin

Travel Agency, ✆ 32 84 28, 32 28 84, 32 01 63, Telex 7 93 18 JULN MH, Fax 32 02 46, Bayangol Hotel, Dschinghis Avenue 5 B, Ulan Bator 210543, ehemals staatliches Monopolunternehmen: Partner der meisten ausländischen Reisebüros, englischsprachig.

Nature Tours

(Frau Tuja), ✆/Fax 31 19 79, Ulan Bator: individuelle Touren, deutschsprachig.

In Deutschland
Lernidee Reisen GmbH
Dudenstr. 78, 10965 Berlin,
✆ 0 30/7 86 50 56, Fax 7 86 55 96. Es ist das einzige deutsche Reisebüro, das mit einem eigenen Büro in der Mongolei vertreten ist und nicht mit Zhuulchin zusammenarbeitet.

Europäisches Büro von Zhuulchin
Arnold Zweig Str. 23 R, 13189 Berlin,
✆ 0 30/4 74 24 84, Fax 4 71 88 33

Ausrüstung

Warme Kleidung ist nahezu zu jeder Jahreszeit sinnvoll, für eine Übernachtung in einer Jurte oder einem dörflichen Hotel hält ein eigener Schlafsack nicht nur warm, sondern gibt auch das Gefühl von Sauberkeit; in der kalten Jahreszeit ist er bei jeder Jeep-Tour aus Sicherheitsgründen unerläßlich; Handtücher und Seife werden in den Hotels außerhalb der Hauptstadt selten gestellt. Über das ganze Jahr hinweg ist Sonnenschutz notwendig, da die UV-Belastung durch die Höhenlage und den meist blauen Himmel sehr hoch ist. Sonnenbrille und entsprechende Kopfbedeckung sollten auch nicht fehlen. Werden längere Touren mit Jeep, Motorrad (s. S. 142) oder zu Pferde geplant, ist diesen entsprechende Ausrüstung mitzunehmen (Zelt, Kocher, Nahrungsmittel etc.).

Autofahren/ Motorradfahren
Benzin

In jedem Aimag- und Sum-Zentrum gibt es jeweils eine Tankstelle, meist außerhalb des Ortes, die 24 Stunden dienstbereit sein soll. Notfalls muß man den Tankstellenwächter erst von zu Hause abholen. Bisher wurden zur Bezahlung Coupons benötigt, die die mongolischen Fahrer zu beschaffen wissen. In Ulan Bator ist dieses Procedere seit kurzem abgeschafft, auf dem Lande ist die Situation noch unklar. Das System scheint im Wandel begriffen zu sein.

Führerschein

Will man in der Mongolei selbst fahren, so ist die Führerscheinfrage nicht eindeutig geklärt. Die Mongolei ist dem Internationalen Führerschein-Abkommen nicht beigetreten, womit dieser dort keine offizielle Gültigkeit hat. In der Praxis scheint er jedoch akzeptiert zu werden. Erkundigen Sie sich bei den Reiseagenturen (Zhuulchin)!

Geländewagen oder -motorrad

Da es fast keine Teerpisten gibt, und auch diese in einem schlechten Zustand sind, kommt für die Mongolei nur ein moderner, erprobter **Geländewagen** in Betracht, der mit mehreren Reservekanistern, einem weiteren Ersatzrad, einem High Lift Wagenheber, Sandblechen, Wasserkanistern etc. ausgestattet ist. Eigenes Essen für die komplette Dauer der Reise muß eingepackt werden.

Wer mit dem **Motorrad** durch die Mongolei fahren möchte, sollte viel Zeit einplanen. Pro Tag kann man maximal 150 km auf den sehr schlechten Schotter- und Sandpisten schaffen.

Erste Erfahrungen zeigen, daß folgende Ausrüstung für Motorradfahrer unbedingt notwendig ist: Mindestens 40 l Tank, 20 l Benzinkanister, verstärkte Federung, Geländereifen, sehr starke Motorschutzbleche. Jeder Fahrer sollte Moto-Cross-Protektoren und festes Schuhwerk tragen. Alle Reparaturen sollte man selbst ausführen können und das erforderliche Material mitführen. Es gibt keine Reparaturmöglichkeiten.

GPS

Ein GPS (Global Positioning System) ist eine Art elektronischer Kompaß, den Sie in Globetrotter-Läden kaufen können. Nicht nur, daß er genaue Koordinaten des momentanen Standpunktes angibt, man kann auch Daten eingeben und sich zur anvisierten Stelle leiten lassen. Das Gerät ist nicht viel größer als ein Taschenkalender, arbeitet mit Batterie und kostet ca. DM 600.

Leihwagen

Es existieren keine spezialisierten Firmen; Wagen mit Fahrer werden von verschiedenen Veranstaltern vermittelt.

Pannenhilfe

Es gibt in der ganzen Mongolei keine einzige Kfz-Werkstatt, d. h. nicht einmal die Möglichkeit einen Reifen flicken zu lassen.

Straßen

Asphaltiert sind nur etwa sieben Prozent der mongolischen Straßen; in erster Linie die Strecken von Irkutsk nach Ulan Bator (400 km ab Grenze), von Ulan Bator nach Arwaicheer (450 km), nach Tereldsh (80 km) und nach Zuunmod (30 km). Fahrten über Land erfordern gute Kenntnisse im Kartenlesen und Kompaßkunde. Empfehlenswert ist ein GPS zur Standortbestimmung; alle Reparaturen sollte man selber ausführen können.

Tourguide

Es ist sinnvoll mit einem mongolischen Fahrer/Führer zu reisen, der auch einen Wagen besorgen kann; z. B. Herr Amarsanaa, P O Box 46-209, Ulan Bator. Auch Essen und Benzin für eine längere Tour werden Sie kaum ohne Hilfe organisieren können. Allerdings treffen auch erste Touristen nach einer Fahrt durch Rußland mit dem eigenen Pkw ein.

Transport von Fahrzeugen

Die Spedition Militzer und Münch, Zahn-Nopper Str. 1, 70435 Stuttgart-Zuffenhausen, ✆ 07 11/8 26 02 37, Fax 8 26 02 33 organisiert den Transport Ihres Fahrzeugs mit der Transsibirischen Eisenbahn.

Bergsteigen

Genehmigung erforderlich, Mongolischer Altai Club, P O Box 49-23, Ulan Bator; keine logistische Unterstützung, hohe Gebühren.

Camping

In der Regel kann man in der Mongolei überall unkontrolliert campen, an einigen Stellen erheben Naturschutzbeamte eine Gebühr.

Diplomatische Vertretungen

Mongolische Botschaften

China
No 2, Xiunshui, Beijian, Jianguomenwai, Peking, ℡ 5 32 12 03, 5 32 18 10

Deutschland
Siegengebirgsblick 4, 53844 Troisdorf, ℡ 0 22 41/42 72 7, Fax 4 77 81; Außenstelle Berlin: Gotlandstr. 12, 10439 Berlin, ℡ 0 30/4 46 93 20, Fax 4 46 93 21; Sprechstunden: Mo und Do 13–16 Uhr

Österreich
keine Botschaft, zuständig für Visagesuche ist die Vertretung in Budapest

Rußland
Moskau: Botschaft, Spaso Peskowskij per. 1/7, ℡ 2 90 67 92, 2 90 45 51, Telex 41 44 86; Irkutsk: Konsulat, ulitsa Lapina 11, Irkutsk, ℡ 24 23 70, 24 22 66

Schweiz
4 Chemin des Mollies, 1293 Bellevue, Genève, ℡ 02 27/74 19 74, 74 19 75, Telex 28 99 70

Ausländische Botschaften in der Mongolei

China
Nordseite der Sambuu-Straße, an der Ecke zum Kleinen Ring, ℡ 32 09 55, 32 39 40

Deutschland
Nordwestliche Ecke der Straße der Vereinten Nationen und Universitätsstraße, P O Box 708, Central Post Office, Ulan Bator, ℡ 32 33 25, 32 09 08 und 32 39 15, Telex 7 92 42, Fax 32 39 05; Sprechstunden: Mo–Fr, 9–12 Uhr; Deutschland und Groß-

Entfernungen in der Mongolei	Ulan Bator	Tsetserleg	Ölgij	Bajanchongor	Bulgan	Altai	Sajnschand	Tschojbalsan	Mandalgow
	1	2	3	4	5	6	7	8	9
1 Ulan Bator					326				
2 Tsetserleg	453			218					
3 Ölgij	1636	1220			1344				
4 Bajanchongor	630	214	1006						
5 Bulgan	318	289	1334	503					
6 Altai	1001			635	371				
7 Sajnschand	463	855	1869	863	781	1234			
8 Tschojbalsan	655	1108	2291	1265	973	1656	531		
9 Mandalgow	260	500	1514	508		879	355	741	
10 Uliastai	984	531		459		195	1322	1639	967
11 Arwaicheer	430	266	1206	200	348	571	663	1085	308
12 Dalanzadgad	553	643	1583	577	725	948	516	1074	293
13 Baruun Urt	560	1013			878		340	191	613
14 Suchbaatar	311	629		843	340		774	966	571
15 Chowd	1425		211	795		424	1658	2080	1303
16 Mörön	671	413	981	627	353	583	1134	1326	913
17 Öndörchaan	331	784	1967	961	649	1332	802	324	417
18 Zuunmod	43	496	1591	583	361	956	449	661	225
19 Ulaangom	1336	883	301	988	1033	662	1738	1991	1383
20 Darchan	219	537	1582	751	248	1122	682	874	479
21 Erdenet	371	357	1402	571	68	942	834	1026	631

britannien sind im Wechsel auch für andere EU-Bürger zuständig.

Großbritannien
Ostende der Straße des Friedens,
✆ 35 81 33, 35 82 38

Polen
Nordostecke der Sambuu-Straße mit der Eldew-Otschir Straße, ✆ 2 33 65, 2 22 94

Rußland
In der Nähe der Zentralpost, Straße des Friedens, ✆ 32 68 36, 32 70 71

Ungarn
Botschaft neben der Hauptpost

USA
✆ 32 90 95, 32 96 06

Bürger der Europäischen Union, die nicht in Ulan Bator durch nationale Botschaften vertreten sind, s. Hinweise unter Deutschland.
Bürger aus Staaten des britischen Commonwealth wenden sich an die britische Botschaft
Andere Bürger von Staaten, die nicht in Ulan Bator vertreten sind, sollten bei Paßverlust oder ähnlichen Problemen das Außenministerium aufsuchen und um die Ausstellung eines ›Laissez passer‹ (Behelfsausweis zum Grenzübertritt) bitten.

Dolmetscher/ Übersetzungen

✆ 32 24 67, 32 80 89; im Gebäude des National Development Board, Flügel B, Postfach 46

Uliastai	Arwaicheer	Dalanzadgad	Baruun Urt	Suchbaatar	Chowd	Mörön	Öndörchaan	Zuunmod	Ulaangom	Darchan	Erdenet
10	11	12	13	14	15	16	17	18	19	20	21
						991			311		
497				830		617					
	373					718					
218											
1355											
		1047									
659											
1036	377										
1544		856									
	688	864	871								
442	995	1372									
388	679	1056	1231	693							
1315	761	710	229	642	1756	1022					
1027	385	518	566	354	1380	714	337				
529	1188	1565	1896	1373	238	680	1667	1379			
989	596	772	779	92	1519	601	550	262	1281		
809	416	793	931	272	1339	421	702	414	1101	180	

Essen und Trinken

Leitungswasser in Ulan Bator hat Trinkwasserqualität, an anderen Orten muß dies nicht unbedingt gelten. Bei klarem Flußwasser ist zu beachten, daß es durch Vieh verunreinigt sein kann.

Mongolen sind meist sehr trinkfest. Mongolischer Wodka wird als *archi* verkauft. Ausländische Biere sind in den Hotels erhältlich.

Vegetariern sei die Mongolei nicht unbedingt als Reiseland ihrer Wahl empfohlen. Obst und Gemüse sind selten erhältlich. Neben Milchprodukten im Sommer ist Fleisch das Hauptnahrungsmittel.

Restaurants

In Ulan Bator gibt es Hotelrestaurants mit einfacher Küche. Die Auswahl der Speisen ist begrenzt, meist kein Service nach 20 Uhr. Es gibt Imbißstände, deren verschiedene Angebote man vor dem Verspeisen gründlich prüfen sollte! Außerhalb der Stadt aber ist es ratsam, immer genügend Verpflegung dabei zu haben.

Feiertage und Feste

1. Januar	Neujahr
8. März	Internationaler Frauentag
18. März	Gründungstag der Armee
1. Mai	Tag der Arbeit
1. Juni	Internationaler Kindertag
11.–13. Juli	Naadam-Fest
26. November	Tag der (Volks-)Republik
31. Dezember	Sylvester

Der Termin des traditionellen mongolischen **Neujahrs-** bzw. **Frühlingsfestes** (*Tsagaan-Sar*; s. S. 79) variiert, da er nach dem Mondkalender berechnet wird. Tsagaan-Sar wird zwischen Januar und März gefeiert.

Darüber hinaus gibt es zahlreiche regionale Feste.

Fotografieren

Es ist ratsam, Foto- und Filmmaterial in ausreicher Menge mitzunehmen. In den Hotelshops sind Negativfilme meist zu erhalten, Diafilmmaterial nur äußerst selten.

Mongolische Feste – Der Mondkalender

Die folgende Tabelle zeigt den mongolischen Mondkalender im Vergleich zum Gregorianischen Kalender. Der Kalender beginnt im Jahr 1930 und reicht bis 2001.

Pferd	31. 1. 1930*	15. 2. 1942	3. 2. 1954	21. 2. 1966	8. 2. 1978	27. 1. 1990
Schaf	17. 2. 1931	5. 2. 1943	24. 1. 1955	9. 2. 1967	29. 1. 1979	15. 2. 1991
Affe	6. 2. 1932	25. 2. 1944	12. 2. 1956	30. 1. 1968	17. 2. 1980	4. 2. 1992
Hahn	26. 1. 1933	13. 2. 1945	31. 1. 1957	17. 2. 1969	5. 2. 1981	23. 2. 1993
Hund	14. 2. 1934	3. 2. 1946	18. 2. 1958	7. 2. 1970	25. 1. 1982	10. 2. 1994
Schwein	4. 2. 1935	21. 2. 1947	8. 2. 1959	17. 1. 1971	13. 2. 1983	31. 1. 1995
Ratte	24. 1. 1936	10. 2. 1948	28. 1. 1960	15. 2. 1972	2. 2. 1984	19. 2. 1996
Rind	11. 2. 1937	29. 1. 1949	15. 2. 1961	4. 2. 1973	20. 2. 1985	7. 2. 1997
Tiger	31. 1. 1938	17. 2. 1950	5. 2. 1962	23. 2. 1974	9. 2. 1986	28. 1. 1998
Hase	19. 2. 1939	6. 2. 1951	25. 1. 1963	12. 2. 1975	30. 1. 1987	16. 2. 1999
Drache	8. 2. 1940	27. 1. 1952	13. 2. 1964	1. 2. 1976	18. 2. 1988	5. 2. 2000
Schlange	27. 1. 1941	15. 2. 1953	2. 2. 1965	19. 2. 1977	7. 2. 1989	25. 1. 2001

* Die Daten zeigen jeweils den ersten Tag des neuen Jahrs nach dem Mondkalender, der damit gleichzeitig der Beginn des Frühlings ist.

Der vor allem im Winter sehr blaue Himmel, die Höhenlage und die Lufttrockenheit ermöglichen herrliche Fernsichten mit scharfen Kontrasten. Es kann ratsam sein, Diafilme um die Mittagszeit leicht unterzubelichten. Ein Fotografierverbot besteht, bis auf militärische Objekte, nicht. Viele Mongolen reagieren aber ablehnend auf eine auf sie gerichtete Linse, andere stellen sich begeistert in Positur. Es empfiehlt sich, die Menschen zu fragen, ob sie fotografiert werden möchten; u. U. sollte man aber als Gegenleistung ein kleines Geschenk anbieten. Unbedingt Ersatzbatterien mitbringen, da sie nicht garantiert gekauft werden können, der erste Satz jedoch insbesondere in der kalten Jahreszeit oft schnell seine Kraft verliert.

Geld

Die mongolische Währung heißt Tugrik. Es gibt Scheine zu 1, 3, 5, 10, 20, 50, 100, 500 und 1000 Tugrik. Die kleinere Münz-Einheit heißt Möngö, ist aber nicht mehr in Umlauf.

Das Bankensystem in der Mongolei ist noch nicht voll funktionsfähig. Insbesondere außerhalb Ulan Bators gibt es keine Möglichkeiten, Bargeld zu erhalten. Kreditkarten werden nur an wenigen Stellen in Ulan Bator (größere Hotels und hoteleigene Läden) akzeptiert. Von der Mitnahme von Traveller-Schecks ist abzuraten, da die Einlösegebühren immens sind. Ratsam ist daher, US-Dollar in möglichst kleiner Stückelung mitzubringen.

Zumindest in Ulan Bator akzeptieren selbst Straßenhändler die Zweitwährung US-Dollar parallel zum Tugrik. Eine Besonderheit ist, daß die meisten Mongolen und auch Banken Noten ablehnen, die vor 1988 gedruckt wurden. Der Tausch von Dollar in die lokale Währung Tugrik ist überall möglich, sowohl auf der Straße als auch im Hotel oder auf der Bank. Der Rücktausch gestaltet sich dagegen schwierig.

Alle Dienstleistungen und Dinge der offiziellen touristischen Infrastruktur werden in US-Dollar von Ihnen verlangt werden: Flug- und Bahnkarten, Benzin und gemietetes Auto, Telefonieren ins Ausland, Artikel aus den Souvenirläden und großen Hotels.

Tugrik benötigen Sie für den Bus, auf dem Markt und bei allen Gelegenheiten, die alltäglicher Natur sind.

Es existiert kein Schwarzmarkt für Devisentausch, da der Handel frei ist.

Gesundheit

Die Mangelsituation trifft die Bevölkerung im Krankheitsfall besonders hart. Selbst gegen Devisen sind wichtige Medikamente nicht zu erhalten.

Bitte nehmen Sie deshalb alles, was Sie zur individuellen Versorgung benötigen mit und vergessen Sie nicht: Aspirin, Kohletabletten, Mittel gegen Durchfall und Verstopfung, genügend Vitamin- und Mineraltabletten für die Reisedauer, Insektenabwehrcreme und eventuell Moskito-Coils, antibiotische Salbe und Tabletten, Schmerzmittel, Augentropfen bzw. -salbe, Spritzen und Nadeln. Einfache Medikamente sind gute Gastgeschenke; bei Ihrer Abreise sollten Sie versuchen, Ihre medizinischen Vorräte an jemand Kompetenten zu verschenken.

Apotheken

Apotheken mit minimaler Ausstattung in den Krankenhäusern und in Ulan Bator an der Straße des Friedens (Ench Tajwan Avenue), einen Block östlich des großen Kaufhauses (Ich Delguur).

Impfungen

sind nicht vorgeschrieben, außer Sie reisen aus Infektionsgebieten ein. Sinnvoll sind Impfungen gegen Tetanus, Diphterie, Polio, Hepatitis A. Bei längerem Aufenthalt ist auch die Hepatitis B-Impfung ratsam. Während Hepatitis A durch Nahrungsmittel und Trinkwasser übertragen wird, läuft der Infektionsweg bei Hepatitis B über Blut, Blutprodukte und Geschlechtsverkehr. Die Durchseuchung der mongolischen Bevölkerung ist hoch und damit auch die Gefahr, in einem Notfall im Krankenhaus infiziert zu werden.

Notfälle

Medizinische Nothilfe ist in der Russischen Klinik möglich, ✆ 5 00 07 (Erste Hilfe), 50008 (Registratur), 35 81 40 (Oberarzt); Ausländern wird in der Regel auch geraten, das Krankenhaus Nr. 2 aufzusuchen, Adresse Nairamdal Distrikt, Ench Tajwan Avenue 49, ✆ 5 02 30, 5 05 54 (Notfälle), 5 01 29 (Termine). Eröffnet wurde eine koreanische Klinik, die aber auf die Labormedizin der Ersten Klinik angewiesen ist. Für EU-Bürger gibt es als erste Anlaufadresse eine Behelfsgesundheitsstation in der Deutschen Botschaft, die aber mangels Personal und finanzieller Mittel nur gelegentlich besetzt sein kann. Bei ernsten Fällen ist schnellste Ausreise nach Peking (Medical Center im Lufthansa Center) oder besser nach Deutschland angeraten; gute Schmerzmittel für Inlandstransporte und Flug mitnehmen.

Zahnarzt

Für die zahnärztliche Versorgung gilt grundsätzlich die gleiche Mangelsituation wie in den anderen Gesundheitseinrichtungen. Notfälle versorgen das stomatologische Zentrum neben der Hauptpost auf der linken Seite, Herr Amar, ✆ 32 57 31, und die Russische Poliklinik, ✆ 5 02 40, 5 00 07.

Hubschrauberflüge

Empfehlenswert ist das Privatunternehmen Skyhorse, das günstiger und individueller arbeitet als die staatliche MIAT. Der Hubschrauber ist für Gruppen bis maximal 18 Personen geeignet. Touren organisiert Tsolmon Co Ltd. oder direkt das Büro von Skyhorse am Flughafen (200 m oberhalb des Terminals am Sicherungszaun).

Jagen und Fischen

Die Mongolei ist ein außergewöhnliches **Jagdland**. Allerdings sind die Gebühren sehr gestiegen, ohne daß die Leistungen damit Schritt gehalten hätten. Leider fließt das Geld auch kaum in den Wildschutz. Die Jagd ist sehr anstrengend, erfordert härteste Jeeptouren, eventuell einen Anmarsch mit Pferd oder zu Fuß. Bejagbare Wildarten sind Argali, Steinbock, Sibirischer Rehbock, Maral (Brunft 15. 9. bis 10. 10), Elch, Luchs, Bär, Schwarzwild, Auerhahn, Wolf. Weite Gebiete der Mongolei sind überjagt, und es wird extrem gewildert. Immer mehr Touristen müssen ohne Trophäe wieder abreisen. Die Importerlaubnis nach Europa vorab klären. Schußentfernungen liegen bei gut 300 m, empfohlen werden Kaliber 8 × 68 S, 7 mm Remington Magnum oder .300 Winchester Magnum. In den Waldgebieten wären die 7 × 64 oder .30-06 die Untergrenze.

Zum **Fischen** benötigt man entsprechende Lizenzen, die je Region vergeben werden. Erhältlich sind sie im Jagdmuseum in Ulan Bator. Achtung: teils heißt es, sie sind vor Ort zu erwerben. Erkundigen Sie sich und fischen Sie nicht ohne Lizenz. Es wird kontrolliert und bei Verstoß u. U. die Ausrüstung beschlagnahmt.

Karten

In der Mongolei sind keine zuverlässigen Landkarten zu erwerben. Eine Orientierungshilfe sind die Pilotenkarten Operational Navigation Chart (ONC; 1 : 1 Mio) und die Tactical Pilotage Chart (TPC; 1 : 500 000). Beide Karten enthalten viele Fehler. Mongolische Militärkarten sind nicht im freien Handel zu erwerben, aber von ausgezeichneter Qualität.

Nachtleben/Sex

Promiskuität ist in der Mongolei weit verbreitet. In allen größeren Stadthotels und den Bars bieten sich Prostituierte an. Vorsicht ist aber nicht nur wegen der großen Hepatitis-B-Durchseuchung und der weit verbreiteten Geschlechtskrankheiten geboten, sondern auch wegen AIDS und der Gefahr ausgeraubt zu werden.

Nationalparks

Wie bei anderen Gelegenheiten auch, sollten Sie bei den verschiedenen Parks und Reservaten keine westlichen/internationalen Maßstäbe anlegen; alles ist noch im Aufbau begriffen. Es gibt Naturschutzgebiete, Reservate mit beschränkter Nutzung, Jagdreservate und Naturdenkmäler (s. auch hintere Umschlagklappe).

Notfallnummern

Wichtige Telefonnummern:
Feuer 01
Polizei 02
Polizei Ulan Bator 2 70 43
Notarzt 03
Notarzt Ulan Bator 5 02 30
Intern. Telefonvermittlung
(Englisch) 0 71
Störungsstelle 1 81 und 1 82

Öffnungszeiten

Dienststellen Mo–Fr 9–18 Uhr, samstags bis 12 Uhr; oft kommt das Personal später oder/und geht früher und macht lange Mittagspausen. Geschäfte sind oft erst ab 10 Uhr geöffnet.

Öffentliche Verkehrsmittel

. . . sind überfüllt; fast jedes Auto ist auch ein Taxi; Fahrer lassen sich auch leicht für mehrere Tage engagieren; Überlandbusse gibt es kaum.

Post

Die Hauptpost ist am Suchbaatar-Platz in Ulan Bator. Die Post nach Europa ist zuverlässig, aber die Laufzeiten können stark variieren. Es gibt in der Mongolei keine Hauszustellung.

Radio und Fernsehen

Die Mongolei besitzt eine eigene Radio- und seit 1967 auch eine Fernsehgesellschaft. Empfangen werden können darüber hinaus mit terrestrischen Antennen ein russisches Programm und in den Hotels oft auch über Satellit ausgestrahlte Sendungen aus Hongkong. Deutsche Welle (nach 17 Uhr auf KW 21640 und KW 21540), in den Wintermonaten sehr gestört.

Reisepapiere

Man benötigt einen gültigen **Reisepaß**.
Für deutsche, schweizer und österreichische Staatsangehörige besteht Visumspflicht. Oft wird eine Einladung verlangt, die durch eine Hotelbuchung erlangt werden kann. Dem gelegentlich gegebenen Hinweis der Visastellen auf das bislang staatliche Touristikunternehmen Zhuulchin mit seinen Programmangeboten muß man nicht folgen.
Obwohl es bisher möglich war, im Land ohne staatliche Erlaubnis zu reisen, scheinen die Behörden nun (Stand Sommer 1995) die Kontrollen zu verschärfen. Erkundigen Sie sich in Ulan Bator, welche Regelung gerade gilt. Eventuell müssen Sie Papiere (*permit*) beantragen und auch einige Tage darauf warten. Russische Sprachkenntnisse sind in jedem Fall sehr hilfreich.

Souvenirs

Typisch sind Produkte aus Kaschmirwolle (Handschuhe, Schals, Pullover). Die Preise sind bei mittlerer Qualität unter europäischem Niveau. Die erste Wahl wird exportiert.

Nicht unproblematisch ist der Erwerb von Kunstgegenständen neuerer Herkunft oder aus Familienbesitz, die auf dem Flohmarkt in Ulan Bator angeboten werden. Grundsätzlich ist es Mongolen verboten, Ausländern entsprechende Waren ohne Genehmigung zu verkaufen. Diese kann zwar bei einer Behörde gegen Vorzeigen der Verkaufsgegenstände erlangt werden, das Amt hat aber das Recht die Waren zu beschlagnahmen, so daß sich die wenigsten Verkäufer zu den Bürokraten trauen. Gleichwohl gibt es einen schwunghaften Schwarzhandel, und die Polizeikontrolle treibt lediglich die Preise in die Höhe. Der beste Einkaufstag ist der Sonntagvormittag ab 10 Uhr.

Sprache

Mongolisch gehört zur Familie der Ural-Altaischen Sprachen, zu der auch Finnisch, Koreanisch und Türkisch gezählt werden. Seit 1944 wird für die Schrift eine modifizierte Variante des kyrillischen Alphabets verwandt. Die traditionelle mongolische Schrift wurde im 14. Jh. von den Uiguren übernommen. Bestrebungen zur Alt-Mongolischen Schrift (Uigurisch) zurückzukehren werden von einigen Politikern verfolgt. Die geplante Wiedereinführung scheiterte bislang, da die alte Schrift in der Bevölkerung kaum bekannt ist. So wird Mongolisch weiterhin in kyrillischer Schrift geschrieben.

In der Mongolei gibt es keine Regeln für die Wiedergabe mongolischer Wörter in lateinischen Buchstaben. Viele Mongolen schreiben ihren eigenen Namen unterschiedlich, je nachdem, ob er für ein englisches oder ein deutsches Ohr verständlich sein soll. Anerkannt für die Transliteration ins Deutsche ist die von Prof. Hans-Peter Vietze aus Leipzig für populärwissenschaftliche Zwecke entwickelte Lautschrift, an die sich dieses Buch anlehnt (s. rechts).

Umschrift-Tabelle

Kyrillischer Buchstabe	Populärwissenschaftliche Transliteration
Аа	a
Бб	b
Вв	w
Гг	g
Дд	d
Ее	je
Ёё	jo
Жж	dsh
Зз	z
Ии	i
Йй	j
Кк	k
Лл	l
Мм	m
Нн	n
Оо	o
Өө	ö
Пп	p
Рр	r
Сс	s
Тт	t
Уу	u
Үү	ü
Фф	f
Хх	ch
Цц	ts
Чч	tsch
Шш	sch
Щщ	stsch
ъ	nicht bezeichnet
ы	y
ь	j
Ээ	e
Юю	ju
Яя	ja

Hinzu kommen Eigennamen wie Dschinghis Khan, für die sich im Deutschen weitgehend eine einheitliche Schreibweise eingebürgert hat. Der Besucher wird aber auch zunehmend auf Namen in einer lateinischen Lautschrift stoßen, die der

Landkartenbegriffe

Zur Hilfe beim Landkarten-Lesen sollen folgende einfache Vokabeln dienen:

Mongolisch	Deutsch
Aimag	Provinz
Sum	Kreis
bulag	Quelle
dawaa	Paß
els	Düne/Sandwüste
galt uul	Vulkan
gol	Fluß
nuur	See
uul	Berg
nuruu	Gebirge
altan	golden
char	schwarz
chöch	blau
nogoon	grün
schar	gelb
tsagaan	weiß
ulaan	rot
ich	groß
baga	klein

englischen Aussprache entgegenkommt, gemischt mit Elementen aus dem Russischen.

Ein weiteres Problem ist die Benennung geographischer Namen. Viele Orte haben die unterschiedlichsten Bezeichnungen. Die Sum-Zentren führen eigene Namen, die Einheimischen benutzen aber fast immer den Kreis-Namen für die meist einzige feste Siedlung. Wir folgen diesem Usus in Karten und Text.

Schließlich noch ein Wort zu mongolischen Personennamen. Die Mongolen kennen keine Familiennamen, sondern jeder führt nur seinen persönlichen Namen. Lediglich amtlich wird der Name des Vaters hinzugefügt. Um sich westlichen Gegebenheiten anzupassen, bürgert es sich bei den Staatsbediensteten allerdings ein, den Vatersnamen als Initiale dem Namen voranzustellen. In diesem Buch richten wir uns nach der mongolischen Tradition und haben nur einen Namen verwendet.

Stromspannung

220 Volt/50 Hertz, stark schwankend, häufige Stromausfälle.

Tabak und Alkohol

Alkoholismus stellt in der Mongolei ein ernsthaftes Problem dar, getrunken wird ein klarer Schnaps, wobei geöffnete Flaschen nach mongolischer Sitte immer geleert werden müssen. Markenzigaretten werden deutlich unter westlichem Preisniveau angeboten.

Telefonieren

Ferngespräche ins Ausland sind von den Hotels und von der Post aus direkt möglich. Die Mongolei ist über IDD mit +976 zu erreichen. Vorwahlnummern von Städten in der Mongolei: Ulan Bator 01; Arwaicheer 0 55; Baganuur 0 31; Bulgan 0 67; Chowd 0 43; Darchan 0 37; Erdenet 0 35; Gow-Altai 0 65; Mandalgobi 0 61; Öndörchaan 0 30; Suchbaatar 0 49; Tschojbalsan 0 63. Selbst aus den meisten Sum-Zentren kann man von der Post aus telefonieren.

Zur Zeit wird das Telefonsystem in Ulan Bator auf digitale Technik umgestellt (alle Nummern, die mit 3 beginnen, sind bereits neu). Sofern bei den alten fünfstelligen Nummern kein Anschluß erfolgt, lohnt ein Versuch mit einer zusätzlich vorangestellten 3.

Theater, Oper, Konzert, Zirkus

... nur in der Wintersaison.

Trinkgeld

... ist erwünscht, da mongolische Gehälter kaum zum Überleben reichen; zu bedenken ist, daß ein Gehalt von US-Dollar 5,- pro Tag den Empfänger zu einem Spitzenverdiener macht. Gastgeschenke (Zigaretten, Kerzen, Streichhölzer, Mehl, Zucker, einfache Medikamente, Aspirin, Sofortbilder) für Fahrten auf das Land sind sinnvoll.

Wildwasser

Wenig geeignete Flüsse; Informationen über umfangreiche Erstbefahrungen mit dem Kajak: Chris Sladden, 10 Richards St., Cathays, Cardiff, CF2 4DA; Fred Wondre, 52 William St, Headington Hill, Oxford, OX3 OER, beide Großbritannien.

Zeit

Ulan Bator liegt sieben Stunden vor MEZ; Sommerzeit wie in Deutschland; drei Zeitzonen in der Mongolei mit jeweils einer Stunde Abweichung zur Hauptstadt im Westen und Osten des Landes; im Sommer liegt Ulan Bator eine Stunde vor Peking und Hongkong, da es dort keine Sommerzeit gibt; US-Westküste zu Ulan Bator: Zeit minus 16 Stunden, US-Ostküste: minus 13 Stunden.

Zeitungen/Zeitschriften

»Unen« (›Wahrheit‹), Zeitung der Mongolischen Revolutionären Volkspartei, kommunistisch; »Ardyn Erch« (›Recht des Volkes‹), Regierungszeitung; mongolische Nachrichtenagentur »Montsame«, 1954 gegründet, staatlich.

Für Ausländer: englischsprachiger »Mongol Messenger«, Wochenzeitung, auch Auslandsversand; Verlagsanschrift: The Mongol Messenger, P O Box 1514, Ulan Bator.

Zollbestimmungen

Es ist nicht möglich, präzise Hinweise auf die Einfuhr- und Ausfuhrbestimmungen zu geben. Grundsätzlich gilt bei der Ausfuhr, daß keine Gegenstände mongolischer Herkunft das Land verlassen dürfen. Die Generalklausel erlaubt den Zollbeamten nahezu jede Willkür. Selbst Einkäufe in Fachgeschäften müssen nicht problemlos die Grenze passieren können. Beschlagnahmt werden fast immer Mineralien und Gegenstände des Hausrats, seien sie alt oder neu. Da die Reisenden an den Abflugtermin gebunden sind, steht man in einer schlechten Verhandlungsposition. Ein ausdrückliches Ausfuhrverbot besteht desweiteren für Waffen, Drogen, sicherheitsrelevante Informationen und Dokumente, historische Wertsachen, Bärengalle und andere vermeintliche Aphrodisiaka, Pflanzen, Tiere, die auf der Artenschutzliste stehen, und Autos. Bei der Einreise sind Waffen, Munition, Fischereinetze und Sprengstoffe, Drogen, Tränengas, die Landeswährung, erotische Bücher und Zeitschriften, Pflanzen und Tiere verboten. Devisen dürfen eingeführt werden. Zwei Liter Alkohol und 200 Zigaretten dürfen importiert werden.

Literatur- und Filmtips

Buchtips

Das Spektrum an Literatur über die Mongolei, insbesondere über ihre Geschichte und die Epoche Dschinghis Khans, ist relativ breit. Oft handelt es sich um sehr wissenschaftliche Arbeiten, die dem Urlauber nicht guten Gewissens mitgegeben werden können. Die folgende Auswahl will einen Querschnitt zur Reisevorbereitung bieten.

Bawden, C. R.; The Modern History of Mongolia, London, New York, 2. überarbeitete Auflage 1989.
Sehr informativ bei extremer Detailverliebtheit.
Bosshard, Walter; Kühles Grasland Mongolei, Zürich 1949.
Ein Klassiker des Reisejournalismus.
Eggebrecht, Arne (Hrsg.); Die Mongolen und ihr Weltreich, Mainz 1989.
Gut verständlich; ideal als Hintergrundliteratur.
Fischer, Waltraut; Mongolia, Land der Gräser, Berlin (Ost) 1986.
Mit Liebe beschriebene Alltagserlebnisse aus der Sicht einer DDR-Malerin; ein Bild der Gesellschaft in den letzten sozialistischen Jahren.
Günther, Arno; Mongolisch für Globetrotter, Kauderwelsch Band Nr. 68, Bielefeld 1993.
Heissig, Walther und Müller, Claudius C. (Hrsg.); Die Mongolen, Innsbruck, Frankfurt 1989.
Umfangreicher Bildband mit Schwerpunkt auf dem Gebiet mongolischer traditioneller Kunst, der zur Mongoleiausstellung 1989 in München erschien.
Heissig, Walther; Die Mongolen, Ein Volk sucht seine Geschichte, Düsseldorf und Wien 1979.
Der Klassiker der mongolischen Geschichtsforschung.
Middleton, Nick; The Last Disco in Outer Mongolia, England 1992.
Ein erster, persönlicher Eindruck aus der Öffnungsphase nach 1990.
Ottinger, Ulrike; Taiga, Berlin 1993
Herrliche Fotografien.
Raith, Viktoria und Naundorf, Cathleen; Steppen, Tempel und Nomaden, München 1994.
Amüsante Reiseerlebnisse mit vielen treffenden Beschreibungen.
Rubruk, Wilhelm von; Reisen zum Großkhan der Mongolen, Von Konstantinopel nach Karakorum 1253–1255, Stuttgart 1984.
Der Vater aller Reiseberichte.
Schenk, Amelie und Haase, Udo; Mongolei, Beck'sche Länderreihe, München 1994.
Oft griffige Darstellung, gut lesbar im Flugzeug.
Taube, Erika und Manfred; Schamanen und Rhapsoden, Die geistige Kultur der alten Mongolei, Leipzig/Wien 1983.
Trotz wissenschaftlicher Präzision auch für Laien gut lesbar.

Filmtip

»Urga«; Regie: Nikita Michalkow, Erstaufführung in deutschen Kinos 1991.
Ein Kritiker schrieb, der Film verbinde eine Reise ans Ende der Welt mit einem Abenteuer des Sehens. In geruhsamen Kamerafahrten mit vielen Totalen und Großaufnahmen gibt er einen großartigen Eindruck von der Steppenlandschaft. Dabei berührt der Film, der in der Inneren Mongolei gedreht wurde, auch die Spannung zwischen den nomadisierenden Mongolen und den chinesischen Ackerbauern. Eingekleidet werden die Bilder in die Liebesgeschichte zweier junger Mongolen. Der Film, der im Videoverleih ist, empfiehlt sich besonders zur Reiseeinstimmung.

Abbildungsnachweis

Archiv für Kunst und Geschichte (Berlin) S. 37, 76, 95

Brüske, Claudia (Bonn)   S. 49, 74, 97, 101, 104, 112/113

Gorys, Christel (Krefeld)   S. 2 unten, 5 unten, 8, 17 unten, 43, 84, 102, 125, 193, 218/219

Kaehne, Sabine (Köln)   S. 9, 16 oben, 48, 51, 59, 69, 77, 82/83, 83 unten, 111, 191, Umschlag-Rückseite

Naundorf, Cathleen (München)   S. 3 oben, 6, 15, 16 unten, 17 oben, 18, 20, 52/53, 60/61, 63, 90/91, 105, 166, 178, 194, 195

nach Weiers, s. Literaturverzeichnis   S. 137

Archiv von Autor und Verlag   S. 31, 33, 35, 47, 65

Alle übrigen Abbildungen stammen vom Autor.

Kartographie: Berndtson & Berndtson, Fürstenfeldbruck, © DuMont Buchverlag

Danksagungen

Ohne die Hilfe zahlreicher Freunde wäre es nicht möglich gewesen, diesen Reiseführer über die Mongolei zu schreiben. Sie alle kennen die Mongolei beruflich, die meisten leben in Ulan Bator. Wir sind gemeinsam gereist und haben viele Abende diskutiert, um dieses uns so fremde und ferne Land zu verstehen – und dabei manche gute Flasche Wein getrunken.

Dr. Michael Linke, schon seit 1990 Lektor an der Universität in der mongolischen Hauptstadt und damit einer der dienstältesten Deutschen in der Mongolei, half uns freundschaftlich vom ersten Tage an, gute Kontakte und auch Freunde in der Mongolei zu finden. Er unterzog sich der Mühe, das Manuskript redaktionell durchzuarbeiten und gab als Mandschurist insbesondere zur historischen Einschätzung wichtige Hinweise. Fachkundige Erläuterungen zum Thema Religion, insbesondere zum Schamanismus, gab mir *Dr. Barbara Kuhn*, von 1992–95 Deutschlektorin an der Fremdsprachenhochschule in Ulan Bator. Auch sie unterzog sich mehrfach der Mühe des Korrekturlesens. *Henry Mix*, Berliner Tierarzt und Biologe und seit über einem Jahrzehnt regelmäßig in der Mongolei, zuletzt im Auftrag des WWF, verdanke ich die fachkundigen Auskünfte zu Vegetation und Tierwelt sowie Reisetips. Mit dem militärgeschichtlichen Hintergrund der Schlacht am Chalchyn Gol setzte sich *Oberst i. G. Eberhard Möschel* auseinander. Informationen kamen auch von dem Geologen *Dr. Aribert Kampe*, seit über einem Jahrzehnt ständiger Besucher der Mongolei und von *Dr. Peter Bathke*.

Besonderen Dank schulde ich Herrn *Batdelger* vom Reisebüro Tsolmon/Lernidee, der mich wegen seiner guten Landeskenntnisse auf viele Schönheiten hinweisen konnte, Reisetips gab und viele Passagen des Manuskripts durchsah. Frau *Nawtschaan* wußte immer Tickets und Flugreservierungen zu organisieren. *Dr. Boldsuch*, Generalsekretär der Akademie der Wissenschaften, und *Dipl. Phys. Bortschuluun* verstanden es, aus dem Hintergrund viele bürokratische Hindernisse aus dem Weg zu räumen. Frau *Ojunsuren* kontrollierte die Transliteration der mongolischen Namen in die deutsche Umschrift.

Viele der Touren im Land wären gescheitert ohne die unermüdliche Einsatzbereitschaft unseres Fahrers *Amarbajar* und meines häufigen Tourguides *Amarsanaa*.

Schließlich wäre der Reiseführer nicht möglich gewesen ohne die Geduld meiner Frau, die erst protestierte, als der Laptop mich auch noch ins Schlafzimmer begleitete.

Trotz aller Mühe werde ich viele Punkte übersehen haben und in der einen oder anderen Beurteilung auch irren. So freuen sich Autor und Verlag über Hinweise, Verbesserungsvorschläge und Korrekturen.

Peter Woeste

Namen der Orte und Provinzen

Ortsnamen in der Mongolei

Deutsch	Kyrillisch/Mongolisch
Altai	АЛТАЙ
Altanbulag	АЛТАНБУЛАГ
Arwaicheer	АРВАЙХЭЭР
Baganuur	БАГАНУУР
Bajan Adraga	БАЯН-АДРАГА
Bajanchongor	БАЯНХОНГОР
Bajannuur	БАЯННУУР
Bajantsag	БАЯНЦАГ
Baruun-Urt	БАРУУН-УРТ
Bat-Ölzij	БАТ-ӨЛЗИЙ
Berch	БЭРХ
Binder	БИНДЭР
Bogd	БОГД
Bugant	БУГАНТ
Bulgan	БУЛГАН
Chalgol	ХАЛГОЛ
Chanch	ХАНХ
Char Chorin	ХАРХОРИН
Chaschaat	ХАШААТ
Chatgal	ХАТГАЛ
Chotont	ХОТОНТ
Chowd	ХОВД
Chudshirt	ХУЖИРТ
Chutag	ХУТАГ
Dadal	ДАДАЛ
Dalanzadgad	ДАЛАНЗАДГАД
Darchan	ДАРХАН
Dariganga	ДАРИГАНГА
Daschintschilen	ДАШИНЧИЛЭН
Delgerchaan	ДЭЛГЭРХААН
Erdene Tsagaan	ЭРДЭНЭЦАГААН
Erdenet	ЭРДЭНЭТ
Galuut	ГАЛУУТ
Gutschin Us	ГУЧИН-УС
Manchan	МАНХАН
Mandal	МАНДАЛ
Mandalgow	МАНДАЛГОВЬ
Matad	МАТАД
Möngönmört	МӨНГӨНМӨРТ
Mörön	МӨРӨН
Nalaich	НАЛАИХ
Norowlin	НОРОВЛИН
Ölgij	ӨЛГИЙ
Öndörchaan	ӨНДӨРХААН
Rentschinlchumbe	РЭНЧИНЛХУМБЭ
Sajnschand	САЙНШАНД
Schargaldshuut	ШАРГАЛЖУУТ
Suchbaatar	СУХБААТАР
Sümber	СУМБЭР
Tariat	ТАРИАТ
Tereldsh	ТЭРЗЛЖ
Tosontsengel	ТОСОНЦЭНГЭЛ
Tschojbalsan	ЧОЙБАЛСАН
Tsenchermandal	ЦЭНХЭРМАНДАЛ
Tsetserleg	ЦЭЦЭРЛЭГ
Ulaangom	УЛААНГОМ
Ulan Bator (Ulaan Baatar)	УЛААНБААТАР
Uliastai	УЛИАСТАИ
Zuunmod	ЗУУНМОД

Die Aimag der Mongolei

Archangai	АРХАНГАЙ
Bajan-Ölgij	БАЯН-ӨЛГИЙ
Bajanchongor	БАЯНХОНГОР
Bulgan	БУЛГАН
Chentij	ХЭНТИЙ
Chowd	ХОВД
Chöwsgöl	ХӨВСГӨЛ
Dornod	ДОРНОД
Dornogow	ДОРНОГОВЬ
Dundgow	ДУНДГОВЬ
Gow-Altai	ГОВЬ-АЛТАЙ
Ömnögow	ӨМНӨГОВЬ
Öwörchangai	ӨВӨРХАНГАЙ
Selenge	СЭЛЭНГЭ
Suchbaatar	СУХБААТАР
Töw	ТӨВ
Uws	УВС
Zawchan	ЗАВХАН

Register

Personen- und Sachregister

Abatai Khan   62, 140 f.
Adler   192
airag (Stutenmilch)   87 f., **91**
Ajusch   182
Alphabetisierung   11, 16
Altan Khan   41, 62
Altan Owoo Fest   208
Amar   47
Amurnatter   216
Archäologische Funde   21, 23, 30, 129
archi   91, 236
Argali (s. Marco-Polo-Schaf)
Avalokiteshvara (Dshanrajseg)   62, 111, 141

*b*abal   118, 146
Baterdene   85
Batmönch   44
Benedikt von Polen   94
Bilgä Chagan   146
Birkhuhn   24
Bjambasuren   44
Bodhisattva   65
Bogd Khan   39, 41 f., **62 f.,** 102 f., 109, 140, 161
Bogenschießen   85 f., 208
Bosshard, Walter   93
Braunbär   24
Buddhismus   13, 60, **63 ff.,** 69, 109, 149, 176
Burjaten   13, 18, 38, 128, 163, 170, 215
Buttertee *(suutei tsai)*   80, **92**
buuz   72, 90

Carpini, Giovanni Plano de   94
chadag   81
Chalcha   12, 17, 62, 129, 140, 170, 206
Chapman-Andrews, Roy   66, 93, 191, 195
Chinesen   31, 48 ff., 104, 135 f., 153, 180, 182, 216
Chotonen   20

Chotschut   19
Chruschtschow, Nikita   48
Comecon   42

Dachs   204
Dalai Lama   41, **62**, 140
14. Dalai Lama   62, 67, 71, 111
Darchaten   170 f.
Dariganga   18, **206**
Dauerfrostboden   29
Daurischer Rhododendron   122
Daurisches Rebhuhn   24
Davadordsh   164
DDR   42, 47
deel (Mantelkleid)   9, 55, 76, 81, 114, 149
Dinosaurier   93, 105, 191, **194**, 197 f.
Dörbert   19
Dschinghis Khan   26, **30 ff.,** 32, 41, 93, 122, 127, 129, 131, 134 f., 146
Dschinghis Khan-Denkmal   126
Dschinghisiden   34, 36
Dschurdschen   30
Dshasrai   44
Dziggetai   199

Edelweiß   130, 135
Elch   24, 216
Erchij Mergen   141

Filz   70, **74 f.**
Fischadler   209
Forstwirtschaft   57, 167

Gebetsfahnen   151
Gebetsmühlen   110
Gebirgswaldsteppe   24
›Geheime Geschichte‹   32, 93, 126, 128, **131**
Geier   25
Genden   47
ger s. Jurte
Gesandschaften   37, 94
Givaan   180
Gobi-Bär   14, 24 f., 27, 188, **197**, 199
Goldene Horde   38

Gombodordsh 62, 102, 141
Gorbatschow, Michail 44
GPS (Global Positioning System) 143, 201, 204 f., **233**
Große Mauer 45
Großtrappe 24
Grüne Tara 76, 141
Guomindang 180

Haareschneiden (Ritus) 88
Haarpfriemengräser 135
Haenisch, Erich 93, 131
Hagenbeck 190
Halbwüste 24, 183, 200
Han-Dynastie 41
Haselhuhn 24
Hedin, Sven 15, 46, 93, 95, 188
Heilpflanzen 25
Hermelin 24
Hirsche 141, 152
Hirschsteine **30**, 180, 182, 184
Hunnen; s. auch Xiongnu

Infrastrukturhilfen 51
Innozenz IV. 94
Iwan III. 38, 41

Jagd 24, 53, 175, 212, **238**
Jalta-Konferenz 39
Japaner 42, 218
Jenissei-Kirgisen 146
Jungfernkraniche 204, 209
Jurte *(ger)* 8, 18, **70**, 72, 75, 79, 102, 106, 155, 178, 188, 200, 215

Kalmücken 13, 18
Kamele 55
Kangxi-Kaiser 124
Kasachen 13, 20, 123, 175, 178, 182
Kaschmir (Wolle) 57
Kehlkopfgesang *(chöömij)* **78**, 185
Khublai Khan 12, 31, **37 f.**, 41, 94, 131
Kirche, christliche 140
Kirgisen 18, 41, 118
Kitan 30, 41, 118, 130, 147, 215
Kloster 60, 72, 110, 140
Kontinentalklima 13
Kormorane 216
Kropfantilopen 14, 23 ff., 199, 204, **209 f.**, 213, 216

Kubera 76
Kül-Tegin 146
Kunst, türkische 146
Kunsthandwerk **74 ff.**
Kupfermine 52, 57, 159
Kutulug 118
Kuyuk 36, 94

Lama 50, 60, **62 f.**, 82, 103, 111, 150, 161, 164
Lamaismus 13, 41, **60 f.**, 66 f., 76, 95
Lattimore, Owen 93
Leder, Hans 93
Lenin, Wladimir Iljitsch 33
Ludwig IX 94
Luchs 24

Machval 127
Mahakala 76
Maitreya (Maidari) 76, 141
Mandschuren 30 f., 38, 49, 147, 153, 182, 208
Mao Zedong 48
Maralhirsch 24, 199
Marco-Polo-Schaf (Argali) 14, 24, 27, 175, 188, 192, 199
Marder 24
Ming-Dynastie 41
Mönchskranich 215
Mondkalender 80 f., 236
Möngke Khan 36 f., 70
Mongolinnen 49
Moschee 20, 140, 178
Möwen 216
MRVP (ehemalige kommunistische Einheitspartei) 12, 42, 44
Murmeltier **25 f.**, 204
Musik 78

Naadam 29, **79 ff.**, 150
Natsagdordsh 108, **110**
Nei Menggu 15; s. auch Innere Mongolei
Nirvana 64
Nomaden 12, 17, 34, 52, 88, 199

Ögedei 36, 41, 94
Oguzen 118
Onoltör 153
Otschirbat 43, 45
Otschirdar 82

owoo **67 ff.**, 87, 124, 128, 130, 183, 208

Pax tatarica 94
Pelliot, Paul 131
Perlee 126, 131
Pest 26
Pferde 54, 171
Pferdekopfgeige *(morin chur)* 78
Pferderennen 86, 208
Plattenbau 10, 70, 73, 104, 116
Poe, Edgar Allan 110
Poliakow, J. S. 190
Polo, Marco 14, 31, 93
Polo, Nicolò und Maffeo 94
Prževalskij, Nikolai 93, 102 f., 190
Prževalskij-Pferd *(tachi)* 14, 27, 188, **190**
Pu Yi 63, 103

Qianlong-Kaiser 102
Qin-Dynastie 41
Qing-Dynastie 12, 15, 39, 41, 108, 153, 176, 180, 217

Rehwild 24
Reiher 216
Reliktmöwe 215
Ren 24, 170
Rentierzüchter 69
Rinder 55
Ringen 82 ff., 208
Rubruk, Wilhelm von 70, **91 ff.**, 137
Russen 19

Saiga 24, 27, 199, 211
Sakerfalken 215
Sandflughuhn 24
Sasonov 39
Saxaul 192
Schafe 54, 89, 213
Schamanistische Traditionen 11, 13, 69, 170
Schneeleopard 14, 27, 175, 185, 188, 199
Schnupftabaksflaschen 75 f.
Schrift, mongolische bzw. kyrillische 146, 158, 240, 246
Schrift, tibetische 130, 158
Schukow, Georg 42, 116, 217 f.
Schyetinkin 159

Schwanengänse 216
Seeschwalben 216
Seren-Gazelle 27
Shakyamuni (Buddha) 64, 76
Sinisierung 49
Sowjetunion 50 f.
Sprache, deutsche 47
Sprache, tibetische 110
Stalin, Josef W. 19, 48
Steinböcke 14, 175, 192
Steppe 24, 130, 142, 204, 211
Steppenadler 25, 204
Steppenfüchse 204
Stil, mongolischer 162
Stil, tibetischer 72, 140
Stupa 73, 140
Stutenmilch s. *airag*
Suchbaatar 39, 42, 71, 105, 116
Sun Yat-sen 39
Sungen 141

Taiga 23 f., 122, 128, 158, 164, 167
Tang-Dynastie 12, 30
Tataren 31, 36
Tempel 72, 74, 102, 140, 158
Temudschijn s. Dschinghis Khan
Thangka 76, 107
Tonjükuk 118
Torghuten 19
Tourismus 9, 178
Transmongolische Eisenbahn 160
Transsibirische Eisenbahn 51, 57, 101, 218, 231
Trappen 204
Tsaaten (Rentierzüchter) 164, **170**
Tsagaan-Sar **79 ff.**, 236
tsam-Masken 76, 107
tsam-Tänze 149
Tschingüündshaw 153
Tschojbalsan 20, 40, 42, 50, 67, 105
Tsedenbal 40, 47
Tserelcham 82
Tsogt Tajdsh 141, 147, 158 f.
Tsongkhapa 41, 62, 76, 141
Tundra 122, 125, 170
Türken 118, 135, 146
Turksprache 18
Turkvölker 20, 146, 170
Tuschet Khan 140
Tuwiner 13, 18, 20, 170, 175, 182

Uhu 215
Uiguren 30, 41, 118, 146
Ungern-Sternberg, Baron von **40**, 159
Uranabbaugebiet 214
Urianchai 170

Vegetationsperiode 29, 167
Vereinte Nationen 39, 42
Viehzucht 12, 49, 188, 208

Wahrsagerei 67 f.
Wai Menggu 15
Waldsteppe 24
›Weißer Alter‹ 149
Weißnackenkranich 215
Weltreich, mongolisches 36
Wildesel 14, 199
Wildkamel 14, 24, 27, 188
Wildpferd s. Prżewalskij-Pferd

Wildschwein 24
Wildziege (Ibex) 27
Wolf 24 f., 204, 213
Wühlmaus 213
Wurzelholzschalen 75, 77
Wüste 24, 27, 179 f., 188, 199

Xiongnu 41; s. auch Hunnen

Yak **55 f.**, 147
Yama 76
Yuan-Dynastie 12, 31, 38, 41

Zanabazar 62, 78, 108 ff., 141, 161
Zarenreich 45
Zhuulchin 59
Ziege 213
Zobel 24

Ortsregister

Adgijn Tsagaan Nuur, See 198
Alma Ata 178
Altai, Stadt 155, 174, 183, 185, 226, 234, 246
Altai-Berge 55, **174**, 178, 184, 232 f.
Altai-Gebiet 118
Altan Owoo 208
Altanbulag 163, 246
Amarbajasgalant, Kloster 66, **161 f.**
Amgalanbaatar (Altanbulag) 163
Amur, Fluß 38
Archangai, Aimag 135, 145, 148, 246
Argun/Amur, Fluß 204
Armenien 36
Arwaicheer 101, 135, 155, 158, 174, 198, 200, 226, 233 f., 246
Asralt Chajrchan, Berg 122, **124**
Atschit Nuur, See 180
Aurug, mögliche Hauptstadt Dschinghis Khans 131

Baatar Chajrchan, Berg 184
Baga Chentij (Kleines Chentij) 122
Baga Gazryn Tschuluu, Felsen 201
Bagahlaan Dawaa, Paß 184

Baganuur 17, 131, 204, 246
Bagdad 41
Baibalyk (Baibulag), Ruine 30, 159
Baidrag, Fluß 155
Baikalsee 21, 38, 133, 158
Bailiklik (s. Char Balgas) 146
Bajan Adraga, Sum 130, 246
Bajan Chan, Berge 128
Bajan Nuur, See 216
Bajan-Ölgij 20, 152, 175, 177, 179, 184, 246
Bajanchongor, Aimag 135, 197, 246
Bajanchongor, Stadt 135, 155, 174, 198, 226, 234, 246
Bajannuur, Sum 179
Bajantsag (Flaming Cliffs, Ulaan Ereg) 191, 246
Baldsh, Fluß 128
Bar Chot, Kitan-Turmruine 30, 209
Baruun Urt 206, 226, 234, 246
Bat-Ölzij 141, 246
Baum mit 100 Zweigen, Tschuluut 150
Berch 126, 246
Binder 126, 128, 246
Binder, Berg 130
Bogd 200, 246
Bogd Uul, Berg 100, 117
Bogd Berge 200
Böön Tsagaan Nuur, See 155, 198

Buchara 41
Bugant 163 f., 246
Bujr Nuur, See 216
Bulgan, Aimag 147, 158, 246
Bulgan Stadt 158 f., 164, 174, 226, 234, 246
Bulan Uul, Berg 149
Burchan Galdan, Berge 128
Burjatien, Auton. Republik 18
Burma 41
Bust Nuur, See 152

Chagijn Char Nuur, See 125
Chalch-Ebene 23
Chalchyn Gol, Fluß 42, 164, **216 f.**
Chalchgol 216, 246
Chalzan Sogotyn, Paß 152
Chanch 166, 246
Changai-Gebirge 21, 55, 134, 145, 152, 158, 174, 188, 198, 200
Char Balgas (Bailiklik), Ruine 30, 146
Char Buchijn Balgas s. Tsogt Tajdsh
Char Chorin (Karakorum) 21, **135 f.**, 141, 145 ff., 158, 175, 198, 226, 246
Char Nuur, See 22, 180, **183**
Char Us Nuur, See 22, **183**
Charaa, Fluß 135
Charganat, Fluß 179
Char Zach 114
Chaschaat, Sum 145, 246
Chatgal 164, 246
Chentij, Aimag 126, 129 f., 205, 210, 215, 246
Chentij-Gebirge 21, 55, 100, 117, 119, 129, 134, 142, 163, 204
Cherlen 12, 23, 30, 34, 122, 126, 129, 131, 204 f., 209
Chermentijn Saw 197
China 41 f., 48, 57, 76, 101, 175, 204, 206, 212
Chjargas-Senke 180
Chjargas Nuur, See 180
Chöch Nuur, See 24, 215
Chödöö, See 152
Chögschijn Orchon (Chögschijn Gol), Fluß 136
Chongoryn Els, Dünen 193, 201
Chöschöö Tsaidam, Gedenkstätte 145
Chorgo, Vulkan 151
Chotont 146, 246

Chowd, Aimag 20, 152, 179, 246
Chowd, Fluß 22, 180, 183
Chowd, Stadt 16, 31, 153, 174 f., **180 ff.**, 227, 234, 246
Chöwsgöl-Region 170, 227
Chöwsgöl-See 21, 125, 151 f., 158, **164 ff.**
Chudshirt 135, 141, 227, 246
Chutag, Stadt 163, 246
Chutag, Sum 159

Dadal **126 ff.**, 227, 246
Dalai Nuur, See 23, 183, 204, 211
Dalanzadgad 191, 201, 227, 234, 246
Darchad-Becken 167
Darchan 16, 158 ff., 163 f., 227, 234, 246
Dariganga 206, 227, 246
Daschbalbar 215
Daschintschilen 147, 246
Delgerchaan, Obelisk 131, 246
Delüün Boldoch 128
Dnjepr, Fluß 35
Dörgön Nuur, See 183
Dornod 21, 204, 210, 214, 246
Dschinghis Khan-Kanal 183
Dshargalant, Berg 184 f.
Dsogchijn Dugan, Tempel (Amarbajasgalant) 162
Dundgow, Aimag 201, 246
Duut Manchan s. Chongoryn Els
Dzungarei/Dzungarische Gobi 199

Echen Burchad Uul, Berg 185
Echijn Gol, Oase 197
Eedsh Chad (Mutterfelsen) 201
Elista 19
Erden Tsagaan 209, 246
Erdene Zuu, Kloster 30, 62, 67, 93, 134, 140, 162
Erdeneburen 180
Erdenet 16, 52, 57, 158 ff., 227, 234, 246

Galuut 155, 246
Gedenkstätte für Tonjükuk 117 f., 145
Gelber Fluß 30
Georgien 36
Gobi, Wüste 18, 29, 101, 129, 195, 200
Gobi-Altai, Gebirge 22, 175, 185, 198, 201, 246
Großer Bogd, Berg 198

Gundshin Süm, Ruine 124
Gurwan Nuur 126
Gurwan Saichan, Gebirge 191 f., 200
Gutschin Us 200, 246

Harbin 212

Ich Chentij (Großes Chentij) 122, 129
Ich Gazryn Tschuluu, Felsen 201
Ich Tamir 150
Ider, Fluß 152
Indien 74
Innere Mongolei, Auton. Gebiet 18, 93, 102, 188
Iran 41
Irkutsk 38, 212

Jach Nuur, See 214
Japan 42, 57
Jargajt Uul, Berg 185
Java 38
Jenissei, Fluß 38
Jeröö, Fluß 122, 135, 163 f.
Jeven, Fluß 161
Jolyn Am-Schlucht 192
›Jurassic Park‹, Tereldsh 124

Kalameili-Reservat 199
Karakorum 30, 38, 41, 62, 70, 131, 134, 140; s. auch Char Chorin
Kasachstan 20, 175, 178
Kaspisches Meer 35
Kiew 36
Kisil 176
Kitan Turmruine (s. Bar Chot)
Kjachta 39, 102, 163, 231
Kleiner Jenissei, Fluß 171

Lawran-Tempel, Erdene Zuu 72, 140
Leipzig 110
Lena, Fluß 38
Leningrad 110
Liegnitz 36, 94

Maimantschen (Altanbulag) 163
Majmaatschin 103
Manchan 184, 246
Mandal, Kloster 155, 246
Mandalgow, Stadt 201, 227, 234
Mandschukuo (Mandschurei) 30, 40, 42, 217, 219
Mandshir, Kloster 67, 117, 201
Mardai 214
Matad 209, 246
Menengijn-Steppe 142, 204, 215
Moltsogi Els, Dünen 193
Mönch Chairchan, Berg 184
Mönch Sarjdag, Berg 166
Möngönmört 246
Mongolischer Altai, Gebirge 22, 24, 185
Mörön 152, 163 f., 171, 228, 234, 246
Moskau 57
Möst 184

Naiman Nuur, Seenplatte 145
Nalaich 117, 122 f., 145, 204, 246
Naran Daats, Quelle 197
Naturschutzgebiet Mongol Daguur 214
Nemegt 193
Nepal 74
Nomonkan 217
Nomrog-Park 216
Nord-Changai 147
Nord-Mongolei 69
Nordwest-Afghanistan 18
Norowlin 126, 128, 246

Ögij Nuur, See 135, 147 f.
Ölgij 178, 180, 228, 234, 246
Öndörchaan 126, **205 ff.**, 228, 234, 246
Öngijn Gol, Fluß 198
Oon, Fluß 21, 34, 122, 126, 128 f., 143
Onon-Quelle 36
Orchon 12, 30, **135 ff.**, 141, 145, 148, 158, 162 f.
Orchon-Tal 21, 135
Örgöö 62; s. auch Urga
Örög Nuur, See 180, 198
Ost-Mongolei 23, 30, 210
Otgon Tenger, Berg 21, **134**, 154
owoo, Aurug 131
owoo, bei Chowd 183
owoo, Dariganga 208
owoo, Tereldsh 123
Öwörchangai 135, 155, 246

Peking 36, 38, 41, 94, 101, 163, 212
Persien 36, 41
Polen 41

Raschaant Chad   130
Rentschinlchumbe   171, 246
Rußland   38, 48, 57, 73, 163, 175, 179, 182

Sajnschand   52, 228, 234, 246
Samarkand   41
Sangijn Cherem, Fort   180
Schanch, Kloster   141
Schar Süm, Tempel   183, 227
Schargaldshuut   155, 246
Scharyn Gol   163 f.
Schildkröte, Chöschöö Tsaidam   145
Schildkröte, Karakorum   140
Schildkröte, Tereldsh   124
Schilijn Bogd Uul, Berg   208 f.
Schin Dawaa, Paß   179
Schischigt, Fluß   171
Schiweet, Berg   141
Schonchlai, Berg   141
Selenge, Aimag   158
Selenge, Fluß   12, 21, 135, 158 f., 163
Selenge-Orchon-Bergland   21, **158**, 163
Sevri-Gebirgszug   192
Sibirien   21, 23, 38, 45, 130, 159, 204
St. Petersburg   39
Solongot, Paß   152
Suchbaatar, Aimag   204, 206, 213, 246
Suchbaatar, Stadt   158, 163, 228, 234, 246
Süd-Gobi   23
Sum, Fluß   151
Sümber   216, 246
Sutaj-Gebirge   184
Syrien   37

Tabargatai-Wildreservat   199
Taichar, Fels   50
Taiwan   39, 48
Tal der Gobi Seen   22, **198**
Talijn Agui, Höhle   209
Tamir, Fluß   148
Tariat   150 ff.
Taschanta   179
Tawan Bogd Uul, Berg   175, **179**, 184
Tengis, Fluß   170
Terchijn Tsagaan Nuur, See   151 f.
Tereldsh   119, **122**, 124, 228, 233
Tereldsh, Fluß   122, 124, 246
Tibet   23, 40, 56, 62 f., 140
Tosontsengel   152 f., 164, 175, 246
Töw   117, 246

Tolbo Nuur   180
Tsagaan Baischin (Weißes Haus), Ruine   31, 158
Tsagaan Nuur, See   167, 179
Tsajain Churee, Kloster   149
Tsam Uul, Berg   **179**
Tsast Bogd Uul, Berg   184
Tschandman   185
Tschigdshid-Schlucht   180
Tschojbalsam   16, 209, 212, 215, 218, 228, 234, 246
Tschuluut, Fluß   150 f.
Tsencherijn Agui, Höhle   183, 227
Tsengel Chajrchan, Berg   **179**
Tsereg, Sum   185
Tsesteg Uul, Berg   100
Tsetserleg   135, **147 ff.**, 164, 174 f., 228, 234, 246
Tsogt Tajdsh (Char Buchijn Balgas), Burgruine   30, **147**
Tsulganaij, Oase   197
Tuijn, Fluß   198
Turkestan   146
Tuul, Fluß   100, 117, 122 ff., 124 f., 129, 135, 158
Tuwa   176
Tuwchun, Kloster   141

Ulaan Gol, Wasserfall   21, 141, **145**, 228
Ulaan Nuur, See   198
Ulaangom   17, 30, 180, 228, 234, 246
Ulan Bator   9, 16, 28, 48, 57, 73, 82, **100**, 126, 148, 174, 178, 185, 204, 210, 212, 228, 233 ff., 246; s. auch Urga
Ulan Bator,
– Bogd Khan-Palast   73, 105, 108, 162
– Gandan-Kloster   60, 67, 101, 103, 105, **109**
– Hochzeitspalast   108
– Maidari-Tempel   **111**
– Museum der Schönen Künste   115 f.
– Najramdal-Park   106
– Natsagdordsh-Museum   108
– Schukow Museum   116, 219
– Stadtmuseum   79, 116
– Suchbaatar-Platz   105
– Tschojdshin Lama-Kloster   73, 105, 107, 162
– Zentralmuseum   105
Ulan Ude   18

Ulanchus, Sum 179
Uliastai 17, 31, 135, 152 ff., 230, 234, 246
Uliastai, Chinesische Ruinen 153
Ungarn 41
Urga 38, 40, 50, **100 ff.**, 111, 153;
s. auch Ulan Bator
Uws 18, 20, 179
Uws Nuur, See 22, 179, 212

Venedig 94

Wall des Dschinghis 129, 215
Wall von Öglögtsch 130
Weißes Haus s. Tsagaan Baischin

West-Mongolei 143
Wladiwostok 218
Wolga 19
Wolgograd 19

Xinjiang, Auton. Gebiet 18, 20, 182

Yunnan 19

Zawchan, Aimag 135, 152, 154, 246
Zawchan, Fluß 143, 180
Zentral-Afghanistan 19
Zentral-Gobi 22
Zuunmod 177, 201, 230, 233 f., 246

DUMONT
RICHTIG REISEN

»Den äußerst attraktiven Mittelweg zwischen kunsthistorisch orientiertem Sightseeing und touristischem Freilauf geht die inzwischen sehr umfangreich gewordene, blendend bebilderte Reihe ›Richtig Reisen‹. Die Bücher haben fast schon Bildbandqualität, sind nicht nur zum Nachschlagen, sondern auch zum Durchlesen konzipiert. Meist vorbildlich der Versuch, auch jenseits der ›Drei-Sterne-Attraktionen‹ auf versteckte Sehenswürdigkeiten hinzuweisen, die zum eigenständigen Entdecken abseits der ausgetrampelten Touristenpfade anregen.«
Abendzeitung, München

»Zum einen bieten die Bände der Reihe ›Richtig Reisen‹. dem Leser eine vorzügliche Einstimmung, zum anderen eignen sie sich in hohem Maß als Wegweiser, die den Touristen auf der Reise selbst begleiten.«
Neue Zürcher Zeitung

Weitere Informationen über die Titel der Reihe DUMONT Richtig Reisen erhalten Sie bei Ihrem Buchhändler oder beim DUMONT Buchverlag • Postfach 10 10 45 • 50450 Köln.

Umschlagvorderseite: Pferderennen beim *naadam*
Umschlaginnenklappe: Erdene Zuu
Umschlagrückseite: Lama und alte Mongolin im Gespräch

Über den Autor: Peter Woeste, geboren 1959, ist promovierter Volljurist. Seine berufliche Tätigkeit im Auswärtigen Dienst führte ihn 1991–94 nach Ulan Bator in die Mongolei. Als freier Mitarbeiter verschiedener Zeitungen erwarb er früh journalistische Erfahrung, die in diesen Reiseführer einfließen konnte.

Fremde Kulturen kennenlernen und gastfreundlichen Menschen begegnen – wie sehr genießen wir das auf Reisen. Zu Hause bei uns jedoch wird mancher Ausländer von einer kleinen Minderheit beschimpft, bedroht und sogar mißhandelt. Alle, die in fremden Ländern Gastrecht genossen haben, tragen hier besondere Verantwortung. Deshalb: Lassen Sie uns gemeinsam für die Würde des Menschen einstehen.

Verlagsleitung und Mitarbeiter des DuMont Buchverlages

Die Deutsche Bibliothek – CIP-Einheitsaufnahme

Woeste, Peter:
Mongolei / Peter Woeste. – Köln :
DuMont, 1995
  (Richtig reisen)
  ISBN 3-7701-3277-7

© 1995 DuMont Buchverlag
Alle Rechte vorbehalten
Satz und Druck: Rasch, Bramsche
Buchbinderische Verarbeitung: Bramscher Buchbinder Betriebe

Printed in Germany   ISBN 3-7701-3277-7